大是文化

生存
戰鬥
活下來

我曾是亞速旅狙擊教官，
這是我在烏克蘭海軍陸戰隊作戰、
被俘、酷刑與掙到活著回家的親歷。

Live. Fight. Survive.

前英國陸軍士兵、烏克蘭海軍陸戰隊
烏克蘭總統澤倫斯基授予三級勇氣勳章
肖恩・平納（Shaun Pinner）——著　黃好萱——譯

目錄

第二部

重擔　167

第三部

我們總有希望　291

我欲將此書獻給烏克蘭武裝部隊的勇敢戰士，
感謝他們持續捍衛國家主權；
獻給我仍身陷囹圄的同袍和朋友，
也獻給最英勇的犧牲者。

榮耀歸於烏克蘭

俄 羅 斯
蘇米市
哈爾科夫市
盧甘斯克州
北頓內茨克
西昌斯克
第聶伯河
斯拉維揚斯克
盧甘斯克市
第聶伯河市
阿夫迪夫卡
頓巴斯
頓內茨克
尼科波
頓內茨克州
札波羅熱州
馬立波市
伯德揚斯克
赫爾松
赫爾松州
亞 速 海
俄 羅 斯
克里米亞半島
黑 海

2022年，俄羅斯入侵烏克蘭戰場地圖
2022年俄國入侵前的占領區
2022年3月24日俄國進軍區域
白俄羅斯
車諾比核電廠
波蘭
霍斯托梅爾
布查市
基輔
N
烏克蘭
0
100
200 km
0
50
100 miles
摩爾多瓦
羅馬尼亞
0
4 km
0
2 miles
巴夫洛皮爾
2022年俄國入侵時，
肖恩所處的壕溝
薩爾塔納
塔拉基夫卡
伊利奇鋼鐵廠
馬立波市
亞速鋼鐵廠

推薦序一

在煙硝和黑暗中，展現不同人性的真實故事

烏克蘭國際志願軍／**陳晞**

作者肖恩是一名踏足無數戰場的英國老兵，為了保衛自己在烏克蘭的家園和愛人，毅然決然投入對抗俄羅斯侵略烏克蘭的戰爭。

本書中，肖恩清楚的還原戰場最真實的樣貌，不論是戰場上的生離死別，還是烽火圍城下惶恐不安的士兵，將現代戰場的慘烈和殘酷呈現在我們眼前。

而我在烏克蘭戰場的經歷，同樣揭示了即使差距南北數百里，與俄軍交戰時一樣令人心驚膽戰。我也分享幾段自己和俄軍交戰的過程：

天剛破曉，微微的天光自林間滲入，經過一整晚正襟危坐，只感到全身僵硬。我

起身動一動，走到凱（筆者的臺籍同袍）所在的機槍陣地，打算找他聊天，坐下沒多久，我瞥到樹林外，有幾個鬼鬼祟祟的身影正沿著林線摸過來，我小聲跟凱說：「有敵人。」便拿起身旁的槍，示意凱等敵人靠近一些再一起開火。那些滲透過來的俄軍絲毫未察覺林中已有槍口正對準他們，正一步步的踏向鬼門。

可惜另一個隊友沉不住氣，一看到敵人就急忙大喊開槍，嚇得這幾個俄軍立刻臥倒躲藏。錯失最佳良機，凱只能架起機槍跟著隊友一起開火。

由於敵人又鑽進茂密的向日葵花叢，看不到目標的隊友們只能朝著大概的方向射擊，找好掩蔽的俄軍也不甘示弱的反擊起來，但無法確定我們精確的位置，子彈如密集的雨點般穿過樹葉。

見此情形，我決定再補幾發槍榴彈轟炸，由於距離太近（榴彈有保險，距離太短不會爆炸），加上前方都是茂密的樹林，我不斷轉換適合的位置發射榴彈，甚至冒險探出樹林外開槍。一發子彈打在我的腳邊，差幾公分就擊中我。

跟我一樣大膽探出去開槍的隊友與我相視一眼後，我倆吐了吐舌頭便縮回林中陣地，此時對方的火力也停了下來，看來是被我們給擊退。

——《我不做英雄：一個台灣人在烏克蘭的戰爭洗禮》

我幸運的擊退了敵人，但本書作者就沒有這種好運。肖恩不幸被敵方俘虜，後面成為階下囚的日子，更為我們揭露，在俄羅斯總統──普丁（Vladimir Putin）統治下的親俄政權跟武裝部隊的醜陋和暴行，無視於國際遵循的《日內瓦公約》（*Geneva Convention*），以各種殘忍歹毒的方式關押和虐待戰俘。

雖然在如此艱困和絕望的環境下受盡拷問和侮辱，肖恩這位堅毅的老兵，依然透過過往的訓練與敵人周旋，縱使身處不知盡頭的絕望之中，仍不放棄生存下去的希望，更不忘激勵一同身陷牢獄的戰友們。後來終於在沙烏地阿拉伯王儲的斡旋下換囚獲釋。

漫漫長夜終有天明之時，作者透過他的親身經歷，為我們帶來這本記載俄軍血腥、醜陋不堪之暴行，但又足以激勵人心的故事，讓我們見識到戰爭的真實面貌之餘，也能反思生命和生存的意義。

推薦序二

戰場上每一位士兵都有著獨特的故事

「James 的軍事寰宇」粉絲頁主編／黃竣民

對於戰爭，讀者在書本或文獻中見到的，都是指揮官如何擘劃戰場、部署制敵，一般層級也不會是戰術層級以下。但戰場上每一位士兵都有著獨特的故事，誠如本書作者，只是大多數的人都忽略了他們！

說得直白一些，士兵們在戰場上的死傷，對於軍事高層或政客而言，充其量只是個「數字」，不然也不會有「一將功成萬骨枯」的感慨。以當前全球關注的俄烏戰爭而言，烏克蘭人應該最有感受吧！二〇二二年二月下旬，俄羅斯對烏克蘭發動所謂「特殊軍事行動」。許多國際志願兵投入這一場反侵略的戰事中，**其中也不乏有臺灣人參與，並獻出了寶貴的生命。**

本書的作者肖恩·平納也是其中的一員。他娶了一位烏克蘭女性，並視烏克蘭為第二家鄉。他從英軍退役後加入僱傭兵組織，並參與反恐行動，後來更直接在烏克蘭軍隊中服役。

當克里米亞遭到俄羅斯巧妙的併吞後，頓巴斯地區的戰事也就沒有停過。

作者服役的單位被部署在馬立波的外圍陣地。儘管該城市在戰事期間都是烏克蘭與親俄勢力爭奪的要點，但至少都還在烏克蘭的掌握下。直到俄羅斯全面入侵之後，歷經三個月的激烈戰鬥，俄羅斯攻占了該城。當時，作者所處的防線早就遭攻破，他也在四月被抓入俄軍戰俘營。

之後，歷經多次不人道的敵俘審訊以及死刑的判決，作者幸運的在行刑前成為換俘人員，讀者才有機會讀到這一本來自參戰基層官兵的烏克蘭戰場日記。

戰場上的士兵所能做的只有戰鬥，腦子想的就是要如何活下去。

在本書中，作者提及淪為戰俘的日子是多麼煎熬。不管是在心理上還是生理上，外人都很難想像他們所受的折磨。

其實，所有直接參與戰鬥的人員必須有一種覺悟：在戰場上必須有成王敗寇的認知。士兵不能期待參戰雙方都會遵守《日內瓦公約》、《武裝衝突法》等人權法案，那其實是一種不切實際的幻想。千萬別淪落到戰俘的身分時，才有人為刀俎，我為魚肉的覺醒！

目前，烏克蘭的和平尚未見到曙光，而臺灣同樣面對著越來越不對稱的強勁對手。與其奢望國際戰士在戰爭中挺身相助，我們更應該認真的檢視自身在戰備訓練上的努力，並且讓人民知道實戰與一般打遊戲根本就是兩回事。**重蹈覆轍別人用生命與血所換得的經驗與教訓，實在是不智之舉！**

推薦序三

致我英勇的夥伴

大英帝國司令勳章（CBE）、皇家盎格魯軍團第一營前營長／
理查．坎普（Richard Kemp）上校

一九九四年，我與作者肖恩．平納於巴爾幹——另一處東歐戰區——一起服役。那時的他是剛滿二十歲的小夥子，才剛於皇家盎格魯軍團結束步兵訓練不久，但當時我已能看出，他正是那種能在槍林彈雨中，與你並肩作戰的理想夥伴。同樣看出這點的，還有與肖恩一起反擊俄羅斯猛攻的烏克蘭海軍陸戰隊戰友，以及同被關在險惡黑牢、於數月殘酷監禁期間奮力求生的其他俘虜。

肖恩的軍事訓練和戰鬥經驗、他的堅忍、對同袍的關心，還有英國軍人特有的堅定幽默感，都讓他與身邊的人在遭毒打、酷刑，以及日益絕望的處境中撐了下來。肖恩最終在沙烏地阿拉伯王儲的斡旋下獲釋，儘管這段經歷如此駭人，我一見到獲釋不久的他，便知道，肖恩還是那個原本的肖恩。

看著他發自內心講述自己如何與敵人短兵相接、遭俘、打入大牢，還有在不公法庭上遭判死刑的經歷，肖恩的言語和眼神都讓我深深著迷。現在他於書中生動分享以上種種，這則與眾不同的戰爭故事一定會感動並鼓舞所有讀者。

他的經歷不僅能幫助我們了解烏克蘭的慘烈衝突，其中引人入勝的筆觸，也讓人能一窺執行俄羅斯總統普丁歹毒命令的傢伙們之暴行，和英勇捍衛國家自由的烈士心中所想。但最重要的是，本書記載了一段不容忘卻的深刻故事，讓我們明白一介普通人在煙硝不斷的戰場上、在恐怖黑牢意欲毀人意志的險境中，如何找到不受動搖而生存、戰鬥、活下去的力量。

作者的話

原書內容部分對話參雜俄語、烏克蘭語及英語。部分訪談、審訊及法律會議是經由翻譯協助進行，其中有正式的語言專家，也有俄語比我流利的友人。我已盡力忠實重現對話的意義，故不再贅述特定對話是如何進行。

序章
這地方會讓你吃不少苦

日期：二〇二二年四月十三日
地點：俄羅斯聯邦安全局黑牢，
俄占頓內茨克市

施刑者頭上的面罩令人憂心不已。

那是個輕薄的巴拉克拉瓦頭套（balaclava），老派銀行劫匪會戴的那種款式，上頭有兩個眼孔和一個留給嘴巴的洞。我在受俄羅斯特種部隊數小時的凌虐後，被推進疑似審訊室的地方。雖然我被蒙著頭、幾近昏厥，但還是短暫注意到那副面罩。

佩戴它的人猶如一頭野獸——這傢伙看起來很嚇人，一副住在健身房、平常只以生肉和類固醇為食的模樣。就我的觀察，這人膚色蒼白，棕色的雙眼布滿血絲。我透過面具的輪廓，注意到他有寬鼻子和窄小的下巴。

此外，我只知道他身邊的人似乎全急著巴結他，其餘的都是謎。這也側面說明了一件事：那王八蛋要不是祕密警察，就八成是俄羅斯聯邦安全局（Federal Security Service，簡稱FSB）的人。普丁手下的FSB，其實就是改了名字的蘇聯國家安全委員會（KGB）。這群人是酷刑、恐嚇和冷血謀殺的專家。

我心想，**太棒了，我小命不保了**。

被俘虜這十二個小時以來發生的一切，都讓我知道自己麻煩大了。俄羅斯軍方根本他媽的不甩《日內瓦公約》，這些人毆打我、刺傷我的腿，還用電刑虐待我。而我已經供出一些生活上的基本細節，只求能讓對方停手——這些資訊無關緊要，凡是有手機的人都能在社群媒體上找到。

首先我交代自己的身分：四十八歲的前英國軍人，來自瓦特福（Watford），曾在北愛爾蘭和波士尼亞服役。再來，我小小透露了自己當時在做什麼：幫助烏克蘭海軍陸戰隊第三十六旅第一營[1]，保衛其東南部的馬立波市。

最後，我解釋自己這麼做的原因：我和妻子在馬立波住了近三年，已深深愛上這個地方。烏克蘭是我的家，我決心要保護其國土，不讓俄羅斯掠奪。那時我希望這些資訊能讓我不再受折磨——但顯然事與願違。

「偉大祖國」俄羅斯僱了一些老練的暴徒來負責審訊，在他們的毒打下，我們不得不面對殘酷的現實。這種場合由不得你保持安靜，俘虜終究得交出一些訊息才能保命：自己的身分、來自哪裡，以及為何而戰。迴避問題或擺臉色，只會招來毆打或極不人道的凌虐，最後讓你留下深深的心理創傷。

這裡有個小技巧：**適度交出情報，但不要一下子全盤托出**。就我而言，我並不打算透露任何能找出夥伴身分的消息，我這一排有許多人仍在逃亡，而我也絕不能供出他們此行的目的地。

有陣子我還對自己的表現相當滿意，但現在，卻有個疑似ＦＳＢ來的傢伙正在確認我的話是否屬實，讓我得好好思考自己是不是大難臨頭。對俄羅斯人來說，殺掉一個沒用處的囚犯可能還比監禁他們要來得方便，而頭套先生的出現，顯然表示他們重視我這個俘虜——敵人肯定認為我有重要情報可以分享，這可由不得我選擇。

1　陸軍、海軍陸戰隊等軍種的編制，規模由小到大排序，由若干個班組成排、若干個排組成營、若干個營組成連、若干個營或團組成旅。

不只這樣，他們還把我帶到這處「黑牢」（一處與外界隔絕的審訊設施，裡頭大概發生過一堆爛事），這就表示，我接下來要吃的苦頭和壓力可多了。我低下頭、渾身發抖。透過頭罩的縫隙，我發現自己坐在一架醫療推車上。

我心想，完蛋了。唯一能做的就是承受即將到來的酷刑，想到這實在令人想吐。

我想像頭套先生在房間裡踱步，前後左右繞著我打量，彷彿在尋找出手時機。我不時聽見皮鞋摩擦的嘎吱聲，並以為自己要挨揍了，而猛然扭頭、縮起身體。但什麼事也沒發生。我身旁有幾人一邊大聲笑著，一邊用俄語咒罵。

我將注意力轉移到自己的下一次呼吸。就算我看得見，也無力自衛。我的手腕被一圈圈紙膠帶緊緊纏住，對方也可能從任何方位出手攻擊（紙膠帶便宜又隨處可得，用這東西以八字形綁住囚犯四肢的效果相當好，讓人痛不堪言）。

我還發現我的大腦似乎在嚇唬自己。有一瞬間，我頸後的汗毛都豎了起來。我敢發誓，頭套先生就在我身旁呼吸，很難不讓人胡思亂想。隨著時間一分一秒過去，最可怕的情節正在上演。我想像有條繩子勒緊我的喉嚨，接著一排牙齒如被打碎的鋼琴鍵般散落在地板上。天哪，他們要對我施水刑嗎？我的思緒飛馳，而我體內的每一束肌肉、每一根骨頭、每一條韌帶都繃緊著準備承受痛苦。

頭套先生開口了，他講的是英語。

「別擔心，肖恩．平納。」他說道：「這地方會讓你吃不少苦，但你不會有事的……。」該死！他是在安慰我嗎？應該不是吧？因為對俄羅斯來說，我打的這場仗可不是我該插手的，這就讓他們有了折磨我的理由。接著我才發現這人的聲音為什麼這麼令人膽戰心驚——他的聲音中聽不到絲毫情緒。

不僅毫無怒意，「別擔心，肖恩……。」也毫不沮喪、不緊張、不焦慮，「這地方會讓你吃不少苦……。」他的嗓音低沉，幾乎像在安慰人似的，彷彿牙醫跟準備接受根管治療的緊張患者聊天：「但你不會有事的……。」

我恍然大悟。頭套先生講起話來之所以像沒有七情六慾的僧人，是因為他把全局掌控在手掌心中。而我呢？我只是被關在籠裡的實驗老鼠，毫無招架之力，還很可能遭到折磨。要是我說錯話就更慘了。不久後，也許我會覺得死亡是種仁慈的解脫。

折磨我的人再次開口，他靠得更近了：「想當年我的先人膽敢進犯『祖國』，俄羅斯人便打斷了他們的手腳……。」

老天哪，我只想退到桌緣護住手腳，卻毫無辦法掙脫。什麼先人？這傢伙到底是誰？我想像頭套先生手裡晃著根鐵棍或球棒，他大概正打量我的雙腿，思考該先往哪個膝蓋砸下去。左邊還是右邊？我只想知道自己之後還有沒有運氣可以繼續走路。

「但你在這裡不必忍受這些。」

我感到天旋地轉。我現在該作何反應？我知道在這種情況下，最重要的就是保持冷靜，但要將理論付諸實踐比想像中要難得多。另一方面，反抗或回應對方的挑釁，只會讓我更可能受重傷或死亡。我接下來說的話將會是一大關鍵。

「聽我說，我——」

「你知道你在哪嗎？」頭套先生突然問道。我搖搖頭，一點頭緒也沒有。

「你在頓內茨克市。」

我心裡一沉，這下真的是栽入虎穴了。這些人把我帶到了俄國占領的烏克蘭深處。

「那麼，接下來，」他繼續說道：「我們會給你一些食物，但首先，請讓我們為你縫合傷口。」我感覺到有另一個人，或許是名醫生（希望如此）在戳我腿上的刺傷。每一次刺入和推揉都讓我痛得如臨地獄。

「我們也會為你注射。」

「不，我不要——」

「不用擔心，那是止痛用的。」

哀求根本沒有意義，因為接下來不管發生什麼事，都並非我所能控制。有根針刺進了我的脖子，我的意識開始模糊，在黑暗中分崩離析。隨著我漸漸暈厥，頭套先生也哄著我入睡。

「肖恩，今天辛苦了，」他平靜的說道，我的眼皮重重垂下：「但現在你可以稍作休息了……。」

我不知道自己能否再次張開眼睛。

第一部

戰士何去何從

第一章 瓦特福來的老傢伙

二〇二二年二月二十四日，俄國入侵當天，我人在染血的前線。

天寒地凍，我在滿是泥濘的壕溝跑上跑下、找掩護躲避砲火，同時盡力不讓自己被子彈或迫擊砲炸成碎片。烏克蘭和俄羅斯開戰首日，是我從軍以來打過數一數二的硬仗，敵軍無所不用其極的進攻、企圖逼我軍屈服。我猜對方是想在幾天內拿下整個國家，我們卻如奇蹟般挺了過來。

這時你可能會想，這個從瓦特福來的老傢伙，怎麼會跑來和烏克蘭海軍陸戰隊一起打仗？答案是我熱愛從軍，也深愛一名優秀的女子，這個組合是很奇怪沒錯。而若無第一個原因，第二個大概也不可能成立。

從小我就想成為某種類型的軍人，這都怪我爺爺——他是二戰老兵，留下的照片滿載著故事。九歲時，父親的死養成我堅強的性格，後來隨著我老媽嘮叨還是青少年的我整天坐在電腦前，我便開始研究軍旅生活了。有陣子我很迷皇家海軍，但最後加入了皇家盎格魯軍團。

一九九一年，我十七歲，開始於劍橋郡（Cambridgeshire）的巴辛伯恩軍營（Bassingbourn Barracks）接受基礎訓練，我很快學會士兵在戰鬥中生存的必備知識。戰爭聽起來如同地獄，但我已經夠格，可以準備迎戰了。

我不久後便到北愛爾蘭服役——這種混口飯吃的方式令人大開眼界——而我負責的任務也很多元。在與臨時愛爾蘭共和軍[1]（Provisional Irish Republican Army）的血戰期間，我有時會協助皇家阿爾斯特警察[2]（Royal Ulster Constabulary）執行機密或公開行動。在拆彈專家拆除詭雷時，我也會保護他們不受狙擊手襲擊。但我主要負責監視恐怖分子行動，臥底觀察嫌疑人士。

大多時候，我沒接觸太多人或遇到什麼大事，不過一九九三年尚基爾路（Shankill Road）的爆炸事件卻改變了一切。這次襲擊顯然是一場出錯的暗殺陰謀——兩名愛爾蘭共和軍成員帶著炸彈來到一間炸魚薯條店，宣稱打算謀殺親英的阿爾斯特防衛協會

1　一九六九年至一九九七年停火為止，在北愛爾蘭活躍、以愛爾蘭統一為目標的準軍事組織。

2　一九二二年至二〇〇一年間，英國在北愛爾蘭部署的警察部隊。

（Ulster Defence Association）領袖。結果裝置提前爆炸，導致十人死亡，包括其中一名炸彈客和兩名兒童，還有數名傷者。我是第一批趕往現場的人，並協助在現場周圍拉上警戒線。當我到達時，地面仍殘留著煙霧。

我在北愛爾蘭體會到強烈的責任感和袍澤情誼並樂在其中。大家都支持我，我也支持他們。這感覺就像是加入另一個家庭。我們一起訓練、戰鬥、喝酒。考量到工作風險如此之高，這種情誼就更顯重要了。

有一天，我坐在格羅斯夫納路（Grosvenor Road）上皇家警察局的食堂裡，恰巧有輛愛爾蘭共和軍的汽車駛過，朝在外面執勤的兩名警察開槍。我們一聽到騷動，便衝到街上追那輛車。

援軍的子彈掠過我們身邊，擊中汽車並讓其著火，但當我們追上時，敵人已逃之夭夭。事情還沒完，有人大喊車子可能裝有二次詭雷，恐怖分子正向我們「招手」，引誘我們進去。在大夥小心接近，安全檢查完現場並返回警局後，我感到體內的腎上腺素繼續燃燒好幾個小時。

在皇家盎格魯軍團服役的九年期間，我被分配到第二十四空中機動旅（一九九三年至一九九四年），這是一支快速反應部隊，在南斯拉夫瓦解[3]後被派往波士尼亞執行任務。我的職務使我得在該國隨時移動，還有人向我解釋，我可能得支援營救在聯合國維和任務中遭擊落的飛行員（包含來自英、法等國的人員），這消息讓我興奮不已。

我在受訓期間必須參與一場為期六星期的「生存、躲避、抵抗、脫逃」（Survival, Evasion, Resistance and Escape，簡稱SERE）課程，其中教授我們萬一不幸遭敵軍俘虜，該如何應對。

於是，我前往美國西北部的華盛頓州，學習臨機應變、如何誘捕各式各樣的動物以於荒野求生。該課程也訓練我們搭建肉眼難以察覺的避難處，另有一系列撤離與脫逃評估：我得與一小群隊友在劃分好的區域間移動，同時閃避另一支積極抓人的獵人小隊。

在評估最後，我被逮住並戴上頭罩受審，對方對待我的方式感覺非常真實——**我學到一切必備知識，了解如何應對審問、人身恐嚇、施加壓力和俘虜的各個階段**。訓練期間沒有人受到特殊待遇，大家都吃了不少苦頭。而工作強度之大，甚至讓幾名隊員在雪

3 南斯拉夫社會主義聯邦共和國，在歷經一系列民族衝突與內戰後，於一九九二年解體為數個國家，即現今之塞爾維亞、蒙特內哥羅、斯洛維尼亞、克羅埃西亞、北馬其頓共和國、波士尼亞與赫塞哥維納，共六國。

地爬行幾天後出現輕微的失溫症狀。而我也克服種種挑戰，毫髮無傷的挺過測試。

還好，在我的軍旅生涯中，縱使曾近距離目睹戰爭之慘烈，這些技能從未真正派上用場——儘管證據顯示，波士尼亞的塞爾維亞族軍隊曾有種族清洗和強姦等惡行。而我在克羅埃西亞休假期間，也曾聽見古城杜布洛夫尼克（Dubrovnik）被炸成碎片。即使我當時人在幾英里之外，還是能聽到滾雷般的爆炸聲。

後來我認識一個當地小孩，有些弟兄暱稱他為「哈利」（Harry），這個綽號是參考《新烏龍女校》（*St Trinian's*）電影裡的奸商角色「閃電哈利」（Flash Harry）。那孩子約莫只有十二歲，卻有著軍火商的推銷技巧：他曾提議以兩百美元的價格賣我一顆手榴彈，**AK-47** 步槍的出價則為九百美元。他是波士尼亞人，說話卻帶有從MTV電視臺學來的美國口音。這很令人感傷，可見衝突會如何毀掉孩子的人生。

我在一九九九年退伍後，世界就分崩離析了。整整兩年我都在一間工廠作苦工，製造住宅車道用的水泥磚料，隨著婚姻失敗，我整個人也頹喪不已。**工作像坨屎，人生像坨屎——什麼都像坨屎**。

後來，我在貝德福（Bedford）和諾丁罕（Nottingham）的有害廢棄物管理公司工作幾年後，便於二〇一四年自行創業，做的也是同一行，每年營業額約為二十萬英鎊。

我一時感覺人生又有目標，但這種感覺很短暫。另一段感情失敗後，我也隨之失去風采，並開始懷念軍隊生活中的友誼和冒險。原來我在做生意時是如此不快活，可能還很憂鬱，但只要背上軍包，我就能過著幸福的生活。我必須做出改變。

那時我四十出頭，兒子剛上大學，正忙著飲酒作樂。英國確實沒什麼值得留戀之處。二〇一六年時，有些兄弟和我分享他們在契約兵產業工作的經驗，這引起了我的興趣。這群人自嘲為「最低工資傭兵」，當過兵的人都是這麼幽默。但他們實際上領的絕對不只有最低工資：這些弟兄很專業，辦事也認真。

他們在敘利亞與人民保護部隊[4]（People's Protection Units，又稱「ＹＰＧ國際」）並肩作戰，這群庫德人和外國戰士幫助敘利亞民主力量（Syrian Democratic Forces，簡稱ＳＤＦ）打擊伊斯蘭國[5]。但我有興趣的不是錢，而是發覺自己能再次對世界有所貢獻。我同意入伍，而事實證明，這個決定改變了我的人生。

首先，我們經由各地的密屋偷渡到敘利亞，這還是頭一遭，我也隨之體驗到一種有

4　敘利亞庫德族政黨「民主聯盟黨」的下屬軍事組織。
5　活躍於伊拉克和敘利亞等地的恐怖組織，宣稱其對整個伊斯蘭世界擁有統治地位。

別於先前習慣的衝突形式。我有大半日子都在十二小時輪班值勤，負責保護戰術醫療部的安全，隊友同時間則在敵後的平民區巡邏，一邊留意是否有滲透的敵人槍手。有時我們會與敵軍交手，有時則否。我很快發現，戰爭是相當不平衡的事——伊斯蘭國雖然資金雄厚且動機強烈，手邊卻沒有迫擊砲、大砲或空中支援，但我們有。

後來我也與一排外國人共事，大夥兒一起建造射擊場和改良通訊，協助搭建基本的訓練設施。其中有美國人、德國人、庫德族人，當然還有英國人，大家都努力解放拉卡省（Raqqa），這份工作展開了我全新的軍旅生涯。

其中一些面向讓我很有共鳴，有些則否，好處是我加入了一支為正義而戰的部隊。人民保衛軍在各方面都代表當地非常現代的理想：其目標在於推廣多元文化平等及女性權利。人民保衛軍甚至自稱為婦女革命，這我願意支持。我們也努力阻止一心想殘害無辜平民的野蠻敵人。時常一有城鎮或村莊脫離伊斯蘭國掌控，我們便會發現大規模強暴和酷刑虐待的證據。他們對每顆西方戰士的人頭懸賞二十五萬美元，所以最重要的，就是別被逮到。

我也發現，**與我共事的人大致分為以下三種：出逃者、專業打手、抱持信念者。我算是第一種，因為我渴望冒險和兄弟情，也想讓生活充滿目標。**貝德福的廢物處理公司給不了我這些。重點是，我能和一群有志一同者並肩作戰，這些弟兄想幫忙打擊摧殘老百姓的敵人。

但加入這種多元團體的缺點，在於它也會吸引到其他類型的人：無政府主義者或共產主義者。其中許多人都未受過相關訓練，要不是因為篤信宗教，就是政治信念強大才會參軍，不同的團體有時也會彼此爭執。雖然我們在敘利亞立下很多功勞，但我知道這種混亂的環境並不適合自己——我更喜歡結構和紀律。

後來在二〇一七年，有人問我要不要去烏克蘭支援，我心想，有何不可？我認識許多從英國、美國、歐洲及澳洲去到那裡的軍人，這些弟兄都在保衛烏克蘭不受騷擾邊境的俄軍攻擊。雖然我在敘利亞服役時，還沒體會過普丁的部隊有多麼凶惡，但我知道，對方個個都被公認為受過精良訓練、全副武裝的惡棍殺手——我迫不及待想擊退他們。

有人提議讓我幫忙訓練**亞速突擊旅（Azov Assault Brigade），該單位駐於馬立波市，且隸屬於烏克蘭國民警衛隊（Ukrainian National Guard），我一口就答應了。亞速旅是烏克蘭國家軍隊的合法官方部門**。馬立波則是一座位於亞速海邊的新興城市，附近還有一、兩座超讚的海灘。想一想，我不在英國的時候，貝德福也沒有搖身一變，成為宜人的熱帶天堂。就這樣，我打定主意前往烏克蘭。

◆◆◆

我在二〇一八年前往烏克蘭時，身負的任務相當直白。烏國軍方高層擔心俄羅斯會於二〇一四年吞併克里米亞（稍後細說）後再次大舉進攻，因此急著想向西方同行學習。我的經歷和知識，讓我有幸名列烏克蘭軍事寶庫的頂尖人才。

從二〇一八年到二〇二〇年，**我負責訓練亞速旅的官兵，且尤其著重狙擊、野戰、監視及偵察技巧**。我分享自己的地圖判讀和導航知識，還有如何在不太仰賴科技的前提下，掌握基本的射擊技巧。我注意到許多部隊使用手機的ＧＰＳ來導航，這可是一大危險徵兆。手機可是寶貴的情報庫，要是被敵人撿到，任何位置資料都可被用來對付特定人員或整個團隊。

說到這裡，我最好解釋一下亞速旅的政治立場，因為在二〇二二年俄烏戰爭開打後幾星期內，這個營就成為克里姆林宮極度浮誇的宣傳焦點。

普丁最初轟炸馬立波等城市所用的「煙霧彈」，就是稱其軍事行動是為了讓烏克蘭「去納粹化」。確實，亞速旅在成立之初，曾因為與新納粹主義[6]和極右派象徵主義有瓜葛而被醜化，這大多要歸因於他們過去牽扯上的極端足球流氓文化[7]。我曾聽一位創始成員說，二〇一四年的亞速旅是「一群大膽的極端分子」。可我加入的這個團體卻完全不是那麼一回事，不愉快的成分已然消失。

就我所知，**俄羅斯是在胡扯一通。我和亞速旅共事那段時間，可不記得有誰強逼我接受他們的意識形態，無論是極左還是極右**。與我共事者有各式各樣的文化背景，在我這一連裡就有猶太教徒、穆斯林的弟兄，也有克里米亞人和韃靼人。

沒錯，我是見過一兩個有爭議的刺青（其靈感來自北歐諸神），但我不確定它們代表何種意義，也從未目睹或無意間聽到什麼種族歧視言論。雖然這不表示它不存在就是了，也許其中一、兩個人的觀點的確令人生疑，但亞速在這方面和其他陸、海、空軍也沒啥不同。可惜，在這麼一大群人中總會有幾粒老鼠屎。

那時，烏克蘭軍方是該地區規模最大的雇主。馬立波市周圍區域的失業率很高（尤其是偏遠村落），所以許多男男女女都滿心想找份差事。我懂其中吸引人之處：亞速旅

---

6 亞速旅因曾被睹其成員穿戴新納粹和黨衛軍的標誌和徽章，並不諱宣揚新納粹主義觀點，而被指控為新納粹民兵組織。

7 指在足球比賽時透過暴力行為發洩的人，也被認為是遭社會排斥的弱勢群體的反抗行為。

讓部隊有個可追尋的目標、有團結之感，大家每天都能運動和學習在別處也可用上的組織和領導技巧。此外，軍方還供應伙食和穩定收入。

我剛開始在這座城市工作時，接觸到的所有人都認同這個「品牌」，也認同為烏克蘭為民主與自由而戰的理念，這對我來說已經夠好了。我從軍是為了與準備好好打一場的鬥士並肩作戰，大家都知曉自己的本事，不會一遇到困難就逃。每當我在馬立波市裡行走，亞速的戰士總會受到英雄般的待遇。

大夥兒奮鬥的理由可多了。就如許多在烏克蘭的外國戰士一樣，我很快就了解到該國複雜的政局、與俄羅斯難解的關係，還有烏國東部曠日持久的頓巴斯戰爭（Donbas War）。普丁政權據稱多年來一直有意收復前蘇聯[8]國家，連同獨立的烏克蘭在內。而在二〇一四年俄國吞併克里米亞（烏國南部的一座半島）後，他們更想以武力奪取整個國家。同年，親普丁的勢力占領頓內茨克和盧甘斯克的幾座政府大樓，並稱頓巴斯的這兩個地區為獨立的共和國。馬立波市也曾有人想比照造反，但未能集結足夠的力量。

可想而知，烏國政府對這些掠奪土地之舉感到厭煩，於是開始抵抗。雙方就這樣在頓巴斯陷入長期的「靜態」衝突：各自的士兵蹲伏在壕溝和隧道裡，向對方發射大砲。幾份和平條約和數十次停火都無法緩解暴力局勢。俄羅斯也祕密軍援自立的頓內茨克人民共和國（Donetsk People's Republic，簡稱DPR）和盧甘斯克人民共和國（Luhansk People's Republic，簡稱LPR）的分離主義者，後估計，在二〇一四年至二〇二一年間，雙方共有一萬四千人喪命，其中約有三千四百人為平民。

從克里姆林宮的角度來看，烏克蘭有很多「可取之處」：烏國擁有煤炭和鋼鐵等豐富自然資源，以及全歐洲最肥沃的農地。多產的葵花籽和穀物也讓烏國成為重要的農業大國。我在烏克蘭度過第一個夏天前，確實從未見過這麼多金黃色的花朵，整片田野都金燦燦的。

從戰略上講，烏克蘭地處幾個東歐和北約[9]國家的邊界，俄國的天然氣管線也橫越其土地。在敖德薩市（Odesa）還有個通往黑海的港口，烏國國民也普遍會講俄語和烏克蘭語，而且重點是——這一切都曾經屬於蘇聯，而普丁從不避諱自己對蘇聯的熱愛。

---

8 蘇維埃社會主義共和國聯盟，於一九二二年至一九九一年存在的聯邦制社會主義國家，在一九九一年解體後，由俄羅斯繼承其絕大部分國土，另有多個國家從其獨立，包括烏克蘭。

9 指北大西洋公約組織（North Atlantic Treaty Organization，簡稱NATO、北約），為以美國為首，由數個歐洲、北美洲國家為實現防衛合作建立的國際組織。

馬立波就處於邊境最前線，這是座沿海工業城市，坐落於俄占盧甘斯克和頓內茨克地區，及俄占克里米亞之間的土地上。本質上，這座城市及其周圍的聚落是阻撓俄羅斯占領烏東的重大防線。普丁奪取這裡卻只是第一步：俄軍只要拿下這座城市及其周圍領土，就能有個強壯的立足點，開始包抄整個烏克蘭。二〇一五年，頓巴斯戰爭剛剛爆發，俄國便對該市發射連串火箭彈攻擊，造成三十人死亡，但馬立波撐過來了。

從金融角度來看，該市是出口的大本營，且設有好幾座鋼鐵廠，為橫跨中東等地的港口提供服務，因此此地也是維繫烏克蘭經濟的一顆重點齒輪。此外，馬立波為國家帶來一部分的認同轉變。

這座城市正在轉型，廣場熙熙攘攘、林立的咖啡館和餐廳更符合繁華歐洲城市的格調，人氣烘焙店「利維夫可頌」還來開分店，這確實是進步的表現。甚至有傳言說麥當勞準備回歸，這裡的海灘是附近地區最棒的。遊客可以在沙灘上找個地方、鋪條毛巾，完全不受別人打擾。以上幾乎都是普丁痛恨的事物，所以，他才想把一切都送回黑暗時代——我們必須守住馬立波。

突然間，我有了值得捍衛的理念。但在協助烏克蘭保衛疆土之前，我首先得通過基礎選拔，以證明自己是合格軍人。而其中一項入職考試，是在十五分鐘內跑完三公里。

我要是還年輕，肯定能輕鬆過關，但那時我已四十好幾，體力更不如以往。有時我還會懷疑自己的膝蓋能否承受如此壓力。

儘管最後我用 AK-74 突擊步槍搞定一連串射擊測驗，而且成績在組內名列前茅，但我肩上的擔子還是很重。在我開始訓練這群人的頭幾星期，有人說我還得更加精進自己的表現才行，因為：一，我是英國人；二，因為身為英國人，大家都會以我為榜樣。還好，我仍有意願、也渴望證明自己的實力。

我愛上的優秀女子在此時登場。我在二〇一八年九月認識拉瑞莎（Larysa）。那時我已在亞速旅工作三、四個月，立刻被她電到了。我倆先當了一陣子朋友，一開始根本沒什麼浪漫或調情的成分在，但我很喜歡她。拉瑞莎很美，更讚的是，她有副好心腸，也不畏挑戰。

當我倆被介紹認識時，拉瑞莎正在為某個公民組織工作，他們專門找出普丁部隊埋藏在烏克蘭的地雷，然後進行排雷作業。她休假時常會參加，抗議馬立波的鋼鐵廠和廠房造成的汙染。我覺得她的抗爭精神真是了不起。

那時候，我的烏克蘭語說得不太好，雖然我本來就有在上俄文課。（因為兩種語言很相近，就好比葡萄牙文和西班牙文也很類似）。但我和拉瑞莎還是一拍即合。而當我約她出來時，我不敢相信她真的答應了。

我一直都不是浪漫的人。我受過的教育都是關於如何射擊移動中的目標、救援受困敵後的飛行員，還有監視潛在的恐怖分子。追求喜歡的人完全是另一回事，更何況，我明顯高攀了她！

在約會六個月後，我從亞速旅營房搬進拉瑞莎的家。我們處得很好、有許多共同的興趣，也從不吵架。我們還有了共同的交友圈。拉瑞莎的朋友接納我為圈子裡的一員，我從不覺得自己被當外人看，恰恰相反！其實，我正是馬立波人口中的那個「英國佬」——算得上是一號人物——然而回到英國，我只不過是一組編號而已。

我漸漸愛上這座城市和其居民。二〇一九年，我轉調至烏軍海軍陸戰隊第三十六旅第一營，並簽下三年契約，這表示我得在頓巴斯與俄軍作戰。後來我在二〇二〇年申請到一年期的暫時居留證（須每年換發）。這個旅就好比英國的皇家海軍陸戰隊，是海軍的一支聯隊、不屬於陸軍。我們是水手，不是海盜。接著，我和拉瑞莎於次年正式結婚，這讓我高興壞了。

至二〇二一年時，我在前線的月薪為一千一百美元。拉瑞莎在排雷組織的工作也帶來更多收入，有時我們賺的錢彷彿能媲美當紅歌星。在馬力波，一品脫[10]啤酒只要價大約五十便士[11]，一份牛排則是一英鎊五十便士，本地農產品也便宜得不像話。要是我在英國幹同一份工作，絕對不可能享受這種生活，這裡夠我們過得奢侈了。

要是心血來潮想在海灘上野餐，我們也會打電話邀請朋友，在太陽西落時生起篝火、燒烤羊肉串。這裡還伴隨著一種自由感，市議會不會用停車費或超速照相機坑你一筆，沒有許可證也能隨意釣魚，因為當局信任此地的社區精神。

此外，馬立波還很有自己的性格。沒錯，市裡還是能見到幾處充滿歷史感的建築和有軌電車，但這座新城市仍給人一種都會現代感。當地設有大學，並吸引來自世界各地的人口，這裡也住有近四十四萬居民。

我很希望能在兵役契約到期後在馬立波退休，也許還能在海灘附近買房子——但得先等俄國人停止這場愚蠢的遊戲才行。馬立波是養老退休的好地方，誰都趕不走我。

結果誰料得到？**轉眼間便風雲變色**。

10 約等於五百六十八毫升。

11 按二〇二四年四月匯率計算，一英鎊約為新臺幣四〇．五元，一便士為一百分之一英鎊，約為新臺幣〇．四元。

第二章 我們收到的命令，是不要反擊

從二〇一九年起，與第一營在前線搏鬥的戰況慘烈無比，但我可沒準備好要迎接俄軍的首波坦克攻擊。隨著火箭彈轟然炸入地面，整個壕溝隨之震動了好幾分鐘。

我蹲伏在自己的位置，祈禱對方只有這一發火箭。我擔心要是再來一發，防線就會崩潰，所有人必死無疑；我也擔心大夥費了大把時間造出來的脆弱設施會被炸毀，比如以土砌成牆的臥室，或是以木頭作襯、湊合著當作廚房和汙水坑的潮溼洞穴。

等到地面穩定下來後，喊聲四起，敵人的砲兵又持續轟炸我們的陣地四十五分鐘。噪音和攻擊的火力猛烈無情。我不時聽到不祥的迫擊砲聲。而一聽到那聲音，就表示我得在二十秒內、在爆炸將一切炸成灰之前找到掩護。

我打的這場仗，大概可比作電影裡的那種一戰場景。此時我在馬立波郊外二十到二十五公里處（車馬利克〔Chermalyk〕之類的地方）作戰，處處都是溼軟的戰壕和掩體。而無論我們駐紮在哪個地方，大家所收到的指令都差不多：觀察和監聽俄羅斯人的動向。

在我們這組三十人的前方不到一公里處，駐有數百名來自DPR的分離主義戰士，他們都持有俄國提供的武器。如果事態惡化，例如敵方坦克車隊在遠方地平線上出現，意圖駛入馬立波並深入烏克蘭，我們會是第一道阻擋他們的防線。我常感覺自己陷入孤立無援的處境。

但要說敵人的砲火轟炸帶來什麼好處，那絕對是熱度。

在休戰期間，或者雙方再次宣布暫且停火時，前線生活是非常難熬的。冬天時的氣溫會低至攝氏負二十八度，我們每天早上從掩體（或寢房）爬出來時，常會有一陣惡寒襲來。隨著太陽升起，我們常能見到成群的士兵在做開合跳或伏地挺身，以促進血液循環。站著不動只會讓自己體溫過低而死。

我的手指和腳趾在嚴寒中冷得發疼，眼睛感覺快被冰封。在我上戰場後的第一個一月，我低頭看著武器，還以為有人在對我惡作劇——**我手上的金屬槍身竟然變成了白色！**是哪個混蛋在我的裝備上亂塗亂畫？然後我才發現，這顏色竟是由寒冷造成的。

其餘的九九%時間，我都感覺糟透了。在酷寒的早晨，戰壕裡的窪坑會結冰變硬。我的靴子陷入又深又黏的沼澤，有時還深及小腿，這種感覺讓人意志消沉。我們總是在哨站和宿舍外的區域排水，但由於長時間的降雨降雪，這類地方通常會在幾小時內又被水淹沒。不過，這種維護溝渠的方式必不可少。要是特種部隊發動攻擊或DPR的步兵入侵，我們必須迅速行動，泥濘只會拖累我們的反應速度，那可是會出人命的。

溼冷冬季的另一個缺點，就是人體需要更多熱量才能維持正常體溫。考量到工作性質，我們每天得多攝取約兩千大卡，但我們手邊的口糧甚至在俄國入侵前就已經少得可憐。送來前線的蔬果很快就會腐爛，大多時候我們只得靠剩羹殘飯維生。

我們在這裡吃的，主要是一款「Grechka」牌的半熟蕎麥，只要簡單烹飪、調味得宜就很容易吞下去，尤其配上雞肉或紅肉就更好了。但我很快就吃膩了這玩意，而且我不是唯一一個。有次聯合訓練，幾名英國士兵一看到桌上的Grechka就面露難色。

「這什麼鬼東西？」其中一人問道，一邊用湯匙輕輕戳著飯鍋。

我笑出聲：「兄弟，歡迎來到烏克蘭。」

前線後方約三公里有間商店，每次戰事稍停，其中一個弟兄就會被派去採購義大利麵、起司、香料等物資。有時我們會收到家人的愛心包裹，有個弟兄定期會收到自製果醬，那東西好吃得不得了，非常適合配早餐，不過常常不到一天就吃完了。

要是日子真的很難熬，我們會靠野地裡的東西維生。附近有條河，弟兄們常被派去抓小龍蝦，牠們的味道很好，嚐起來像蟹肉。要是有**野雞路過**（這並不罕見），我們也會奉命射殺、清除內臟。有一點點嚼勁的烤肉，那就**是我們心目中最接近五星級的豪華餐點**。

每當砲火終於停止，我會沿著戰壕巡視大家，確定沒有人死亡或受重傷。陣亡是前線的家常便飯。其中一次發生在我二〇一九年上戰場的頭一、兩星期：我走向一輛老舊的綠色佛賀佛朗特拉（Vauxhall Frontera）汽車，準備讓這輛車載我們一群人離開據點。突然之間，蘇聯製的大砲發射一連串一百五十二毫米砲彈，在我們周圍接連爆炸。其中有些落在我們後方，有些則炸裂前方的地面，而當眾人一得知我們的據點是主要受襲處時，大夥在攻擊一結束便驅車返回屠殺現場。結果有五名弟兄被流彈殺死，另有三人重傷。就我在北愛爾蘭、波士尼亞和敘利亞的經歷，我本以為自己頗有戰鬥經驗，卻沒料到烏克蘭會受到如此猛攻。戰鬥永無止境，有時重砲就如雨點般從頭頂傾瀉而下，持續數小時。而我們唯一的防禦，就是一邊跳進最近的洞裡找掩護，一邊祈禱。

我一直繃緊著神經——不僅是因為毫無預警的砲擊，更因為短兵相接和夜間攻擊的威脅。二〇一九年時，我駐於新盧漢斯凱（Novoluhanske），所屬的部隊負責各種高風險偵察任務，有時還得深入分離主義者的戰壕。這就是我們探查敵情的方式，這些陣地總是無人值守（所以我們才能潛入），不過從事偵查戰壕這種大膽的工作，也會對人產生心理衝擊。這一方面讓人熱血沸騰，就像經典戰爭漫畫裡的情節；一方面卻又非常可怕，因為我們心知肚明，自己的戰壕可能同樣會成為敵方入侵的目標。每個夜晚都非常難熬。

黑暗總會讓人恐懼得胡思亂想。連一條四處扒拉的狗，都會被我們想像成隨時會殺死我們的敵方偵察部隊。而在樹林裡四處聞嗅的豬，則是準備出擊的特種兵。起霧和下雨時，我們根本看不到、聽不見外面的動靜，讓人更加神經質。

因為有過類似經驗，我總會首先把弟兄們照顧好，但我也渴望在觀察敵情時保持高標準，這表示大夥一刻也不能鬆懈。我每在戰壕待上六個月就會回家一趟，時常感覺整個人像崩潰了一樣——一方面是因為擔任前線士兵極度消耗體力，部分則是因為我的「戰與逃反應」已精疲力盡。

我必須永遠注意腳下。當我首度踏入灰色地帶（分隔兩條戰線的無人區）時，得躡手躡腳的向前爬行，這時我的長官阿澤（Swampy）在另一頭往我大喊：「小心地雷！」這地方顯然埋了不少這種垃圾。另一名排長赫瓦特（Khvat）就是因為地雷而失去雙腳，從那次後我便一直擦亮眼睛、保持警惕。

但最重要的是，種種事蹟都證明了我的烏克蘭戰友是多麼堅定勇敢。**我當初受僱，就是為了教導這些小夥子一些西方兵法，讓他們成為更優秀的軍人，但事實證明，他們早已具備最重要的性格——無畏的心。**

◆◆◆

在頓巴斯戰爭中，烏克蘭軍隊是一支發展迅速的軍事力量。其中第一營有六百人，我隸屬一支九十人的空中突擊連，此連又被分成三個各有三十人的排（每排又被分成由七、八人組成的小隊）。我們的行動在各方面就如偵察部隊，隊裡有跳傘員和快速游繩員[1]，基礎設施也明顯有持續改良。

在二〇一四年的戰爭爆發後，烏克蘭將武裝部隊擴編至約二十萬名軍人，另外還有六萬名國民兵，據稱總數還會增加到五十萬人。同一時間，烏克蘭也參與北約的合作計畫，與他國舉行聯合訓練，好向美國、加拿大、瑞典和英國等盟友請益戰術。有項新進

1 游繩，為自高處沿繩子快速滑落的技巧，是一種迅速的著陸手段。

策略，便是將控制權從單一的集中指揮小組（原本在後蘇聯模式中，烏軍較偏好的方式）下放到更分散的單位，這樣地面指揮官就能更快做出決策。

在新架構下，我們不時就能痛宰俄羅斯人和他們的分離主義夥伴。反攻也非常成功，可見由我訓練過、一起並肩作戰的弟兄們都是堅強的士兵。他們的鬥志和自我精進的欲望，補足了技術能力的不足，每每都能在敵軍進攻下堅守陣地。

奇怪的是，**就算在DPR的迫擊砲和火箭筒轟炸下，我們還是常被告知不要激怒或挑釁對方，收到的命令也往往是停火。**因為根據二〇一五年《明斯克協議》[2]的條款，我們確實不該開槍。高層也下令道，我們應該回報俄國是否有任何違約行為，而非尋釁滋事，但對面的人顯然根本不在乎，總是心血來潮，想開火就開火。烏軍這邊的官僚體系實在令人費解，我還拍過一部 YouTube 影片大談這件事。

「要是不做點什麼，俄國人就會藉著我們的消極態度大舉入侵，」我說：「我們受命不要反擊，所以才會一次又一次任他們宰割。」但似乎沒人在意，戰壕裡依舊是同樣的情形。

我接下這份工作，是因為我熱愛這一行，還能表現出我的熱情和忠誠。其他弟兄很快就接納我這個「半個烏克蘭人」——持有英國護照、娶烏克蘭人為妻的海軍陸戰隊員

——我很快因年紀的關係，而得到「老狗」這個外號。對他們來說，我不是戰爭遊客、不是一遇到困境就打算逃跑的投機分子，恰恰相反，大家認為我是支持他們志業的鬥士。但這已然成為我個人的志業，我透過拉瑞莎深入了解了烏克蘭的政治鬥爭。她因為二〇一四年的俄國入侵吃了許多苦，她之前住在克里米亞，但在普丁大軍拿下該地區後，她就此沒了家。

居住在烏克蘭的外國人之間有個迷思，認為像我這種異鄉人娶當地人為妻後，妻子必定會一起搬到英國定居。但我的經驗卻大不相同：拉瑞莎是個驕傲的公民，她熱愛自己的國家，也願意為了爭取獨立而奮戰。就算搬到英國能讓她在一夜之間過上安穩生活，但臨陣脫逃可不是她的作風，我也無法說服她放下一切離開這裡。

在我這一連的軍人，都以自己為榮。其中有許多人來自克里米亞，我很快發現，他們和拉瑞莎一樣，是懷鄉的人，他們曾近距離目睹一切爛事發生。在俄國侵門踏戶時，這群人在雙方對峙下寡不敵眾。他們有兩個選擇：留下來加入俄羅斯，或是離開克里米亞，而他們選擇了後者，連扳機都沒扣便離開了。他們全都對普丁的邪惡軍隊深惡痛

2　烏克蘭政府與DPR、LNR兩個分離主義政權，在白俄羅斯首都明斯克簽訂的停火協議。

絕，只要有機會保衛馬立波，他們都會全力以赴。

而我的連長謝爾希·史崔蒂丘克（Serhii Stratichuk）上尉，絕對最能彰顯這種精神。他的呼號是「阿熊」，因為他整個人就像頭大灰熊一樣。這人二十九歲，身高近一百九十公分，不過他最令人印象深刻的特色則是寬大的身軀——阿熊是名舉重員，渾身都是肌肉，但行動也敏捷得不可思議，有必要的話，還能像惠比特犬一樣在戰壕中狂奔（想來也有趣，一輪迫擊砲火竟能如此激發人體潛能）。他相當嚮往美國風情——音樂、美食和文化——還老愛談論在美國高速公路上來來往往的改裝摩托車，弟兄們因此給他取了個「哈雷」的外號，他完全贊成。

阿熊天生就是當領袖的料，個性也很有魅力。他不是惡霸，可不像某些掌權者，阿熊反而會以身體力行來贏得尊重。他說話時，大家會認真聽；他要我們行動時，所有人會以最快的速度移動。但我們的對話常是雙向的，每當我向阿熊提出問題或想法時，他都願意討論。

北約經常與我們聯合訓練，阿熊始終求知若渴，想學習西方軍隊使用的戰術和流程。阿熊常問我英國武裝部隊的運作模式，不久後將對話內容轉化為有效的策略。二〇二一年，當連隊獲派與美國人聯合訓練時，多虧有他的帶領，我們這一組才能在一連串的模擬分區攻擊中名列前茅。這個男人無論在體能還是精神上，都是一頭猛獸。

此外我還發現，烏克蘭的軍階劃分遠比我以往所知還要複雜。在人數上，其武裝部隊比英國規模更大，還有其他我尚未學過的軍階。我在皇家盎格魯軍團服役時，曾爬到上等兵[3]的位置。但在加入烏克蘭海軍陸戰隊時，我被聘為水兵（matros），後又晉升至位階相當於下士的高級水兵（starshyi matros）。這表示我得在排裡打前鋒，再加上我頗豐富的戰鬥經驗，可說是身負重責大任。

在訓練課程中，我也被命為裝甲運兵車（Bronetransportyor）指揮官，負責指揮一輛蘇聯時代的運兵車。在射擊課程中的優異成績，後來更讓我晉升為高級步槍手。我同時發覺烏軍使用的武器組合很怪異：以過時的俄式硬體搭配現代北約技術。而在我向小組證明自己懂得使用PKM（一款每分鐘可發射兩百五十發子彈的俄式機槍），以及瑞典製的新一代輕型反坦克武器NLAW（一種肩扛式火箭發射器）後，大家便視我為資深前輩。但當炸彈和子彈襲來，我的職務和經驗便毫無意義。我唯一該做的，就是協助他們打贏這場仗。

3　原文為senior private，為高於一般士兵、低於下士的軍階。

約二〇二一年底，我這一連被派往巴夫洛皮爾（馬立波東北方約二十五公里處的村落）。那時有越來越多人在討論，俄羅斯可能會出手攻擊，另有傳言稱俄國正在邊境集結大砲。俄國海軍也以軍事演習為由，截斷了亞速海的交通。

似乎沒有人覺得普丁真的會做出「侵略」這種令人難以想像的事，但正如中國兵法家孫子於《孫子兵法》所言：軍隊一遲疑，就準備倒大楣（大概是這樣的話）。從表面上看來，確實有一大票俄國人和親俄分離主義士兵在附近晃來晃去。要是他們最後決定要入侵，馬立波便會首當其衝。

就如我們以往的駐點，巴夫洛皮爾的戰壕被設為前方觀察哨，由我們負責監視敵人。但既然大家早就不顧各種和平條約，要是對方用大砲猛攻（他們時不時就會來這套），弟兄們也能反擊、分散他們的注意力。我們所處地區還有著條狀的狹長森林——又長又薄的一排樹林，隔開兩片開闊的田野——雖然大多樹木都已被大砲轟倒或燒毀。

我全神戒備的觀察。敵人就潛伏在我們左方約五百公尺處的林線裡，但我的惡夢是駐紮在相反處的敵軍，他們占領我方右側約一公里遠的高地，敵軍後方還有一片樹林。

令情況更加嚴峻的是，戰壕裡曾用來監視敵軍的小縫，如今已長滿植物。如果要勘察地形，我們必須把望遠鏡伸出護牆，很有可能中彈。

這地方可怕之處，不僅包括我們的行蹤會被敵人一覽無遺，來襲的砲火也是一大難題。我們要交接的連已有一、兩人死於槍擊，他們在巴夫洛皮爾經歷了不少損失，幸好已有人在戰壕一端立起警告標誌「小心狙擊手」。

在交接過程中，我看見這些人的氣色很糟、迫不及待想要離開，看來接下來的工作不會太好過。但我沒有因為挨子彈的風險而焦慮崩潰，反而對自己喊話——**恐懼是很好的動力，將負面情緒轉化為警覺心，可能就是讓我活下去的關鍵**。

我努力整頓破敗的戰壕，很多地方都需要修理一番。如果細數我在前線工作的時間，我猜自己大多時候都在鏟泥巴和石頭。有時我們花上三個月才用泥土和木頭搭建好的廚房，馬上被砲彈轟得粉碎。所以，雖然我經常在砲火中向諸神祈禱，保佑我能活下來，但我也消耗大量的「精神卡路里」，苦惱我該不該整修營房或射擊位置。努力活著已經夠累人了，除此之外還得兼差當建築工人，實在令人筋疲力盡又喪氣。

但好消息是，我喜歡忙碌。杵在原地等人發號施令不是我的作風，所以我一有時間就會閱讀英國新聞，或是和媒體通訊——不只是為了警告外界我認為俄軍即將入侵，也為了收集情報。

至二〇二一年底，我都會定期與第四頻道（Channel 4）、《泰晤士報》（*The Times*）、《電訊報》（*Telegraph*）、天空新聞臺（Sky News）及半島電視臺（Al Jazeera）等媒體保持聯絡。所有人都有疑問：情況如何？前方敵軍有何行動？戰壕裡有多少俄國人？大家都想獲得前線的最新消息，而我也迅速成為敵軍情報的主要來源，各大媒體都想搶先報導最新的發展情勢。

在我看來，我所提供的消息對西方媒體來說是十分有效的預警系統——確實如此。不久後，人們越來越了解頓巴斯戰爭，儘管局勢瞬息萬變，已不容忽視。俄軍在邊境地區舉行各種軍演，包括使用火箭發射器、自走榴彈砲和坦克車——很多很多輛坦克。同時有數萬軍隊湧入邊境。我有預感，普丁的武力恫嚇終究會轉變為真正的毀滅力量。

等那一刻來臨，我們所有人都將無所遁形。

第三章 這個戰壕被幹翻了

第一營是個既有規矩、也有福利的健全工作場所，每人每年都能短暫休假一次——就算是在俄國可能入侵的那年也一樣。首次休假機會通常會於一月開放，但總是少有人認領。大多數陸戰隊員都偏好在值勤期後段休假，也就是海灘最宜人的春夏時節。

彼時戰壕中的多數人都以為普丁只是在嚇唬人，所以我在連隊上的夥伴都選擇五、六月的休假日。雖然我佩服他們的樂觀，但我直覺感到俄軍的全面入侵終究避無可避。最新報告顯示，俄烏邊境已集結約十二萬名敵軍。媒體也刊出裝甲巡邏車和坦克的照片，車輛正面都標有字母「Z」[1]。普丁宣稱這只是訓練演習，但聽起來不大可信，

1 譯按：據稱此符號有多種含義。有些專家推測，它指車輛所在區域，「Z」代表 Zapad（俄羅斯西部）。俄國防部在媒體上則稱其代表「Za pobedu」，可譯為「只為勝利」。還有其他理論推測，這只是俄軍部隊方便在交戰時辨認彼此的方式。

畢竟他說過烏克蘭必須「去納粹化」這種屁話。在評估情勢後，我自願於一月初休假兩星期，希望能在出大事前和拉瑞莎一起休息一陣子。我前往斯拉維揚斯克（頓內茨克北部，由烏克蘭掌控的城市），她當時暫時在那裡工作，我決定好好把握和她在一起的時光。然而我倆的氣氛卻異常歡快，拉瑞莎和我的隊友一樣，堅信戰爭的威脅只不過是虛張聲勢。「俄國人老愛耍這種把戲。」她說，語氣聽起來很有說服力。

「我不曉得。他們派出了很多人……。」

「這次也沒什麼差別，肖恩。你等著看吧。」

接著話題被轉移到我們是否該花七千元[2]裝修廚房。我倆在馬立波的公寓位於城市左岸，每次回到那裡，我都能聽見窗外傳來巴夫洛皮爾的炸彈引爆聲。

我心想，他媽的算了，既然拉瑞莎覺得我們該花一大筆錢，也許一切都會沒事的。於是我一邊休息，一邊思考如何應付夏天裝修家裡的工程、沒完沒了的置物架，和油漆購物行程。此時新聞播報了一點安慰的消息，有報導稱，法國總統馬克宏（Emmanuel Macron）正在與普丁洽談，並希望設法緩和局勢。

我很好奇這種外交策略能不能成功，畢竟，烏克蘭總統澤倫斯基（Volodymyr Zelenskiy）總是嚷著希望烏克蘭有天能加入北約，也已將此納入他的外交政策，但這可不是平息克里姆林宮殺戮欲望的好方法。

儘管馬克宏維和行動的相關報導，透露出某種樂觀態度，但我心底很清楚：大家似乎都忘了，我們打交道的對象可是俄羅斯——其堪比這個世界的「死星[3]」。世上可沒人願意真的和他們起衝突，不過我相信，烏軍在緊要關頭來臨時應有足夠的力量反擊。與俄軍相比，我們可能沒有龐大的海軍，空中支援也不多，但我們有堅實的訓練和動力。二〇一四年克里米亞被奪走的事件絕不會重演。雖然我盡量放寬心，但仍忍不住心想，要是敵方在我休假時宣戰，我就得盡快返回連隊。

一月十七日，我的兩星期假期即將結束，是時候該離開斯拉維揚斯克了。我在家的最後一晚，拉瑞莎問我晚餐想吃什麼。

「走之前想外帶點食物嗎？」她說：「你在戰壕裡會變瘦的。」

她說得對。回去後我又要開始吃蕎麥粥、小龍蝦，還有不時上桌的燒焦野雞了。我

---

2 原文中並無幣值，應為烏克蘭法定貨幣荷林夫納（Hryvnia），依二〇二四年四月匯率計算，荷林夫納一元約等於新臺幣〇·八三元。

3 電影《星際大戰》（*Star Wars*）系列中，銀河帝國打造的終極武器。

會有好一陣子吃不到這樣文明的晚餐，所以最後一餐必須令人難以忘懷才行。

「什麼都要，」我說：「披薩、漢堡、薯條——我要吃越多越好。」

我大吃大喝了一番。第二天早上，我倆在長途巴士站深情款款的道別。我討厭說再見，就算在和平時期，道別也令人心碎，尤其當我在酷寒中親吻拉瑞莎時，那景象似乎更顯殘酷。

「希望這不是我最後一次見妳，」我說：「因為我真的——」

「別說了，肖恩。不會有事的。」

我踏上前往馬立波的巴士，無意爭論。我只是沒辦法這麼樂觀：「我有非常不好的預感。」隨著我踏入這段終將帶我回到巴夫洛皮爾的旅程，腦海中也縈繞各種疑問和遺憾：我有必要這麼快就上車嗎？我怎麼不多待一下？我應該回頭再吻她一次嗎？

很快，我就會有大把時間來思索這些問題了。

◆◆◆

前線的情形糟糕無比。天氣一天天惡化，氣溫也低至攝氏負二十度。即便我們曾經挺過這種酷寒，卻仍難以適應，只因**烏軍沒有配備現代化的戰鬥裝備。我們的制服（尤其是發熱衣）都是老式設計，大概是一九八〇年代歐洲滑雪者的款式**。

雖然這些衣服頗能保溫，卻幾乎不透氣。要是有人生火或做了什麼粗重的勞力活，汗水就會浸溼皮膚。而要是全身溼透後再接觸低溫，便會遇上失溫症和凍傷等大敵——其威脅堪比身處灰色地帶的狙擊手，令人擔憂。我的牙齒有時也顫抖得厲害，連下巴都隨之震動。

那時我留意到，俄羅斯砲擊的程度越發猛烈，其部隊也被升級至令人震驚的程度。我在前線那段時間，可沒有人經歷過無人機夜襲，但到一月底時，情況有了變化。

我的夥伴亞里克（Yarik）是名經驗豐富的烏克蘭軍人，在我初到馬立波時，他的翻譯能力幫了我大忙。亞里克在某次日落時被派往附近的林線，為部隊劈柴用於生火。這時漸暗的光線通常很有隱蔽效果，霧和雪也是。但那次令人無處可逃——這是俄國第一次發起夜間無人機襲擊（之後變成常態），並向亞里克所在處投下手榴彈和迫擊砲。這個可憐的傢伙在爆炸間被炸斷了腿，他旁邊的另一名軍人則受到腦震盪。老實說，他倆能活下來可真是奇蹟。

我根本沒有時間喘息，情勢幾乎馬上回到最緊張的時刻，我的據點位於主要連隊前方約一公里處，是個被稱為「水星」的高級情報站，那裡的工作環境非常嚴峻。我們的任務，是探查來襲火砲的來源，接著將詳情回報給阿熊，他再根據評估下令是否發射迫擊砲回擊。

有好幾個星期，我們都沿著戰壕線跑上跑下，觀察敵軍的動靜、躲避狙擊手的子彈，同時保護自己免受溼冷天候的影響。只要稍微留心，就能聽出敵方想做什麼——鏈鋸在右方樹林裡吱吱作響，那裡的敵軍正準備包抄我們，不時就有一陣機槍子彈掃過頭頂。大多時候，DPR都是從灰色地帶另一頭盲射一通，但最讓我擔心的是高地上的狙擊手。我知道，要是在錯誤時機把頭探出護欄，可能就會有大麻煩。

弟兄們的心情也有變化，部分是因為上級已宣布立即取消所有休假，但同時也是因為我們聽到謠言，稱俄國的戰爭機器又調度了更多人到邊境。到二月初時，情報指出我們前方的敵軍人員和硬體數量都有增加。當我收到半島電視臺記者的簡訊時，山雨欲來的感覺只變得更加強烈。

「肖恩，你那邊還好嗎？士氣如何？」對方說道。

「算不錯了，」我回答：「對方可能會隨時攻進馬立波。你有什麼消息？」

那頭傳來的回應令人打了個寒顫：「我們不得已搬到了第聶伯，因為報導越來越難

——我的編輯嚇壞了，哪裡都不讓我去。」我把訊息傳下去，但大家都不太驚訝。該來的總是逃不過。連外界也開始感到壓力。我媽也聯絡我，叫我回家。

「你不必做到這種地步。」她說。

「別說了，如果俄國人越過邊境，我就會留下來戰鬥。這裡很多人付出的代價比我還高，我已經和大夥在一起將近五年。若不留下來，我將於心有愧。」

我心意已決。要是我死了，沒有人應該感到難過。我不想讓媽媽或其他人因為無法說服我退出戰爭而自責，這是我的決定。馬立波在我心中占有一席之地，我最不樂見的，就是自己的家園落入俄國掌控。餐廳、公園和咖啡廳都會消失，我也會失去海灘上的美麗夜晚、我和拉瑞莎的未來——我倆一起退休，住在海邊房子的幸福生活。

我媽雖然理解，卻沒有放鬆下來。「好吧，那我們會在電視上看著你、想念你，」她傷心的說：「務必小心。」

在即將爆發大衝突的前夕，有些人可能因局勢升溫而興奮不已，尤其是年輕一輩的軍人。他們即將親眼見識戰爭，我能理解他們為何有此反應，這些人成年後受的大多訓練都是為了此刻。就好比醫生期待為病人動手術，海軍陸戰隊員也想體驗交戰的感覺。

不過，我倒是已經過了那種階段。我經歷過多次戰爭，心態也與以往不同。我們身負重任，**我們的抵抗是隔絕俄國和馬立波的最後一道防線**。但是從沒有人告訴過我們，要是這座城市陷落，俄國人將湧入第聶伯、赫爾松和敖德薩。屆時除非有奇蹟出現，不然這個國家很快就會崩潰。上級承受的壓力肯定很大。

大家以鋼鐵般的決心團結一致。有些較資深的弟兄，已在頓巴斯奮鬥了好幾年。此時情勢就如一場可怕鬥爭必然的大決戰，一切（包括烏克蘭的榮耀）都岌岌可危。

沒錯，我們是有點緊張，甚至害怕。而且，有誰知道俄軍真正的能耐？的確，他們近期的侵襲看來都毫無道德可言，所以也不太把《日內瓦公約》的規則當一回事。這表示，我們的下場可能會非常不好過。

然而，隊上仍充滿信心與生死與共的勇氣。我們之所以受訓、並達到良好標準，正是為了面對接下來將發生的事。雖然西方國家都以為我們會在持續的壓力下屈服，也許還撐不過首次猛攻後的四十八小時，但我知道，我們的能耐不只如此。無人機在周圍嗡嗡作響，前方也有重砲威脅，我必須盡力讓所有人活下去。

烏克蘭是我們的家園，而我們要守住烏克蘭這片土地。

◆◆◆

之後的好幾天，我都忙著為弟兄們做飯、挖掘新的射擊位置和壕溝，一邊留意是否有無人機、聆聽是否有狙擊手的槍聲。偶爾出現小串砲火或機關槍掃射時，我們也得伏低身子找掩護，還好沒有人受傷或送命。

接著，在二〇二二年二月二十四日星期四，凌晨四點，阿熊下令連隊全員進入戒備狀態。我心一沉。終究是來了嗎？我們雖然平時也會定期操演這種備戰程序，和我在英國服役時一樣，但這類演習大都只在黎明和黃昏時進行。眼看有些夥伴已被叫醒，想也知道我們麻煩大了。戰爭開打了。

中士格魯斯基（Gluzsky）捎來消息。「俄國部隊已經越界，」他淡淡的說道：「各位準備好吧。」

沒有老掉牙的說辭、沒有勵志喊話、沒有自憐之意，也沒有客套辭令祝福弟兄們好運。格魯斯基中士個性直接，在軍中從不說廢話，百分之百投入自己身負的任務，但很少考慮身邊戰友的感受，這種特質讓他成為傳遞消息的不二人選。我們的時間只夠用來收到消息。我的部隊立刻受命，再次前往最前線的站點「水星」。

接著，格魯斯基中士神情嚴肅看向我。

「老狗，你拿ＰＫＭ。」他說。

天啊，不是吧！我都四十八歲了，還是這群人裡最年長的。在溼軟泥地上拿著 AK-74 跑來跑去就夠累人了，該型步槍甚至配有榴彈發射器。但ＰＫＭ完全是另一頭猛獸：這款重型彈鏈機槍重約七公斤半，還得帶著配備的沉重彈帶。

我有點想討價還價。我是唯一一位曾在戰鬥中使用更輕巧、機動性更高的ＮＬＡＷ反戰車飛彈的士兵，讓我拿ＮＬＡＷ肯定更合理吧？我鬱悶的看著有人走上前，把一條笨重的彈鍊掛在我肩上，接著一把ＰＫＭ就被塞入我的懷裡。我抱著武器，感覺靴子都因重量陷入了泥裡，就像被吸入流沙一樣。

不久後天就亮了。四處一片混亂。有時很難分辨哪些是槍擊、哪些是重型火砲。由火箭推進的榴彈從四面八方襲來，許多都來自於前方遠處的林線。左方的空氣中充滿輕型武器的「噠噠噠」射擊聲。

有一次，我還看見一枚 SPG-9 反坦克火砲打到我方戰壕的後牆，接著彈開至我們身後五十公尺處爆炸。我們無處可藏。響聲震耳欲聾，爆炸和煙霧蒙蔽我的雙眼，我體內唯一能感受到的，就是劇烈跳動的心臟，它會從我的胸口爆出來嗎？這裡簡直是人間煉獄。接著，無線電裡傳來陣陣喊聲。

「左翼戰況激烈！」

「小心正面敵軍猛攻！」

「我方前鋒位置不妙！」

要說我對軍事和戰爭有何了解的話，那就是我們可無法指望己方能守住前線陣地太久，畢竟敵軍火力如此來勢洶洶。現在的上策，就是先撤退再重新整頓，加固守備。我不會因敗退而煩惱，並且知道，棄守在戰鬥中有時也是有用的戰術——尤其如果這麼做有助於節省資源的話。

我蹲在戰壕裡，等待撤退的命令。

◆◆◆

在俄軍入侵的最初幾小時，場面震撼無比。俄國人進攻十分猛烈，令我們難以掌握戰況——我完全搞不清楚對方是在從側方包抄、抵達陣地的前方某處，還是已經離開此地，準備進逼馬立波。

我們的長形戰壕分為三部分：槍手位於左右兩側，中間有個集中的地堡，裡頭設有簡陋的營房和一處偵察兼射擊哨站。我從中心位置的槍眼看出去，只見有人拿著

NLAW射擊前方的煙霧，對準遠處正在移動的坦克。接著突然有枚火箭彈在戰壕的一側爆炸。爆炸將我震倒在地，讓我雙耳嗡嗡作響，我一抬頭，便見到同樣駐於水星站點的格魯斯基中士。他將手放在我的肩上。

「老狗，你還好嗎？」

他肯定是用衝的來查看我的狀況。我點頭答道：「對，我他媽好得很。」於是我再次架起PKM擺出射擊姿勢，往林線開火，期盼能擊退仍在掩護中的俄軍。我手中這門武器的咆哮有如狂吠的野狗。

烏軍之所以對當下戰況一頭霧水，原因正在於烏克蘭的軍事指揮系統。雖然烏軍有心擺脫過時的蘇聯式領導，轉向更加分權的風格，並改由戰場上的領袖發號施令，但其尚未完全達到英國武裝部隊的標準。

老實說，實際知曉戰況的只有營長一人，他的情報接著會適時傳給連長。其他人則都被蒙在鼓裡。烏軍沒有所謂的快速戰鬥指令（QBO，一群人集合起來的簡單彙報），甚至沒有情勢報告（sitrep）。我們反倒只被告知：跟我來！做這個！去那裡！結果就是戰場上的一般戰士根本不明所以。

就連我也有這種感覺，我是名經驗豐富的沙場老兵，有超過十三年參與各種衝突、上過各式戰場的經驗。但我們當下經歷的攻擊類型前所未有，兇猛程度更令人費解。我彷彿瞬間身處過去看過的所有戰爭電影場景——《西線無戰事》（*All Quiet on the Western Front*）、《奪橋遺恨》（*A Bridge Too Far*）、《一九一七》（*1917*）——在一陣混亂嘈雜中，有時也很難知道該做什麼、該往哪去。

此刻我感到身體快要散架。我在泥濘裡跑上跑下，幾處泥漿還深及小腿，背、膝蓋和腳踝感覺幾乎碎裂，還得一邊拖著PKM和AK-74。更糟的是，那時還下著傾盆大雨，我的雙眼被煙霧灼傷，根本無從得知究竟發生什麼事。

一整天下來，對我來說最要緊的事就是顧好武器。我最不樂見的就是PKM因為泥巴或汙垢卡彈，我不斷擦拭彈鏈和槍口，但馬上又被濺到。我滑倒跌入戰壕壁的一邊，渾身都是黏液和水，PKM也沾滿泥濘，我本能的彎下腰，用袖子外側擦拭金屬槍身。然後我聽見呼嘯的嘶嘶聲——連串如憤怒黃蜂般的子彈射過戰壕護牆的觀察縫，打中的地方正是幾秒鐘前我腦袋所處的位置。

見它們紛紛卡在我身後的牆面，絲毫不用懷疑，絕對是敵方槍手發現了我並開槍射擊。要是我沒躲開，頭骨早被炸爛了。隨後又有一發自走砲彈掠過地堡後方，名為德什卡（Dushka）的俄式重機槍也射出幾發子彈，在我身後的空氣中爆炸。

我吸了一口氣。我他媽怎麼還活著？格魯斯基中士再次聞聲衝了過來。他在戰壕右側看到爆炸，肯定已經做了最壞的打算。

「還好嗎，肖恩？」他喊道：「你還在呼吸嗎？」

「大概吧。」

隨著他轉身，我大聲警告。「Positsii pizdets!」我大喊著：「Puli!」翻譯過來意思大概是「這個位置被幹翻了！有子彈！」。

但格魯斯基中士一臉困惑。很明顯，在執行一般軍務時使用第二外語雖然有點問題（有時甚至很惱人），但至少我還能應付。可是在敵人入侵的非常時期，我的語言必須更加清晰準確。現在的情形可是攸關生死。

我沒時間解釋自己的好狗運，便拉著格魯斯基中士伏低，更多如黃蜂般的彈藥從我們上方呼嘯而過。「我們必須轉移陣地！」我大叫。

我目光所及處，地上滿是子彈、迫擊砲和火箭。上午十點左右，敵人顯然已經盯上我們所處位置，不斷開火攻擊。我沒有畏縮或尋找掩護，只是繼續移動，一路拖著PKM在黏稠的泥濘中緩步前進。每當找到合適位置，就用手上的武器射擊一番，然後離開。這麼做令人筋疲力盡，很容易就忽略寒冷潮溼的天氣。我的背和雙腿此刻滿是汗水。我知道要是自己一停下來，就可能會失溫凍死。

這麼說大概很奇怪，但第一天的整日奮戰並未讓我膽怯。我當然不怕死，但這大多是因為我過去見識許多死亡。也曾親眼目睹夥伴遭受伴隨一生的戰鬥傷害，而我爸很早就去世了，所以我的死亡並不成問題。

當然，每回有親朋好友離世時，我總會心情低落，但很少感到悲痛。而在自己的生命受威脅時，我也是以務實的態度面對。此外，被困在戰壕、**被敵方砲火壓制時，你其實幾乎沒時間感到恐懼**。

無線電整天傳來的全是壞消息：雙方的村莊都有傷亡，還有俄國人抓到俘虜的傳聞。一點愉快的消息都沒有，所以我決定重整注意力。把這個如煉獄般的戰場想像成一種射擊訓練——就如我當年在英軍服役時，在塞特福德森林（Thetford Forest）裡連續幾天的艱苦訓練那樣。

告訴你，假設這真是一場演習，那這場演習可說是毫不馬虎。我軍被徹底輾壓，在彷彿持續一整天的轟炸後，敵人毫不留情的逼近。接著我一直期待的命令從無線電傳來：我們要撤了，阿熊恐怕是覺得我們的行蹤已過於暴露。

我猜測，我方會一個村莊接一個村莊，逐步撤退到馬立波，盡量減緩俄軍的進攻速度，一邊設法活下來，這樣最後才有辦法援助終究會遭到圍攻的城市。我等不及想先行退下。俄軍的攻勢猛烈無比，讓我疲憊不堪。

撤退途中，我只帶上最簡便的輕裝：背包裝滿保暖衣物和生活用品，加上AK-74和榴彈發射器，還有一些額外彈藥和手榴彈，看起來就像聖誕節時包裹滿滿的郵差。

格魯斯基中士幫忙我拿PKM，對此我很感激，但在混亂中我發現自己忘了拿睡袋。雖然我一開始猶豫過要回頭，但最終打消了這個念頭，因為我知道自己要是脫隊，運兵車可無法等我趕上後才出發。

天知道我在戰壕中奔跑了多久，這時我的雙腿痠得像是要燒起來一樣，我衝刺近一公里後抵達撤退位置，稍作喘息後又接著衝刺四百公尺，終於抵達幾輛正等著運送大夥到另一條戰壕的BTR裝甲運兵車。只留下普丁軍隊的武器與煙硝，在我軍身後暴力的摧殘這片土地。

第四章 我們英靈殿見

我手腳並用、費力爬上裝甲車後方，所有感官都緊繃著，身體也因疲憊、腎上腺素和寒冷而顫抖。他媽的到底發生了什麼事？真的很難說得清。我的身心已被俄羅斯的戰爭機器摧殘殆盡，我在這一天內經歷的瀕死經歷，比我整段軍旅生涯的總和還要多。

我真的只戰鬥了不到二十四小時嗎？我也不清楚。當我在腦海中回顧這場仗時，可以見到黑夜和白日。我曾看到至少一次日出，但沒有睡覺，而現在夜幕已低垂。我疲憊無比，搞不清楚與入侵俄軍的交戰是持續了一天還是兩天。腦袋此刻一片混亂。

我環顧四周的運兵車，快速清點車上人數。所有人都在，更重要的是，大家毫髮無傷。整個排回報道，我們這邊沒有死傷——如奇蹟般令人難以置信。我在親眼目睹俄軍的實力後，還一度擔心我們會全軍覆滅。接著，我聽見有人喊我。

「嘿，老狗！」是狄馬（Dima），我們這輛裝甲車的砲手，他那時二十一歲，是隊上最年輕的軍人之一。他從砲塔裡向外揮手，手裡拿著一根沒點燃的香菸。

「你還好嗎？」他微笑著把菸拋給我。

我提起精神，大笑出聲。「太好玩了。」我自嘲的說。

二〇二〇年左右，我在尼古拉耶夫（Mykolaiv）認識狄馬，他原本是我們空中突擊連的一員。一開始我倆並沒有很合拍——狄馬有點自命不凡，但他很聰明，還會說多種語言。在後來幾年裡，我越來越了解他，也真正開始喜歡上有他這樣的夥伴。

這就是在軍中與人相處的有趣之處。有些原本看來討厭得要死的弟兄，往往最後都會變成親密無間的夥伴。我不確定自己特別喜歡狄馬哪部分的個性，但我知道，他常常能逗笑我。

我注意到狄馬的頭盔上掛著一只木製的小十字架。幾星期前，他才向我傾訴他是如何重新找到自己的信仰。我猜，人們只要一想到要參加戰爭，就會受到這種影響。我們過去常常負責做飯，有幾次也一邊分享著蕎麥粥，一邊深聊信仰、祈禱和教會的意義——以上雖然對我來說並無多大意義，在烏克蘭卻是大事一樁。

我無法理解為什麼世上會存在一位耶穌和一位上帝，不過我倒是喜歡這種概念：待一切走到盡頭，來到天上「大團圓」，我就能再次見到親朋好友。正因如此，我才明白戰士們為何在危機時刻仍堅守信仰。在這種時局，一點心靈支柱無疑可以派上用場。我指著十字架。「你今天會很需要那東西！」部隊身後傳來更多自走砲彈爆炸的轟隆聲和槍響時，我向他大喊道！

狄馬笑了：「你今天也該試試看，肖恩。這對你有幫助的。」

「老弟，人生中什麼鬼我都看透了。我比你更老一點，十字架可不會改變我。」

「可是肖恩，《聖經》可以教會你很多東西。」他說。

我把他拉近：「我相信。但我死後會在英靈殿[1]等你，那才是戰士的歸宿。」

我很高興狄馬能有某樣東西作慰藉。他是個好孩子，我當然不想潑他冷水。想在俄羅斯的猛攻中存活下來，確實得倚靠一些別的力量來源。按今天的情勢來看，英靈殿的大門遲早會敞開。

我只花幾分鐘就抽完了第一支菸。隨著我們規畫好下一步，我又伸手拿了一支。如我所料，高層決定讓我們分三階段，向西南方前往馬立波。而據大家所知，馬立波正被遠程大砲和空襲轟成碎片。在大夥聽來，這就像是要我們且戰且走，然而沒人能百分之百篤定。

1　Valhalla，又譯為瓦爾哈拉，北歐神話中傳說，戰死沙場的戰士將被女武神帶來此地。

我們也知道，下一場仗大概會像我們剛經歷的一樣激烈。我們的首站為二線陣地，是塔拉基夫卡鎮外山丘上的一條戰壕，距此處十二公里。一切順利的話，我們就能繼續往塔拉基夫卡中部前進，最後抵達城市邊緣一處較小的村鎮——薩爾塔納，一邊盡全力拖住敵軍。此行將會很凶險。

先前的陣地此刻已落入敵軍手裡，眼前將面臨的戰鬥也同樣令人心驚。情報指出，與馬立波目前受到的攻擊相比，我們在巴夫洛皮爾的經歷根本不算什麼。烏軍的傷亡人數高得令人擔憂，入侵者似乎也毫不在意老百姓死活。據我們收到的消息，全國各地（基輔、敖德薩和哈爾科夫）的情況都一樣。

俄軍及其分離主義同夥的使命，就是動用純粹的武力和血腥屠殺來粉碎烏克蘭的意志。我們根本無法想像情況能壞到何種地步。我想知道拉瑞莎安不安全，我們的家是否還完整。我悲觀的想著，現在我們大概沒機會花七千元整修廚房了。

但我也想到自己愛上的一切：咖啡廳、老舊的電車系統、美麗的海岸線、寧靜海灘上香得要命的烤羊肉。不曉得這些東西還在不在。我心裡有些害怕回到家鄉，卻只見到它面目全非的樣貌。

在充滿煙硝和暴力的戰爭中，我根本沒機會傳訊息給拉瑞莎或其他人。手機在巴夫洛皮爾幾乎沒有訊號，但隨著大夥離開前線，車子周圍也響起連串叮咚聲，親友的訊息和語音留言同時傳了進來。

拉瑞莎、我媽和我在英國的友人都傳來簡訊，他們都害怕是不是出了什麼壞事。我也接到第四頻道和天空新聞臺的訊息，他們先前被切斷了聯繫，無法清楚掌握這裡的情況。我無法一一回答每個媒體，只能在 Facebook 上向我的朋友和家人發布貼文：

我沒事，昨天的戰況慘如地獄。
我沒辦法逐一回覆大家。
只能說最壞的事情發生了。
真的不知道該說些什麼。

隨著我們駛過被轟炸的房屋和燃燒的車輛，路上也毫不意外的空無一人。二十分鐘後，我們抵達二線陣地，運兵車一靠邊停好，大家便拿起鏟子。就像我在塞特福德森林受過的射擊訓練那樣，是時候來挖散兵坑了——一種等身大小、充滿泥濘的坑洞，讓軍人用來睡覺或在開火時作為掩護。

我們的計畫是在這裡過夜，但就我們對俄國佬的了解，他們大概已記下我們的位置，正在制定進攻策略。我完全能料到接下來會上演的恐怖戲碼，就如我們在巴夫洛皮爾的經歷一樣慘。一直到午夜，我才終於小睡了幾小時，偶爾翻身看看在眼前上演的「煙火秀」。我們原本的戰壕著火了。隨著炸彈和曳光彈劃過長空，我也飛快的思考著當下局勢有多麼嚴重。

「我正參與其中，參與一場抵抗俄國的戰爭……而我竟然還活著？」我顫抖著想起被我丟下的睡袋。那是拉瑞莎的，而且很貴，品質比烏克蘭軍方配給的要好得多。要是讓她知道了，我肯定會被念個不停。我設法讓自己休息一下。現在可是危難時刻。要是讓我有時間停下來喘口氣思考，情緒就可能潰堤。

在首次襲擊期間，我從無線電聽到的消息令人心煩：有人質遭到劫持、馬立波周圍前線的幾個連隊是如何傷亡慘重、我方陣地被攻下。所有人都陷入一場生存之戰，這場戰鬥將決定烏克蘭東部，乃至舉國上下的命運。隔天早上，我們又重回災難現場——塔拉基夫卡中部，那裡曾是一座約有四千居民的小鎮，但天知道現在成了何種廢墟。距馬立波市中心還有十九公里，我們一路上肯定會行經各式各樣的地獄。我必須堅強起來。

「你一定行的。」我告訴自己。

作為弟兄們的領袖，我得保持思緒穩定。驚慌失措只會讓團隊崩潰。我得保有每一分決心堅持下去。這只是一次演習，你之前已演練無數次了。這不過是另一次……。

我們於次日早晨到達塔拉基夫卡，以一座小農舍作為掩護，裡頭的樸實擺設讓人想起文明、和平的生活——窗臺上的家庭合照、孩子的玩具、被遺棄的物品——轟炸又開始了。阿態說得對。俄軍攻勢可沒有放緩的跡象。若要說有何不同，那就是他們的攻擊變得更加猛烈。儘管我們後方有支援砲火，現在卻有一個更可怕的敵人正在逼近：外號「冰雹」的 BM-21 多管火箭砲。

我過去從未經歷過 BM-21 火箭砲的襲擊，那在感官上令人難以招架。「冰雹」通常是安裝於卡車後方的移動火力裝置，並直接從該處發射，這種火箭有能耐炸毀一整座小型城區，但其精準度太低，所以被公認是不人道的武器。向城鎮村莊發射「冰雹」肯定會害死大量無辜平民。其名也非常貼切，俄語的「grad」正是「冰雹」之意。我第一次接觸「冰雹」，便近距離體驗到它的完整威力。

一開始，我聽到頭頂上砲火的尖銳爆破聲。聽來就如正在起飛的戰鬥機，即使戴著耳朵保護罩，我的耳際仍嗡嗡作響。接著便是一陣喊叫聲。

「是『冰雹』！」我身邊的弟兄高聲叫道。同一時間，好幾噸金屬碎片在連串爆炸聲中，如雨水般落在我們周圍。

咚咚！砰、咚咚！砰咚咚咚！

我對著蹲伏在附近的阿熊大喊：「幹！」

「老狗，你沒親耳聽過『冰雹』嗎？」他說道。

我敢發誓，那王八蛋肯定在笑，雖然我也很難說，我的耳畔仍在嗡嗡響。

「沒聽過，這是頭一遭。」

「哦，老兄，那你最好習慣一下。」

隨著農舍回歸平靜，大家也立刻查看自己身邊的狀況。剛剛真是驚險，但每個人都平安無事。然後我發現，方才砲火爆炸的敲擊節奏中，透出一種令人心煩的熟悉感。他媽的！那聽起來就像音樂人菲爾·柯林斯（Phil Collins，英國搖滾及流行樂名人，本身是鼓手）的熱門單曲《今夜空中》（*In the Air Tonight*）裡辨識度極高的鼓樂獨奏！

雖然爆炸場面一點也不有趣，在後來的二十四小時中，我也學會察覺「冰雹」即將襲來的預先警告，以及何時該保持冷靜、何時又該繃緊神經。要是聽到火箭劃破空中的金屬爆炸聲，便表示我沒事——那表示火箭已在遠處爆炸。更可怕的，是一聲巨響後幾秒鐘的沉默，那表示火藥正於我們附近炸開。每一次爆炸都伴隨著喊聲四起。越來越多

「冰雹」襲來。我的思緒詭異的飄到了菲爾．柯林斯的樂曲上，還有他的那組爵士鼓。

咚咚！砰、咚咚！砰咚咚咚！

然後我做出祈禱手勢，盼大家都能撐到此曲演奏結束。

整整兩天半，我們都在塔拉基夫卡行進，一邊設法閃避攻擊。這趟旅程成了一場不間斷的生存競賽，俄國人一波波的攻擊摧毀我們周圍的房屋。「冰雹」每隔一小時左右就來襲一次，我們也學會要遠離十字路口，因為敵人會將路口作為空襲方位的參考。當火箭彈來擊時，站在附近就等於冒著被炸成灰的風險。

我們也發現，在襲擊中自保的唯一方法，就是找棟房屋、潛入一旁乾涸的井中避難。每當「有『冰雹』！」的喊聲響起，在區域內巡邏或散兵坑裡的海軍陸戰隊員就會衝向水井，一個個疊羅漢進入三公尺深的井裡，緊緊擠在一起，直到轟炸結束、轟鳴聲於耳邊停止。若說我的膝蓋和腳踝先前就已經感到痠痛，那麼在像這樣跳上跳下後，它們早已喀喀作響，發出痛苦的呻吟聲。儘管如此，我們仍然鬥志高昂，阿熊更展現出極其正面的態度。這傢伙就算在壓力之下，也絲毫沒有面露疲態。

「老狗，這就像混合式健身（CrossFit）一樣，」他在又完成一次生存賽跑後笑著說道：「『冰雹』健身，你得加把勁，不然就出局了！」

我也笑了。但我還能做什麼？不找點樂子，難道要驚慌失措嗎？

第一營馬不停蹄的戰鬥，從遠處攻擊俄羅斯人。期間我們也盡量睡覺和恢復體力，雖然休息幾乎是不可能的。在敵軍火力暫歇時，我最多小睡三十分鐘。我經常才剛開始打瞌睡就被驚醒。在睡著和甦醒之間那幾秒鐘，我總會忘記自己身處何處。然後，喊叫聲和炸彈引爆的轟鳴聲就會嚇得我想起一切，我的神經又一次變得衰弱不堪。

吃飯也同樣棘手。我們的物資有限，幾乎沒有機會吃口東西，更不用說要好好吃一頓口糧了。當然，也沒人有閒情逸致能泡點茶或咖啡來喝。大夥就像快要燒光的蠟燭一樣苟延殘喘。

這般邊打邊退的處境有些奇怪。但我個人覺得，我方是在採取撤到城市的戰術，屆時我們就能更協調一致的抵禦敵人。馬立波距離塔拉基夫卡僅十九公里；我們能見到濃濃黑煙從遠方的城市天際線竄起。當我們一與那裡的烏軍會合，就有望能擋下俄羅斯人，這樣當地剩下的老百姓就能逃脫，我們也能保衛烏克蘭的其他地區，雖然除了與親友的通訊之外，我們沒人知曉戰爭的整體狀況。

在俄國入侵之前，許多軍事專家本預計普丁只需幾天（頂多一星期）就能占領這個國家。但到目前為止，戰鬥已經持續七十二小時，我們仍頑強堅持著，或至少我這支連隊裡的夥伴都還努力撐著。
但我在遠處的家園，此刻已遭燒毀。

第五章 廢墟裡的鋼琴

二月二十八日，我們退到了馬立波東北方的薩爾塔納。我們首次巡視該地區，不難發現俄軍的暴行有多殘忍，令人心碎，他媽的太可怕了。

小鎮此時成了冒著煙的廢墟，廢墟中心是所學校，教室窗戶都被「冰雹」炸毀了。教室內飄盪著一張張畫作，裡面的鉤子上還掛著學生的書包、外套和美勞課會用上的圍裙。物品下方一一用蠟筆寫著小主人的名字。

雖然我後來知道，學生成功逃脫了，但這可不減戰爭的野蠻程度。俄羅斯人把此地炸成碎片，他們不知道、亦不在乎裡面是否藏有欲避難的平民。我長久來一直猜測，普丁的戰爭機器根本不管交戰規則或無辜人命，但直到現在才意識到，敵軍竟能為最微小的戰術收益而濫殺無辜，真令我作嘔。

「我沒想到事情會演變到這種地步。」我和狄馬一邊踢著瓦礫堆，在廢墟中行進，我沮喪的對他說道。

我用手機為校舍的廢墟拍下影片，也錄下一則簡短語音訊息上傳社群媒體：

出於作戰安全考量，我無法告訴各位我們目前在哪，但這是一間剛被俄國人炸爛的學校，約距前線七公里。我們正在稍微喘息，我們這一星期都在激烈戰鬥[1]。老實說，情勢非常混亂。這裡曾是座繁華小鎮，直到俄軍來襲為止……。

他們草菅人命的態度可不止於此。四處房屋都著火了。一間診所、當地教堂和一整排商店都被夷為平地。襲擊發生時，躲在裡面的人肯定也被壓扁了。

不久後，我們就遭到類似程度的殘暴攻擊，求生也越來越困難。那時我們的火力和人數明顯處於下風，只得不斷迅速轉換陣地，跳進廢棄建築物和戰壕中找掩護。隨著更多「冰雹」、炸彈襲來，我甚至體驗到首次俄軍空中攻擊：一架戰鬥機掠過頭頂，打出如煙火秀般的連串彈藥。

連隊盡量躲得隱蔽，藏身在一間房屋裡。而為了多一層安全保障，阿熊也令我們將

1 作者按：那時我其實戰鬥了五天，但我疲憊不已，難以數清日子。

BTR運兵車停在附近的車庫裡，以免引擎的熱能出現在俄羅斯的雷達系統上。接著，無線電裡傳來了每一名軍人都最不樂見的消息。

「我們這有兩個『三百』。」那聲音說道。

我清楚知道那句暗語的意思——「三百」指的是傷員，「兩百」則指死亡人數。就我們所知，「冰雹」打垮了我們兩名弟兄：一人斷了腿，另一人則是被彈片擊中。他們忘了要遠離城鎮主要十字路口的警告，並在學校旁的交叉路上被擊中。

就我們所知，他們倆狀況還好，但必須離開前線接受治療，這就表示我方少了兩名戰士。每次只要有人員損傷——無論有多麼輕微，或只是暫時離場——都會讓原本就負擔過大的團隊再添壓力。

隨著我和狄馬在正午時巡視這座小鎮，俄軍的破壞同樣無可避免。遠方的馬立波，先前整晚都因火光和爆炸而閃爍著，此刻又可見這座城市被濃濃的黑煙籠罩。

謝天謝地，在悲慘的戰爭中，還是有些令人鬆口氣的時刻。我在踢開村裡某間舊商店的瓦礫堆時，找到了幾包糖果、巧克力棒和能量飲料，這時我聽見一聲喊叫。是狄馬，他本來在巡視已被夷為平地的學校殘骸。

「老狗！肖恩！你一定得看看這個。」他大喊道。

我來到他身邊，只見狄馬坐在一架鋼琴前檢查琴鍵。在被爆炸粉碎成灰的教室裡，這架鋼琴是唯一仍屹立在廢墟中的東西。我分給他一些剛剛找到的點心。「彈彈看吧，兄弟。你會嗎？」我一邊說，一邊在琴鍵上比手勢。

狄馬點頭：「我會，小時候學過。」

接著他彈奏出幾個和弦。在我聽來很合拍。隨著狄馬的手指撫過琴鍵，我也認出一首精緻又繚繞於心的古典音樂，但我那時完全說不出曲名。樂曲聽起來很動人、同時卻又令人感到酸楚，大概是因為彈奏者的緣故。

狄馬是個二十一歲的孩子，以後還有大好前途。他聰明又心地善良、會說四種語言，鋼琴還彈得和我聽過的任何演奏一樣好。可是他現在卻在這裡，坐在已成廢墟的學校裡，一邊彈奏著優美樂曲，周圍一邊上演著一場**無意義**的戰爭。確實，他理當踏入外面的世界尋找出路、過好生活、與人交遊、創造美好事物。他是個有抱負的男孩。

接著阿熊和其他幾人也加入我們，我看到狄馬露出笑容。我席地而坐，盡量抓緊這難得的文明時刻、享受著音樂、試著想像自己身處他方——任何地方都好——而不是在這所被炸毀的學校。這場景也及時的提醒我們，就算是在全無光芒的黑暗時期，有些人仍擁有找到光亮的厲害本領。

◆◆◆

那晚，馬立波的爆炸如雷聲般在我們身後轟隆作響，「冰雹」刺耳的爆破聲劃破天空、衝向我們所在的位置，雖然其衝擊在晚上似乎容易應對一點。我們在黑暗中能先察覺到發光的火箭彈，然後追蹤其軌跡。要是火箭往左右轉向，就表示它們正在離開，不會造成傷害，但幾無閃爍的亮光就表示攻擊正徑直往我們襲來，大家必須衝刺找掩護。

有時候，儘管周遭的一切都令人恐懼，但這場煙火秀怪異的令人著迷，飛往馬立波的戰鬥機也是如此。它們的後燃器看起來很駭人，噴出極高熱的藍、紅、橙色火焰，從遠處看去，其快速移動的身影就像一排聖誕樹，只是樹上的裝飾球和彩色小燈，正在為戰機強大的傳輸系統提供破壞一切的動力。

我並非唯一一個看得目瞪口呆的人。有一次，我身旁有名士兵還站了起來，只為看得更清楚。「哦，真是太漂亮了。」他說道。

黑暗中有個聲音回嘴道：「漂亮？那東西他媽的哪裡漂亮？」

那名弟兄還沒反應過來，阿熊的身形就從陰影中逼近。他一掌重重打在那可憐蟲的後腦勺。「漂亮？」他再次咆哮：「他媽的漂亮嗎？那可是俄國佬！」

若說阿熊本就對敵人懷恨在心的話，那麼此刻，他的恨意可說每小時都在增加。越來越多戰鬥機飛過上空，每架都往馬立波攻去。普丁的空軍完全控制了天空——我確實沒看到任何烏軍的飛機加入戰局——結果便是，這座城市正任人宰割。

隨著馬立波的一切看起來都在熊熊燃燒，大家也越來越能感受到，此前我們本於遠處參與的戰鬥，在抵達城市後將轉變為近距離血腥衝突——尤其在俄羅斯地面部隊被調度至該區占領土地、消滅任何抵抗勢力之時。

次日早上，我看見其他部隊的幾輛BTR運兵車急速駛過薩爾塔納，這種感覺變得更加強烈。每部車輛外都掛著超過二十人，每人手臂上都纏著黃色膠帶——用於區分敵我的標記。這表示下一階段的衝突即將開始，馬立波的圍城防禦戰。

「操，我們越來越靠近、越來越得打近戰了，」我對狄馬說道：「我們不久後就得在街上打一場了。」

我們在凌晨四點離開薩爾塔納。至二〇二二年三月一日，入侵開始後的將近一星期，我們回到了馬立波。在如此短暫的時間內，我們團隊便已發生如此多事，還沒有一件是好事，雖然我們至少緩下了俄軍地面部隊的勢頭。

在此之前，我本來只從一種奇怪、封閉的角度來應對這場戰爭——躲避「冰雹」的襲擊、在見到可能有坦克從遠處駛來時對之開火。可一到馬立波，我們便可能以「全螢幕」、「高畫質」的視角目睹戰爭現狀——那場面非常可怕。

整座城市已成荒蕪。大片房屋被砲彈夷為平地、混凝土路面如破碎的巧克力一樣裂開。街道上空無一人，上千位居民都躲在作為臨時避難所的地下室和地下停車場。人行道上布滿瓦礫和碎玻璃，目光所及處，只見煙霧從窗戶和悶燒的汽車中冒出。勘察現場殘骸令我憤怒不已。

我感到噁心。這座城市生靈塗炭的程度是我前所未見，就連在波士尼亞也沒看過如此慘狀。數千人已遭殺害，更多人失去了家園和生計。俄國的軍方領袖總聲稱他們的目的不是殺害平民，只有更多謊言、更多卸責假託之詞——簡而言之，這就是俄羅斯的政治宣傳劇本。

我目光掃過天際線，想尋找熟悉的地標、想於左岸找到家園曾經存在之處。那裡還完整嗎？我因為沒看見任何煙霧感到一絲慰藉，但事已至此，這問題還重要嗎？我原本熟悉的馬立波早已不復存在。

我憂心忡忡，幾乎毫不懷疑我方整個旅將陷入一場殊死保衛戰。曾在巴夫洛皮爾、塔拉基夫卡及薩爾塔納轟炸過我們的機動砲兵部隊，也將很快再次襲來，俄國佬還會有大批援軍湧入市內。我們的任務就是盡量拖住對方，越久越好，但我們沒有夠精良的裝備用以長時間生存。

縱然烏克蘭軍方總猜測，俄軍終會進犯，卻沒有人想到要讓這座城市做好準備，或是備好部隊來應對圍城的處境，我們甚至沒有足夠的即食野戰口糧（MRE）。在我們抵達時，阿熊還剩下一盒可供三十人分享，但大概只夠維持一星期，我們收到的報告也說市裡的食物已被洗劫一空。不按規定分配的話，我們很快就得肚子空空的作戰。雪上加霜的是，市裡還沒有水電或天然氣，寒冷的夜晚將讓所有人苦不堪言。

我們在馬立波的頭幾個小時，就和在前線的戰況一樣混亂不已。其他排的班長跑來跑去，喊叫著發號施令。有些命令是針對我們，有些則不是，所以我們也很難分辨哪些指令屬於戰術之必要，哪些又是臨時的決策。

在連隊等待明確指示的同時，我們躲在馬立波足球俱樂部（FC Mariupol）主場鮑柯體育場（Volodymyr Boyko Stadium）的遮篷裡。平常在比賽日，這裡會擠滿超過一萬兩千五百名鬧哄哄的球迷。如今場館卻由軍隊包圍，希望能躲過下一波無人機或「冰雹」的襲擊。一批批戰鬥機飛過頭頂，往城市投下震耳的爆炸，而我開始想起爺爺說過的戰爭故事，閃電戰期間的生活就是這麼一回事嗎？

我們在空襲中四處奔走。有一回我們受命前往馬立波北部的伊利奇鋼鐵廠，該廠房長久以來一直都是拉瑞莎等環保人士針對的目標。然後指令又改變了，連隊在最後一刻改被派往一處村莊綠地，我們在那裡挖掘散兵坑，準備應對即將到來卻從未發生的襲擊。有次，我們還被告知要再次「嚴陣以待」，就如我們在俄國入侵之初那樣。

「俄軍部隊正在路上，」阿熊說道：「我們要準備好應對地面攻擊。」

大夥兒全神貫注。敵人要進攻了，敵人要進攻了，敵人要進攻了！連隊集結在運兵車周圍，弟兄們爬進去取暖，狄馬等人則在胸前比劃著十字祈禱。祝你好運，我心想，一邊則緊握著我的 AK-74，握得指節發白，並感到腎上腺素在我體內流淌。

我猜想，在那時看到我的人大概會好奇，我是不是隊上最焦躁的軍人——我蓄勢待發、充滿活力，又感到焦慮；我想戰鬥，卻又不想死。但我並不孤單，我在其他人身上也感受到同樣堅定的決心、見到同樣憂心的神情。氣氛明顯是如此緊張，連在運兵車裡取暖都讓我悶得出汗。我打開門稍微通風一下。

我們肯定在那裡坐了六個小時，才接到通知，要我們緩下來、繼續前進。

我至今仍不明白指令怎麼又改變，但心理上的負擔令人疲憊不堪。我原本還卯起來準備迎戰，最後卻又是虛驚一場。從巴夫洛皮爾撤退就已經使我累垮，更不用說接連幾天的轟炸。此刻無論有何種新任務，我都必須找回力量重新適應。不過，瞬息萬變的情勢也不會讓我等太久。

我們被送回伊利奇。這座由金屬尖塔和煙囪組合成的巨型建築物已被烏軍包圍，此刻正被改造成堡壘。這座鋼鐵廠也庇護著數千位流離失所的居民。在我們移動到該地區時，重裝甲車也從道路兩側駛過我們身旁，每一部都裝載著重型武器。我也見到民用的汽車車隊，擠滿手綁黃色臂章的武裝馬立波市民。就連幾乎沒有從軍經驗的地方志工，也來到伊利奇挑起武器。

那場面很不真實，但也不難理解為何這座鋼鐵廠，很可能成為馬立波的最後一道防線[2]。廠房的金屬高塔、以及其三側可保護建築物的大片水域，都是相當堅固的防禦條件。我們在夜色掩護下被調到與廠房平行的主供給線上。道路附近有一座雙層橋，橋上

2　作者按：同地區內還有一座亞速鋼鐵廠，也在圍城期間成為一處軍事要塞。該建築曾為車諾比核電廠製造鋼鐵，據稱其主要鑄造廠下方存有近四十個混凝土核掩體，另還有如迷宮般的地下隧道。因此也是完美的藏身之處，吸引了數百位平民跑向它。即便俄國人毫不掩飾想要摧毀它的意圖，馬立波人也沒被嚇倒。他們藏身在地下墓穴、工廠下方仍相對安全，不會遭到攻擊，遠比躲在地鐵站或停車場安全得多。

有條通往城市的鐵軌，若我們被敵人輾壓，這條軌道就能作為逃生路線。我們預計在俄軍抵達後，由幾支部隊前往指定的道路和鐵軌，而阿熊說，我們的任務就是用生命死守這個地區。

我心想，真是太棒了。整支俄羅斯大軍都會沿著這段路殺過來，坦克車之類的也是，能出什麼差錯呢？可我們並非孤軍奮戰。這地區已由反武裝和反坦克武器系統包圍。第五〇一海軍步兵營也擺好陣勢，準備與我們並肩作戰，身後還有第五〇三步兵營作後援。

另外也讓我稍微放寬心的是，第一營已為此刻情境受過專門訓練，我們小組可是整體作戰計畫公認的重要成員。我們在培訓任務中的職責，本就是要守住灘頭陣地或鋼鐵廠這類重要據點，方便隨後調配其他軍事資源。隊上弟兄的體格全都健壯無比（至少我們必須維持這種體態）。而我也不禁好奇自己以四十八歲之齡，在這樣又一場不見盡頭的殺戮槍戰中能撐多久。

有一時半刻，我還真有點希望自己只是個伙房兵，而不是海軍陸戰隊員。但接著，我想起自己肩負的責任。我正在保衛自己的城市與家園，我以自己為榮。除了與其他弟兄一同在最前線奮戰之外，我哪兒都不願意去。要是我將迎向死亡，那麼死在哪裡其實無所謂。我這樣告訴自己。所以不如就交代在這裡吧。

於是我希望，要是我的末日就是今天，我能快速又相對無痛的離去。

第六章 他們炸爛了我家

圍城的頭七天，我感覺自己就像戰爭的旁觀者，在遠處看著戰局發展。重型大砲撼動著馬立波的建築與道路、燒毀整座城市、再度殺死數百位平民，但這一切幾乎都只發生在我的周圍。

敵軍並未如預期發動地面攻擊，我有大半時間都在挖掘散兵坑、擺好陣勢，準備迎接註定要襲來的攻勢。對我這排來說，戰爭已放緩了一星期，但這只是因為我們先前從巴夫洛皮爾一路殺回來時，花了太多時間來躲避死亡。可儘管節奏有變，我們在伊利奇的工作仍令人累得半死。弟兄們又開始挖戰壕了——挖掘壕溝、加固防守位置，為即將到來的攻擊作好準備。

幸好，阿熊總是能想到創新的好點子。有天下午，當我們正奮力挖掘又一堵泥石牆時，我聽見有引擎聲向我們駛來。我害怕會出什麼亂子，以為有敵方坦克逼近，於是便立刻找掩護，並喊上其他人準備好。但我伸首望向壕溝外，只見一輛JCB挖土機往我們駛來。操控方向盤的人是阿熊，他正歡喜的揮手。隨著挖土機的鋼齒咬入地面，立刻掘出一個我徒手得耗上整整一天才能挖出的洞，他高興的喊道：「嘿，老狗！覺得這樣如何？」

我大笑出聲。「你之前開過這鬼東西？」我說道，阿熊則一邊挖出另一個洞。

「沒有，我只是在那裡學了一下，」他指著城市的方向說道：「挖土機就這樣被丟著，所以我就想：『幹！不試試看怎麼知道？』然後我點火接通引擎，現在就來幫你們這些小兄弟一把了。」

一小時左右，我們就挖出了一堆等身大小的深坑，要是俄羅斯派出下一波戰鬥機襲來，這些窪地就會是方便的避難處。我覺得，阿熊的心靈手巧可能會救下很多條人命。

我們不挖洞的時候，就把注意力轉向尋找食物和取暖。每個人都餓壞了，所以理當得趁俄國人把我們打趴前先蒐集口糧。但問題是，一連串的空襲已經毀掉城裡最大的超市，大概是故意想讓我們挨餓投降。我們只得靠殘羹剩飯過活。冬季的條件也很嚴酷，因為城裡沒有電力，所以我們在休息時保暖的唯一希望，就是以破碎的家具當作燃料，在火爐裡生火。

這麼做當然很危險，煙霧經常會暴露我們的行蹤，就算我們幸運到能在室內生火，也可能會有過於暖和的問題。要是在滿身汗的狀況下回到寒冷的環境，士兵將會瞬間凍僵。到頭來，要不要生火的兩難處境都要歸結到一個簡單問題：我們是要生火、讓全世界知道我們在哪？還是讓自己凍死？而每次都是保暖這個選項勝出，即便我們從未在日落後生火。

而我與敵人的首次重大交戰，則發生在某次休息之後。那時，我站在狄馬身旁，在寒冷中瑟瑟發抖，突然聽到右側傳來槍響——一支五人組成的俄國偵察部隊從附近的林線爬出，正要潛入鐵路橋下。據我猜測，他們可能是打算在橋上安裝炸藥，藉著打破我們的防線讓恐懼蔓延我方陣營，但他們被發現了。

我抓起夜視鏡想看看發生了什麼，藉著鏡頭發出的顆粒狀綠光，我看見子彈和槍口的閃焰。我方有兩人在阿熊的帶領下把敵人趕回林子裡，但我發現在橋另一邊站哨的人沒有幫忙開火掩護。我衝他喊叫，卻沒收到任何反應。

那次槍戰很混亂，槍戰總是很混亂。我在射擊時也無法判斷子彈是否有打中任何東西。除了我的夜視鏡之外，我周圍的弟兄也使用 Archer 熱成像系統，好有效定位藏在樹林中的敵軍。敵人的位置接著會經由通訊系統傳給阿熊，方便他進攻。但成像系統在嚴寒氣候下，往往很快就耗盡電量。不消多時，這套裝置就沒用了。

「熱成像系統沒電了！」我用無線電說道，提醒正在進攻的小隊，他們現在是在半盲的狀態下戰鬥。

現場戰況令感官難以負荷，在連串子彈如電鋸劈過樹林時，我只能依稀聽見樹枝沿著林線折斷的聲響。我又射出幾發子彈，只見一名俄國士兵從一根木頭上跌下。我不確定是我打中了他，還是他自己滑倒了（我也無法上前檢查他的生命跡象）。噪音仍舊讓人摸不著方向。數十把 **AK-74** 同時發出其獨有的刺耳咆哮聲。待敵人終於撤回黑暗中，令人緊張的寧靜氣氛隨之而來。我聞到了火藥味，並聽見陰影中某處傳來喊叫。

阿熊回來時帶著一具屍體——是負責站哨的伊凡諾夫（Ivanov）。我和他沒那麼熟，但這兩星期以來，我們仍一同度過了幾次令人寒毛直豎的時刻，我很欣賞他。見他的屍體被抬過我的戰壕，我才猛然想起，這是我方第一次有人陣亡。

在這之前，我們的表現一直很好，小隊上沒人死掉，我們顯然已經用光了好運。可是我不能只顧著哀悼。伊凡諾夫的死無疑令人難過，但我還是得將恐懼拋在腦後，繼續前進。次日天一亮，我為了分散自己的注意力，便將橋上的哨兵移至更合適的位置，我篤定俄羅斯人不會再次嘗試突破。

那天稍晚時，狄馬看事情的態度似乎大有不同。「伊凡諾夫走了。」他搖著頭，悲傷的說道。他還那麼年輕，也沒多少戰鬥經驗，我無法想像他見識過多少死亡。

「兄弟，之後我們有大把時間能用來哀悼他，」我說：「現在我們還有更大的問題要處理，所以盡量不要太執著。事情就是發生了，還有可能發生在你我身上。為了防止意外重演，我們都必須全神戒備。」

好玩的是，在一片愁雲慘霧下，一點小事竟然也能振奮軍心。次日早晨，我們在散兵坑例行輪值時，狄馬說要去小便。當他在我們身後的小巷裡摸找時，我聽到咯咯的傻笑聲。他究竟幹什麼去了？他咯咯的笑聲接著變得有些沙啞，狄馬正在歡呼！

「肖恩……肖恩！」他興奮喊叫道：「你一定不敢相信……我找到菸耶！」真他媽的。我上次抽菸還是剛撤退到馬立波時。軍隊裡這玩意供不應求，要是有誰走運手邊還有點菸，也會留著自己抽。在戰區找到菸就像中了樂透，我正想來一根。狄馬跳進我下方的散兵坑，扯開菸盒。「請自便。」他一邊說，一邊笑得合不攏嘴。

我們連續抽了一個小時，像小學生一樣傻笑，就算此時我倆抽的是一款叫蒙地卡羅（Monte Carlo）的烏克蘭爛菸，我們也不在乎。在和平時期，我們可會千方百計避開這牌的菸。但對此刻的我們來說，那辛辣的化學餘韻嘗來甜如蜜糖。

◆◆◆

至三月第二星期，俄國人已加強攻勢，馬立波可以感受到全面入侵的威力。三月九日時，炸彈將一間婦產科醫院夷為平地，殺死三人、傷及十七人。此次恐怖攻擊的七天後，頓內茨克地區劇院（Donetsk Regional Theatre of Drama）又發生類似的襲擊事件，當時約有一千三百人於該處避難。

該處的居民為了讓外人辨識裡面群眾的身分，便於廣場上用西里爾（Cyrillic）字母（通行於斯拉夫族及前蘇聯的拼音文字）寫下「兒童」一詞。從上空飛過的敵方空中偵察機應會看到警告才對，但他們仍然出手攻擊。據官方後來估計，該劇院爆炸倒塌時，至少有六百名平民喪生。城市街道上開始瀰漫著死亡的惡臭。

從伊利奇鋼鐵廠這邊，可以看到周圍戰況。雖然地面部隊尚未直攻我軍據點，但他們無疑是在探查弱點。潛伏在亞速海的敵艦發射火箭彈猛襲城市左岸，大砲也在遠處沿著我們的側翼移動。很明顯，俄羅斯人是想藉著最後一次猛攻，一舉包圍鋼鐵廠，他們對亞速鋼鐵廠似乎也有相同的打算。但在種種事件上演的同時，人們也越來越意識到：**我們的可怕敵人——強大的俄羅斯——可能並非如我們原先擔憂的那樣，是支所向無敵**

的力量。

沒錯，他們很殘忍，這從婦產科醫院和劇院的屠殺可見一斑。但儘管對方的坦克從遠處攻擊我方戰壕，迫擊砲火不時也將我們壓制住，以上攻勢都沒有產生明顯效果。他們的砲彈雖已連續幾天如雨般落在我們前方的路堤上，卻也沒造成任何嚴重損壞。

「嗯，他們大概是支爛部隊。」某天早上，我向狄馬說道。

他困惑的看著我，而在幾乎同一時間，遠方又出現一波沒造成多少損害的爆炸，這證明了我的論點。「他們打得超不準，也許俄國佬沒有我們想的那麼厲害。」

話雖如此，即使我還能忍受這樣的狀況，爆炸仍舊給一些弟兄帶來可怕的心理影響：我們連上至少已有一名士兵在散兵坑裡嚇得驚慌失措，後來我也聽到無線電有消息說，救護人員正在照顧另一個完全崩潰的人。我很同情他們，這些可憐的混蛋。

我們的處境非常可怕，現在發現隊上有些人的心態沒有堅強到足以生存，我並不意外。不過整體來說，我們團隊在開局的猛攻中仍表現出強勁的韌性。每波攻擊之後，大夥都會聚在一起、整修被破壞的據點，還會說笑一番，然後在接下來的一天繼續努力不要死掉。

隨著死亡和破壞在周圍層層疊加，我們的意志也一次次受到考驗。我們失去二等兵達尼洛（Danilo），我幾年前在基輔認識了他。我那時正在參加百發百中課程，他則在學習操縱火箭推進榴彈。而當我告訴他那天是我的生日，我倆便一起在旅程中慶祝我又度過了人生中的一年。

達尼洛在去世前不久，正於城市裡蒐集食物，不料一輛俄羅斯坦克發現了他駕駛的汽車。後來有人告訴我，他被直接擊中後，成了一團粉紅色的霧氣，一點屍骨也沒留下來。他旁邊的人卻如奇蹟般只斷了一條腿和受了點彈片傷。這也再次提醒我們，戰區的生活大概就像是在簽樂透。

達尼洛走後不久，在戰鬥稍微歇停時，阿熊小跑來到我的散兵坑，一副氣壞的樣子。「老狗，他們好像炸了你的房子，」他憤怒的說道：「去看看吧。」

我移動到一處可眺望馬立波的位置，那個我曾稱之為家的地方，現在只泛著一片橙光。滾滾的濃煙湧入夜空，熊熊烈火看起來就像是災難片場景，顯然沒有任何建築物能倖存下來。我傳了簡訊給拉瑞莎，同時確保她已脫離險境：「左岸毀了。」

她立即回覆我：「我知道，有人告訴我房子被打到了。」

後來我才得知，有一枚火箭射入窗戶炸毀了內部，幾乎毀掉所有我們為這個家構築的東西。我安慰自己，還好老婆仍毫髮無傷。然後我感謝老天，我們沒有浪費那該死的七千塊來整修什麼鬼廚房。

◆◆◆

有謠言說，俄羅斯即將發動地面攻擊，大家也在談論要是我們被俘虜會是什麼情形。各種駭人的故事我都聽過，內容講述著我們如果不幸被監禁，可能會遭受何種不人道的酷刑。我甚至還知道有幾個人已經在準備便服，以便在不得不逃跑時用上。

被當作非戰鬥人員已經夠糟糕的了，但至少可以活下來。而要是被俄軍誤認為是亞速旅的成員——大多數俄羅斯和分離主義軍人，都認為這支部隊是納粹組織——下場可是令人難以想像。這些憤怒的敵軍在普丁宣傳的洗腦下都殺紅了眼，我是寧可戰死，也不願被他們大卸八塊。

可想而知，流言蜚語讓許多人士氣低落。我們餓得昏頭又營養不良，瘦得只剩下皮包骨，我們的抵抗軍力看來正在減弱。在圍城之初，市裡的防空部隊原本還堅強抵抗。但他們的防守至三月中旬便減弱了，不是因為陣地已被摧毀，就是因為彈藥已經耗盡。砲兵那頭則只剩一片靜默，任由俄國戰機隨意攻擊。酷刑、逃跑和撤離之類的話題，只是徒增慘澹的氣氛。

狄馬甚至無意間聽到，有兩名坦克司機在討論要逃離城市。這些人隸屬我們連隊，卻說著打算找一條隧道、不通知大夥就擅自開溜之類的鬼話。狄馬這個小夥子相當勇於表達意見，他顯然說了些不客氣的話。竟然有人想放棄自己的崗位，讓他震驚不已。

「沒有你們的話，又有誰能開坦克？」他大吼道。

他告訴我這件事時也讓我惴惴不安。我們的據點正搖搖欲墜。狙擊手正在包圍我們、肆意開槍射擊。恐慌悄悄蔓延著，某些人更是公開討論要棄城而去，同時爭論著在這種情況下，放棄崗位究竟是不是正確之舉。我知道狄馬也同樣擔心我們低落的士氣。

「肖恩，你說我們該怎麼辦？」他問道：「你會留下來嗎？」

「要我說的話，指揮和控制還沒有崩潰，」我說：「所以現在還不到大夥各奔東西的時候。」

我可真不想讓自己作出這種決定，尤其是作出可能被誤解為過度消極或沒有志氣的決定。狄馬是個好夥伴。一想到要讓他失望，或是得向他解釋，接下來幾星期我們的處境大概會多麼黯淡無光，我就覺得難受。

雖然我相信，他也明白我們最後的選擇就是逃跑，而且我們可能會在某個時刻不得已而為之。然而，我仍寧可是由其他人為我們下此決策。我希望命令是來自上級，而不是身邊的夥伴。

「你的人生還很長，你得讓自己過得心安理得，」我說：「所以要是你真的得走，就必須有正當理由，而不是丟下朋友逃跑。」

狄馬點頭。「我不走，肖恩。」他說。

終於，我們的坦克司機宣布他們會留下。感謝上蒼。他們要是離開了，我們就會門戶洞開，但這個跡象也表示俄羅斯在心理戰上已經得逞。不曉得我方還能堅持多久。

第七章 肖恩，我很遺憾……

一天早上，轟炸聲罕見的消停了下來。在一片寂靜中，我趴在散兵坑邊緣探頭窺看。除了遠處有一團奇怪的東西外，視野內似乎沒什麼敵人的活動。那東西距離我們約四百公尺，以不到時速五公里的時速沿著火車軌道往我們移動。

那是什麼鬼？我心想，一邊伸手拿我的望遠鏡。

我終於看清楚後，才察覺那是個亮黃色的火車頭。我的胃糾在了一起。

幹，俄羅斯人在這段時間一直把我們往死裡打。我們也知道，他們大概遲早會再次嘗試炸毀橫跨鋼鐵廠周圍的雙層橋，畢竟那是我們最直接的逃生路線。此後俄軍要不是派出步兵在最終槍戰中殺光我們，就是把我們逼到絕境，讓剩餘的人挨餓投降。

大家本以為，俄國佬會先從空中集中攻擊橋梁的下層軌道，卻**沒有半個人料到，敵人可能會在同一路線上安置一列緩慢駛來的火車炸彈。**

我對格魯斯基中士大喊：「有臺火車頭正沿著軌道開過來。我懷疑裡面有炸藥！」

他用無線電聯繫了阿熊。「該死，開槍打它！」阿熊大喊。我從沒聽過他如此慌張。

我和另外幾人蹲在橋的上層，隨著火車隆隆駛來，所有人朝著它開槍。我們之間的距離已經拉近至兩百公尺，似乎沒有什麼可以打倒它。我環顧四周，發現處境非常危急——要是火車在我們正下方爆炸，大家有可能會一起被炸飛。想保命就只能躲在戰壕或是散兵坑。但已經沒有時間移動了。

隨著火車頭靠近，我只見到一道明亮的白光，然後……轟！我整個人被巨大的爆炸往後抛去，眼前景象就如老電視上的影像一樣閃爍扭曲，右眼什麼也看不見，耳朵也嗡嗡作響，我被炸得暈頭轉向。等我踉蹌起身後，只見路堤右側四十公尺長的林地都被炸碎了，徒留下了一個還在悶燒的彈坑，但橋還勉強支撐著。要是有必要，我們仍能把它當作進入城市的逃生路線，也許可以撤退到亞速的其他鋼鐵廠。

接下來，是約一、兩秒鐘詭異的靜默，每個人都在檢查自己有沒有受傷，接著呻吟聲四起。我低頭一看，才發現爆炸將我身上的一些裝備撕了下來——我的止血帶不見了，所有的隨身囊袋也是，還有一大塊彈片嵌在我的戰術背心上。

我旁邊是一位名叫柯瓦倫科（Kovalenko）的士兵，他是來增援的平民。柯瓦倫科跪在地上，呆呆的望著前方，視線彷彿落在數百公尺外，下巴張著發出無聲的尖叫。他的感官都被炸彈震得麻木了。接著爆炸造成的碎片從天而降，樹枝、金屬和混凝土從上方傾瀉而下。我感覺到格魯斯基中士抓著我。他的制服上布滿紅色斑點，但我無法判斷那是血跡、顏料，還是因為襲擊濺出的什麼其他東西。

「老狗，你還行嗎？」他喊道。我的耳膜還沒恢復，很難聽清楚他的聲音。

「我……我……右眼看不見了。」

阿熊在無線電上大吼。「馬上讓他下來，」他叫道：「我們得把他送去醫院。」

我周邊的視野仍受閃光和光線衝擊。我依稀知道，有兩輛俄羅斯坦克跟在火車後面，正朝我們這裡開火，而沒有因爆炸受傷的士兵正在反擊。我跌坐在充滿泥濘的路堤上，並在散兵坑裡等待，可以聽見 AK-74 的槍聲。

彈藥和燒焦木頭的臭味燒灼我的鼻腔，我擔心俄羅斯人會輾壓我們，但這也不是第一回了。後來我才得知，幸好他們的計畫搞砸了——火車的殘骸在爆炸中被炸到鐵軌上，結果使坦克根本無法通過。

我目光所及之處都是一場惡夢。最後阿熊命令我去找醫務官，我被扶到車的後座，坐在另一名躺在擔架上的士兵旁邊。他仰躺著、制服都破了，臉和身體都因燒傷和血跡顯得焦黑。在醫生處理傷口時，他渾身上下的每一條肌肉都因驚愕和疼痛而抽搐痙攣著。然後我認出了這人：他是呼號為「摩爾多瓦人」的陸戰隊員。我想說點什麼安慰他，卻什麼也說不出口。醫護人員很快就來與我確認傷勢。

「噓……。」在外頭傳來的轟隆爆破聲中，我竟還能聽到令人平靜的話語。

「你會沒事的。」對方問了我一些問題，我的大腦卻叮噹作響。

「你叫什麼名字？」有什麼液體被倒入了我的眼睛裡。

「你有瘀傷，但我們會治好的。」我坐回擔架上，好奇自己何時會用光這種好運。照理來說，我應該已經沒命了。

現代的衝突不像戰爭片，更像是恐怖片，看看運作中的戰地醫院是何種景象就知道了。我們被帶到工廠深處的地下掩體，我見到士兵和平民、男人與女人，都正受著不同的折磨——被彈片擊中是最常見的傷害，傷者不是被鋒利的金屬塊撕碎，就是失去四肢導致大失血；有些人的燒傷嚴重到，根本無法在其焦黑的肉體和汙血中辨認出五官。但最可怕的，還是哀號聲。

馬立波此時與外界隔絕，醫院裡的繃帶、消毒劑等重要醫療用品都已耗盡，最麻煩的是，嗎啡這類強力止痛藥也用完了。人人都身處在充滿傷痛的世界，眼下痛苦無法立即緩解，到處都瀰漫著令人難以招架的絕望。我想，我永遠無法忘懷那天的尖叫聲。

我被照看了幾個小時，手臂上吊著點滴，這是剩下可用的少數資源之一。我甚至還稍微睡著了一下。當我準備返回前線時，有人喊了我的名字。我轉身看到一名醫護人員走向我。因為視力受損，我一開始很難看清對方的臉，接著才認出那是米科拉（Mykola），是我在馬立波的好朋友。在時局還安定的時候，我們常會帶上各自的妻子一起去海灘玩。

「肖恩！發生了什麼事？」他一邊說，一邊擁抱我。我把我們在橋上的處境和火車攻擊事件告訴了他。

「你聯絡上太太了嗎？」我問道。

米科拉悲傷的搖搖頭：「還沒，我被徵召來作醫務員，我還沒辦法傳訊息給她，但至少她離城裡很遠。你呢？」

「只有一次。我最近有聯絡上她，有訊號時也能收到簡訊。我知道她很安全。」

「感謝上帝，」米科拉說：「麻煩你，如果你再聯絡到拉瑞莎的話，能不能告訴她我沒事？說不定她還和阿拉娜（Alana）有聯絡。」

我向他承諾我會的。我們本是很好的朋友，在與他坐下聊天的時候，我的心思飄回了那些在海灘上度過的長日。我願意不計代價回到那段時光。

接著米科拉環顧四周，彷彿擔心有間諜似的。「你想抽菸嗎？」他低聲說道。去他的，我想不想抽菸？我上次抽菸可是一星期前，狄馬找到的那些早就抽完了，我想抽得不得了。

「不過我不能在這裡給你，不然會有一堆人來求我也分他們一根。我們什麼物資都很短缺。」

他領著我來到一間側邊的辦公室，把一打香菸塞進我口袋裡，還不知從哪掏出了一雙全新的襪子。我腳上穿的鞋子已經好幾個星期沒換了，大概已經臭得像是什麼東西腐爛那樣。

「我們瀕臨崩潰邊緣，」米科拉一邊說，一邊把襪子交給我：「有人說醫院可能要搬遷了，因為前線一直在後撤，現在距離已經太近了。我們必須撤離所有人，但不知道該怎麼做。」

米科拉看上去累壞了。戰區的醫務工作顯然讓他力不從心。他曾在我最喜歡的餐廳之一工作過。我沒想過會在這裡遇見他，但戰爭讓很多人成為原本不太可能成為的英雄。我甚至不曉得平民也會被召來作野戰醫院的醫務員，而我在戰壕裡的工作繁重，可沒有閒情逸致關心城裡的朋友。

等米科拉回去值班時，我心裡想著，要是俄羅斯人最終攻破這裡，他會有什麼下場？從俄軍先前對醫院和劇院的攻擊來看，他們幾乎不顧百姓的死活。而最新報告也估計馬立波已經有兩萬五千人喪生——這座城市現在氣數將盡。

在戰爭結束前，恐怕還會有更多人喪命。

◆◆◆

我在火車爆炸僅十二個小時後就回到前線，我也很快認清事實——我們的英勇抵抗幾乎已經結束。這種感覺在後來幾天裡變得更加強烈。我意識到，大家遲早得排除萬難，悄悄撤離馬立波。

考慮到俄羅斯人不太可能開闢人道走廊供平民逃生，我們多數人都可能會在途中遭遇不測。唯一的問題在於：何時該撤退？拜烏克蘭指揮鏈的通訊層次結構所賜，我們的陣地鮮少能收到戰況資訊，只能坐著乾著急。

接著在三月底，我與拉瑞莎又匆匆通話了一次，那幾分鐘我得知的新情報，遠比在戰壕裡作戰兩個星期還多。伊利奇鋼鐵廠現在幾乎沒有訊號，不過要是一時運氣好、氣象之神願意吹來西南風的話，我們就有可能連接到當地網路。

雖然這麼做充滿風險——這一帶訊號最好的區域，是戰壕再過去的一片樹林，那也是「冰雹」最喜歡襲擊之處——但只要能與所愛之人說上話，我們多數人都甘冒風險。這些與人交流的時刻無論多麼短暫，都給了士兵繼續前進的動力。

某天早上，有人大喊電話訊號恢復了，於是我決定跑到林子裡一試。我只試了一次就與拉瑞莎接通。我擔心微弱的訊號可能會消失，所以快速講了重點、解釋處境有多麼嚴峻：我們情況危及、被打得遍體鱗傷，但堅持了下來；我們被敵軍包圍，但還是予以還擊；俄羅斯人輾壓我們，傷亡慘重，不過他們還沒有突破。

拉瑞莎的話也一樣簡潔：你們被包圍了；俄國人打算先攻破馬立波，你們會被炸爛的；還有別想著靠人道走廊逃出去——整個國境內開放的人道走廊都正受到攻擊。

以上種種其實無助於提振士氣，但光是聽到她的聲音，我就有了所需要的力量。但這次對話也讓我意識到馬立波的前景有多麼嚴峻。我們他媽的徹底完蛋了。

這個國家之所以尚未淪陷，只是因為澤倫斯基領導的烏克蘭抵抗運動有夠該死的頑強。軍方憑藉著對地形和基礎建設的了解，再加上對捍衛主權的無畏渴望，因而得以守住一些關鍵領土。這些戰鬥血腥又醜陋不堪，但烏克蘭仍然堅守著、屹立不倒，馬立波最好不要落入普丁手中，能撐得越久越好。

一旦這座城市陷落，俄羅斯就可擁有一座能通往烏克蘭被占領區的陸橋，使他們能深入國境，同時掌控從亞速海和黑海港口流出的物資。若能控制烏克蘭大量的出口貨物，俄羅斯未來就更能掌控國際貿易，尤其更有機會擺脫各國對俄實施的各種制裁——若這些國家仰賴穀物生存的話[3]。

同一時間，敵軍也派出更多狙擊手包圍此區，讓我方更加無所遁形。我軍有人呼籲，有幸能休息幾小時的弟兄應該睡在附近的城市下水道。儘管地道裡稍微溫暖一點（若攝氏負十度算是宜人的話），但可想而知，那地方奇臭無比。

這麼做也不利於健康，因為我們通常會聚集在過濾系統下方，盡量於潮溼的混凝土地面上保持舒適。那裡沒有枕頭或毯子可用，身旁還有一條骯髒水道流過，但我們不是野獸，如果有誰需要上廁所的話，還是會為了保有一點隱私而離開人群。火箭彈和飛彈爆炸的沉悶轟鳴聲，時不時就會迴響在隧道中。

俄羅斯人動用越來越多武力，在我與拉瑞莎通話後不久，就又有一輛坦克試圖衝破

3 烏克蘭是世界上最大的農業生產國和出口國之一，被譽為「歐洲糧倉」。

工廠後面的圍牆。我這排的幾名弟兄奉命前去守衛，另有一些人獲派留守鐵路橋。我運氣不好抽到了苦差事，被派去負責攻擊，狄馬則留在散兵坑裡。

隨著我衝上前加入槍戰，我也發現越來越多我們將近崩潰的跡象：街上屍體遍布，大概都是被狙擊手射殺的；然而，我注意到最令人不寒而慄的細節，卻是橫躺在中心的一具屍體，那是個橫倒在擔架上的男子。我猜測，俄羅斯人大概是在一隊醫護人員將傷者送往米科拉的醫院時襲擊，然後將死者和垂死的人作為誘餌，若有誰想出手相助，便會被槍殺。

我必須挺住。我和一小隊戰士跑到牆邊，包括阿熊、一名武裝醫務員，還有一個年近六十歲的預備役軍人（在正常情況下，他大概早就退伍了）。我們伏低身子，等待坦克車進入開火範圍。在我們藏身時，兩名重裝部隊的士兵向我們走來。

「我們能借用NLAW嗎？」其中一人指著火箭發射器說道。

他的語氣一派輕鬆，彷彿只是在借用手機充電器或是打火機而已。

但阿熊不願意：「我們會用到。」

那士兵接著用手指向約三十公尺外，一棟被炸毀的辦公大樓。他解釋說，他們打算進入廢墟、爬到更高的樓層，從上面除掉那輛坦克。那建築只剩空殼，看起來就快要崩塌了。真不敢相信他們如此有種。

「老兄，這樣的話，那就加油拚一把吧。」我一邊說，一邊示意我們的弟兄把NLAW交給他們。

於是，我難以置信的看著這兩名士兵輕手輕腳的前進，不時躲在門邊或是被炸爛的辦公室入口。終於，他們溜進了選定的開火位置。突然間出現聲響，我猛然定住。只聽見俄軍士兵談話的聲音從附近牆後傳來，距離只有幾公尺。媽的！那些混蛋盯上我們了。我們推測，他們正在等待坦克摧毀附近的一處據點，之後他們就能不受阻礙襲擊鋼鐵廠，再殺死裡面的所有人。

我示意其他人噤聲，以免被發現，然後悄悄爬離牆邊、跑進附近一棟建築。我小心翼翼繞過遍地的碎玻璃，避免發出任何聲響，並待在樓梯的制高點上，透過一扇被炸破的窗戶查看外面情形。在我的下方，阿熊等人已從牆邊溜走，準備返回路堤。我們的性命、連隊上每個人的性命，現在都掌握在重裝部隊的手中。但他們人呢？

我環顧前方被炸爛的大樓，發現二樓有個身影：是拿著NLAW的傢伙。他已經挑好地方就位，將發射器扛在肩上，瞄準駛過下方街道的坦克。

咻——

我眼前先是一陣閃光，然後才傳來爆炸的巨響，火箭彈撕裂坦克的裝甲，一顆火球摧毀車裡的一切，地面都在震動。濃濃黑煙於街道上洶湧四竄，附近幾名俄羅斯士兵迅速從爆炸的威力中重新整頓，並向火箭來襲處開槍。

子彈打穿磚牆，擊落大塊石頭和灰泥，空氣中也懸浮著大量碎片，讓人難以評估前方戰情。但我仍透過如雲霧般的塵埃，看見我方重裝部隊正衝刺著找掩護，敵方的火箭推進榴彈和迫擊砲齊射，並在他們後方爆炸。弟兄們很快就翻過牆、消失在視線之外。我苦笑了一下。情勢日益嚴峻，但他們的英勇舉動仍給我一線希望。

可惜好景不常。

幾分鐘後，我們的無線電就傳來又一件壞消息。在我們摧毀坦克的同時，一架俄羅斯戰鬥機也襲擊了路堤據點、炸掉了連隊的兩輛運兵車——那是我們在撤回馬立波期間用的交通工具。我們原本希望萬一真要撤退，同樣的車輛也能載大夥衝出城市。我知道，一旦失去運兵車，我軍的交通運輸能力將大減。至少會使撤退變成不舒坦的該死旅程。戰壕裡的弟兄們情緒低落，待我爬回散兵坑時，我注意到大家都很沮喪。

「發生了什麼事？」我問道。

「我們用完ＮＬＡＷ了，」一名陸戰隊員回答：「又有另一輛坦克正往我們襲來。」他指著前方的一堵牆，還有被前一次攻擊炸開的大洞。「俄國人隨時都會衝破那裡，我們能聽見他們的喊叫。」

一切從四面八方輾壓過來，整場戰鬥幾乎令人患上了幽閉恐懼症。然後我看見在遠處的阿熊，他正往這邊走來。我打算彙報情況，他若有所思聽了一會，然後舉起手示意我停下：「肖恩……我很遺憾。狄馬走了。」

空氣凝結了幾秒鐘。阿熊說了什麼？根本沒道理啊！

「什麼？」

阿熊再說了一次。而我伏倒在地，直到讓拳頭深入泥地才得以穩住身子。我身下的地面似乎正在崩塌。

「不，怎麼會？」

「火箭來襲時他就在運兵車裡。他不可能活下來的。至少，他應該走得很快……我猜狄馬大概一點感覺也沒有。」

我的腦海裡開始閃過我們經歷過的一切，全部回憶一次襲來。我回想起我倆在薩爾塔納商店裡閒逛的光景，狄馬在那間被炸毀的學校裡，在一架舊鋼琴上彈奏古典樂曲，為那恐怖襲人的一天帶來了片刻美好。他才二十一歲，我真的不懂。

狄馬和我的孩子年紀相仿，在排裡也很討人喜歡，而且也不只有我和他合得來。他總是大方分享自己的食物和香菸。他媽的！這消息會讓他女友崩潰的。我大約一年前在尼古拉耶夫認識了她，他們倆在一起看起來好幸福。又有誰能把這個消息告訴她？

一切感覺都在晃動，我不敢相信狄馬就這樣走了。至那時為止，我已經逃脫了好幾次黑暗時刻，每一次就算情緒崩潰（完全可以理解的反應）我都不知何故挺了過來，部分是因為我早已習慣這種生活，但也是因為有他一直在我身邊。

此刻令人最難以承受，無庸置疑。狄馬是我在前線最好的朋友。我們總是在情況一團糟時逗笑彼此，在最沉重的時刻互相扶持。一想到得在沒有他的陪伴下面對戰爭就讓我厭惡。然後，我想起他頭盔上的十字架，不知道狄馬是否終於找到他的上帝？

阿熊感覺到我的情緒正在崩潰。「肖恩，」他冷靜說道：「聽著……。」

但我不想聽。我彷彿從幾百萬公里之外盯著那堵牆，那堵我知道俄羅斯人就潛伏在後的牆。那幫渾球大概正準備再一次無謂的大開殺戒，接下來他們又會宰了誰？

阿熊提高音量，想把我的思緒拉回：「肖恩，我們稍後再處理這件事，好嗎？我們得繼續加油。你要堅強。我們得繼續加油。」

我點頭，我知道狄馬的死是壓垮我的最後一根稻草。

「我們什麼時候要離開？」我說：「我們該往哪去？」

阿熊聳聳肩：「我也不知道。哪裡都比這好，我只希望能再見我的太太一面。」

第八章 生存，戰鬥，活下去

狄馬曾經就在旁邊。他媽的，他原本還在我的身邊。

在他死後不過三、四天，上頭就傳來撤退的命令。總統澤倫斯基敦促，凡是還在馬立波奮戰者都逃離這座城市，有機會的話再加入別支部隊戰鬥。逃不了的人就先投降。阿熊迫不及待想走。「我們要棄牌了，老狗，」他說：「沒希望了。」

我感到如釋重負：「你確定？」

「是的，我們已是窮途末路。現在又收到命令，是時候了。」

大概沒有人比我更不意外。我清點了人數：我覺得我軍總戰力中，約有六成已經非死即傷。其中有些人（像狄馬）是我的好戰友；還有一些人是優秀的軍人、勇敢的人。為了不讓他們白白犧牲，我們必須離開。

我們的陣地快撐不住了。越來越多俄羅斯坦克想衝破伊利奇鋼鐵廠的厚實圍牆；敵人的突擊隊正湧入城市，有時候我們彷彿身處史蒂芬・史匹柏（Steven Spielberg）的戰爭片《搶救雷恩大兵》（*Saving Private Ryan*）的結尾。更慘的是，戰鬥機現在都集中在我們這棟建築上方，一次又一次攻擊，大概是因為馬立波已無他物可以摧毀了吧。

我們盡全力不斷遷移防守位置，但無論我們落腳何處，無人機很快就會發現我們。危險的是，我們還脫水又營養不良。在圍城戰之初，隊裡曾制定能維持一星期之久的每日口糧配給袋。到了最後，我卻以一種奇怪的懷舊感回憶起那段時日。至少我當時還有點東西吃——尤其在阿熊從廢墟中發現那一大塊重達二十五公斤的帕瑪森起司時，弟兄們靠著這發現連續撐了十天，即使我們大多數人都因此便祕。

但現在，在我胃裡翻騰的空虛飢餓感和我腸道承受的壓力一樣糟糕。我們只能靠發霉的水果和蔬菜碎屑果腹，這也正在摧毀我們的士氣，在局勢根本不會好轉的情況下更是折磨人。

隊上許多沒有經驗的士兵也越發狂噴怨言。有些人謾罵著政府放棄了馬立波的軍隊，但就我而言，飢餓正是戰爭其中一個不必明言的惡果。唯一的選擇，就是爽快接受命運——保有積極態度面對逆境之類的，我總是想辦法找些可以開玩笑的話題。這是唯一不讓自己（還有其他人）徹底瘋掉的方法。就算我們的腸道已經被義式起司堵住，但每當有弟兄在樹林裡想辦法撇條時，大家總是笑聲一片。那種咕嚕和呻吟聲很搞笑，我們可不能浪費這些時刻。

現實情況如此，我覺得撤退沒什麼問題——無論是單獨還是全隊撤退。我已經盡了職責，毫無疑問。對我來說，**生存是最明智的戰術**。在還能好好戰鬥時——帶著兩條手臂、兩條腿及清晰的頭腦——我覺得我理當要盡全力突破包圍城市的敵人防線。但願我們能與另一個更具戰術優勢的營會合，重新開始戰鬥。

阿熊認為，在札波羅熱州的札波羅熱市附近有個這樣的團隊，距離我們幾百公里。要穿越這段距離是個非常遠大的目標，可若是運氣好、沿途又能找到食物的話，我的目標還是會加入他們。投降是絕不可能的，像我這樣的前英國軍人可不會想待在俄羅斯的戰俘營。我很有可能會被處決或遭受酷刑。

不過在我們能有所行動前，必須先跟著剩餘的車隊（再加上一些徵用的軍用卡車）逃離這座城市，這並非易事。馬立波周圍都是森林，每條林線也肯定已被敵方槍手占領，那些地方通常是會被士兵鎖定的藏身處。我也得考量自己的年齡和體能。我的身體在圍城期間被折磨得不像話，不知道還能承受多少摧殘。

我的SERE求生訓練本就讓我對這項「撤與逃」任務之殘酷心裡有數，再加上圍城之戰的洗禮，我知道自己必須步步為營。最後，我們還得考慮敵情。俄羅斯已經將裝甲車、無人機和空中資源都調度過來，負責偵查（大概還有殺掉）逃離城市的人。我們究竟能否逃過來自上空的攻擊？我的態度並不樂觀。

令人絕望的現實絲毫沒有嚇倒阿熊。在我們聯手禦敵，設法躲過俄羅斯對陣地新一波攻擊時，他也為撤退的隊伍排好了上車座位，讓剩餘的連隊成員可以全體逃脫。每輛車都被分配一名指揮官，重點是要讓座位坐滿，盡量把其他人塞到車後。

要是走投無路，或是俄羅斯人從空中發現我們，我們就跑進樹林裡找掩護。而倘若運氣眷顧，我們就能在未受敵人占領的地區下車，改以步行前進。這趟旅程大概不會很舒適，肯定是在賭我們是否有生存下去的運氣，但我安慰自己，如果一切順利，很多人就能活命。我覺得撤離的速度再怎麼樣都不嫌快，我他媽的只想趕快脫險。

等待的過程令人痛苦，所以我試著打電話給拉瑞莎。我不想讓她擔心。電話奇蹟似的接通了，我告訴她，只要我們一有被逮到的可能，我打算立刻丟掉手機，這樣敵人就無法獲得裡頭的資訊。我不希望讓她因為長時間沒收到消息而感到壓力。

「如果沒收到我的消息，不一定代表我死了，」我說：「我會脫身，但這場仗快要結束了，我們可能遲早會被抓住。」

電話的另一頭是片刻靜默。有一秒鐘，我猜拉瑞莎在哭，接著有喊叫聲傳了過來。

「生存，戰鬥，活下來！」她喊道：「別他媽的死掉了！」

「什麼？」

「我說，**給我生存，戰鬥，活下來！別他媽的死掉了！**」

這就是我愛上的拉瑞莎：這女人老與汙染源抗爭、老愛衝撞重利益多過於平民的企業領袖。我是不可能不答應她的。拉瑞莎只要有了什麼信念，就會變得強大無比。

「好，好，我明白了。」

「你們讓全世界都看到了馬立波。大家都在看著烏克蘭英勇奮戰。加油……。」

我要聽的就是這句話。我原本還懷疑自己能不能活著逃出馬立波。現在她命令我繼續戰鬥下去。生存，戰鬥，活下來！她說的話如咒語般在我腦海迴盪，一遍又一遍。

我需要這些話語，支撐我繼續戰鬥下去。

◆◆◆

我們的計畫是要在四月十二日一大早逃離城市。我們於凌晨三點集合，在黑暗中悄悄前往接送點。我累壞了，三天來幾乎什麼都沒吃，隊上能分著喝的水也極少，但至少我們準備離開馬立波了。

隨著我們步行走過瓦礫堆、走過這座已成平地的城市，我不禁感到如釋重負。這座我曾視為家園的城鎮已然不再，除了鋼鐵廠的高塔之外，其餘都面目全非。俄國人摧毀了一切。我只想走得遠遠的，越遠越好。

我們走了二十分鐘。不時會有狙擊手發現我們並開槍射擊。幾發迫擊砲在附近爆炸，但幸好沒有人被擊中。但等到我們抵達集合點，任務就成了一場難以收拾的災難——我們的交通工具尚未到達，傳來的情報稱有輛俄羅斯裝甲車正在我們選定、遠離城市的撤離路線上巡邏。於是阿熊下了指令。「我們得將任務延後二十四小時，」他說：「明天再試一次。」

我爬回原本散兵坑附近的林地，不曉得俄國人是否早已在背後盯上我們，我也對當時的情況困惑無比。接下來的二十四小時我都在倒數，等待凌晨三點的指令到來，好讓我他媽的離開這個據點。我敢說，所有人都是差不多的心情：我們正在挨餓、氣力放盡、受了不少驚嚇。

連隊在那天白天被炸翻了，無人機還殺掉一名戰壕裡的地方自衛隊士兵，但終於，我們還是得以再嘗試逃離一次。我們絕望的悄悄潛行，俄國人卻於此時發現我們並開火攻擊，一時間搞得天翻地覆。

我們穿過街道、奔向車輛集合點，周圍繼續響起槍聲和爆炸聲，路上又經過另一具屍體。在經歷種種一切之後——伊凡諾夫的死、狄馬離去、待在臨時軍醫院的那段時間——現在大多數的慘狀我都還能忽略，但並非每個人都能有同樣的心態。

周圍有些弟兄（尤其是受了傷、趕不上其他人的人）顯然心慌意亂。有一、兩個人拄著拐杖，也有人的手臂仍以懸帶吊著。還有許多士兵被彈片擊中受了傷。他們這段時間很不好過，士氣已被摧殘殆盡。看見被遺棄在地上的屍體只會讓他們更感悲慘。儘管我在火車襲擊事件中曾與死神擦肩而過，但此時竟還能應付這種恐懼，我忍不住感謝自己還沒崩潰。

我是個幸運的王八蛋，我心想，不確定我的好運是要歸功於機率，還是我過去的戰鬥經驗。我知道在極端的暴力之下應如何自處，目前還沒有出過任何閃失或差錯。

我暫且先拋開這些想法。我們還沒離開馬立波，要是才剛開始逃離撤退就遇襲，那就糟透了。在我們眼前，俄國人的砲火和白磷照亮了城市邊界上的一條林線。這種化學物質通常會被塗在子彈上，讓子彈變作曳光彈，並於黑暗中發光。可是白磷在大量引爆時，也能用來標記攻擊目標，以便重型火箭彈發動攻勢——然而令人不寒而慄的，是白磷也會燒毀其接觸到的一切，是一種簡易的化學武器。

隨著白磷從天上如雨落下，震耳欲聾、帶有迷幻效果的爆炸也隨之而來。這次攻擊肯定擊中了附近的彈藥庫，我聽到火箭彈和子彈飛來彈去。我眼前的天際線閃爍著，有如聖誕節的反光紙裝飾。

操！俄羅斯人既然在用白磷攻擊城市周圍，就表示他們知道我們的去向。雖然這次至少有車輛在等我們，但順利逃脫的機率已大幅降低。我們的車隊包含兩輛敞篷卡車、幾輛汽車，和至少一輛裝甲巡邏車，這些車全都以焊接鋼板加固過，就像電影《瘋狂麥斯》（*Mad Max*）裡的風格。

我數了人頭，我這一連隊裡有四十名士兵，還有一些平民。許多人已在鋼鐵廠另一頭戰鬥了好幾星期，現在他們正爬進我們卡車後方。我大聲向自己認出的一、兩個戰士打招呼。有些狀況還行，有些則從頭到腳沾滿乾掉的血液。

當初得知任務時，可沒有人告訴我們會運送這麼多傷員，但現場就是這樣——有數十個人。我們盡全力讓每個人擠進車上，根本顧不了什麼座位安排。只要不是人類（包括我們的部分戰鬥裝備）都不能上車。有名女子甚至還帶了狗，當我們請她與寵物告別時，她傷心不已。

「為什麼不可以？」她尖叫道。

另一名士兵只能從她懷裡搶過正在嗚咽的狗，放在地上。

「沒有空間了，你不能帶著牠！」

那氣氛就如世界末日。我注意到領頭卡車裡的司機正抽著菸，一路抽到了菸屁股。他一抽完立刻又點了一支。這傢伙緊張得要命，即使他至少還有尼古丁能作為慰藉。

我聽到後方坦克的隆隆摩擦聲。火箭彈飛過我們頭頂，射向道路和林地。那些混蛋想切斷我們的路線，但我們別無選擇，只能硬著頭皮前進。約莫凌晨四點，小車隊駛入黑暗，天知道要往哪裡去。

我擠進一輛卡車的後座，身旁有幾名呻吟著的受傷隊友，還有苦撐著的戰士，我的武器對準了外頭的陰影。路上的每次顛簸都會引發一陣呻吟聲。站著的人幾乎無法轉身，一旦腳的位置踩到傷員，就會有尖叫聲傳來。我很害怕。雖然肉眼不太可能察覺我們，但要是經過的噴射機偵測到熱能，大夥的行蹤就會暴露，並讓生存機會懸於一線。

但坦克沒有擊中我們，火箭彈的攻勢也逐漸減弱。有二十幾分鐘，我們的狀況似乎還可以，我的心也稍微平靜下來。我告訴自己，一切都會好起來的——也許吧，但願如此。至少你現在不是被困在伊利奇外的戰壕裡等著被炸爛。我們通過了城外的友軍檢查站。有一、兩名烏克蘭士兵在崗位上向我們揮手。接著，車隊突然猛踩煞車，所有人都被命令下車。我嘆了口氣。

這情況不妙，我心想，幹！幹！幹！

我的直覺是對的。一架戰鬥機飛過頭頂，攻向路邊的一片小型工業建築，將它們炸得四分五裂，天空都被點亮了。我們遭到伏擊，火箭的砲火撼動著周圍的地面。等到空氣停止振動，我聽見遠處傳來熟悉的輕武器射擊聲，然而在混亂中我很難判斷它是在鎖定我們，還是沿路上發生了其他槍戰。我跳下卡車，拔腿就跑。

我們死定了。我真的不知道該怎麼辦。手機訊號斷斷續續，所以就算想參考網路地圖（在「逃與撤」任務中，這是絕對不及格的做法），也幾乎得不到準確的資料。

萬一車隊遇襲，阿熊給我們的唯一指示，就是跑到最近的林線裡，所以我照辦了，如百米衝刺般瘋狂衝向樹林。就我當時的情況而言，那距離彷彿有十公里。我一邊跑，一邊看著大家在掙扎。傷者幾乎難以跟上，我聽見有醫護人員喊叫便跑上前幫忙。她扶著一個著便服的人，我認出他是營裡的軍官，其拄著拐杖一跛一跛走著。我們各扶著一隻手臂，拖著他找掩護。

攻擊停了下來，出現了片刻寧靜。每個人都上氣不接下氣。我能聽見耳朵裡血液流動的聲音。我探頭望向大夥身後冒煙的地面，發現地平線正透出日光，這樣我們會更容易洩漏行蹤。我回頭望向樹林，聆聽灌木叢是否有傳來沙沙聲或踩破樹枝的聲音，等待著任何動靜，但我能察覺到的，只有一片死寂。

隊上的主力都散了，我們已四分五裂。

「現在怎麼辦？」醫護員低聲說道，她很害怕。

我聳肩：「不知道，先讓我觀察一下。」

我快速掃視四周，發現隊伍都往不同的方向跑了。我聽到遠處傳來車輛行駛聲還有更多槍響，但難以辨別那是敵是友，也許兩者皆有。我唯一能確定的，就是我們不堪一擊。俄國人知道我們的確切位置，要是不趕緊行動，很可能就會被炸爛或被俘虜。

那醫護人員指向路對面一座小型門樓，那看起來像是工業區的入口。

「我不確定，」我說：「那很容易成為他們射擊的目標。」

她並未改變心意，醫護官的英語講得不好，但她其實也是名士官長，這表示我的軍階更低，不得不服從。我不情願的抱起傷者、走進空地，小心翼翼的往門樓走去。在我們行動的同時，我聽到身後傳來一聲喊叫，並轉過身尋找聲音來源，只見又有兩名身穿便服的海軍陸戰隊員從不同的方向走出樹林。他們就像殭屍電影裡跑龍套的角色，拖著腳步走向大樓。

我踢開門，地上又有一位受傷的陸戰隊員。他躺在擔架上，被彈片炸得遍體鱗傷、無法站立。肯定是有誰把他抬到了這棟建築，然後把他留在這裡。醫護員立刻上前查看他，我則花了一秒鐘重整自己、評估情勢。

現在這裡頭加上我共有六人。還有一些人發現了我們的行蹤並跟了上來，但我知道留在原地對我來說是下下策。在這群人中，我是唯一穿著全套迷彩軍裝的人，也是唯一仍配有武器的人。我有防彈衣、武器和彈藥，雖然我曾是英國陸軍的戰鬥醫官，但比起現在正在照顧傷員的醫護官，我遠遠不夠格。那個受彈片傷的傢伙正在呻吟，他的情況很不妙。

我在空間裡找尋食物，一邊思緒動得飛快。幸運的是，我找到一顆老掉的發霉高麗菜和大家分著吃。吃起來很噁心、味道也難聞，但總比什麼都沒有好。然後我權衡了自己有哪些選項。我知道，要是我被俄軍或DPR的軍隊俘虜，就會受到酷刑，甚至可能是當場處決，因為我是：一，軍人；二，英國人。說服對方放過我絕無可能，其他人至少還能冒充烏克蘭平民。也就是說，他們可能會被帶到俄占頓內茨克境內，受到比我他媽的好非常多的待遇。

我在外頭快速徹底勘查一番後，發現這裡只有我們，沒再有別人過來。我該怎麼辦？我記得我收到的指令是與我的排重新會合，那是我的職責。阿熊曾指示我前往札波羅熱的另一個營，我必須冒險一試。還有一件事：我的武器若被發現，這裡所有人都會成為目標。我留下來只會讓大家陷入險境。

我在醫護官旁邊蹲下。「你聽我說，我得走了，」我說。

她聳聳肩，我覺得她沒有馬上懂我的意思。

「要是俄國人或DPR的人發現我在這裡，」我說道：「他們會把我們全都當成軍人，所有人就倒大楣了。你們大多穿著便服，所以會被帶到俄國占領的頓內茨克。而我收到的命令是與另一個單位會合，與他們一起繼續戰鬥。」

有一、兩個英語比較流利的人點點頭，他們明白了。

這大概是我軍旅生涯中作過最艱難的決定。我討厭離開，不過我幾乎別無選擇。留下來不只幫不上忙，還會拖累大家。另一方面，我也得盡己所能重新加入戰局。

我推開門、掃視林線檢查是否有敵軍槍手，接著便踏入清晨的幽暗中。

第九章 別開槍，我是英國人

我該怎麼抵達札波羅熱？

我評估所處的位置。在戰爭開打前，拉瑞莎和我常會開車走這條路，我知道附近至少有一間加油站。要是我記得沒錯，那裡也有間食品商店，所以我希望能找到一些吃的。如果沿著這條路繼續走，不久後還會碰到一處村莊。

我在門樓四周巡視，小心往樹林的方向移動。我注意到這裡發生過槍戰，彈殼四散在泥土和草地上，這表示敵人很可能就在附近。我保持警惕、盡量隱藏自己，同時聽到遠處傳來更多輕武器槍響和不祥的重砲轟隆聲。馬立波的最後一絲抵抗勢力正被吹滅。城市肯定已經陷落。我想像俄國坦克車正駛過鋼鐵廠、長驅直入城市街道，強占任何殘餘之物和人民（大概都所剩無幾）。

我的肚子餓得咕嚕叫。那些發霉的高麗菜葉根本連牙縫都塞不了，要繼續走幾百公里的話，得趕緊吃點東西。快到加油站，便注意到其窗戶已被砸碎、大門敞開，連著門片隨意晃動。一旁相連的迷你超市也曾有人闖入，我踏過廢墟，在倒塌的貨架中翻找，但所有東西都已被洗劫一空，如同颶風過境。

我伏低身子爬向窗戶。加油站位於一座小山丘的頂端，讓我能從高處觀察前方村落。該村莊分為兩層，而且也如他處，曾受到俄國人的猛烈攻擊。我能看到焦黑的汽車和快要崩塌的房屋，家具被扔到街上，棄置的衣服和垃圾隨風飄揚。整個社區看起來都已被洗劫一空，大概是一群敵方重裝分子幹的。

那裡肯定在什麼時候發生了一場騷動，我試著想像，進犯的敵人大肆破壞我家是多麼恐怖的景象，然後我想到我們在左岸熊熊燃燒的房子。在一切結束之前，俄羅斯人還會帶來多少破壞？他們的殘酷實在無人能及。

我離開加油站，保持警戒繼續前進。那時大約上午八點，太陽已高掛天空，美麗的早晨即將到來。空氣寒冷刺骨，凍得我耳朵發痛，呼出來的氣就如電子菸噴出來的雲霧，但地面上結出的冰霜讓一切發光閃爍著。這讓我想到冬季在英國鄉村散步的情景，我異常的打起了精神，儘管我距離想要的生活有幾百萬公里之遙。當時，我只需要養隻狗和外帶一杯咖啡，一切就完美了。

好幾個月以來頭一次，我不再因為大砲和槍聲來襲的轟鳴聲而繃緊神經。沒錯，我是正在逃跑。敵方士兵會欣然把我當成某種獵物，但一股奇怪的自由感油然而生，彷彿我終於能主宰自己的命運。自我和拉瑞莎短暫休假以來，這大概還是第一次。我突然對自己的處境感到樂觀。

「我會活下來的，」我心想：「如果我能找到水和一點點食物，沒道理我到不了札波羅熱。我肯定辦得到。」

待我抵達村子近距離觀察現場時，可以感覺到氣氛陰森森的。村莊下層已全然被遺棄，我有些好奇自己是否已溜過俄軍包圍馬立波的第一層關卡。砲火聲確實已在我身後遠處，我也沒注意到有無人機飛過頭頂。若我已經成功突破敵後，那這趟任務最困難的部分就完成了，不過我並沒有為此慶祝。一來是因為現在沒什麼好慶祝的，二來就是我絕不願因為自滿而粗心大意。

我緩步走向某條小街上的第一棟房子，鑽了進去。我在廚房裡翻箱倒櫃，尋找能吃的殘羹剩飯，但所有東西都被拿走了。我檢查手機，盼能收到訊號，但也很不走運。我小心翼翼拉開窗簾探查前方地形，回想起之前在華盛頓州上過的SERE野地求生課程。該死，那些訓練是好幾年前的事，現在已經記憶久遠，但一想到當年的表現，我就重拾了信心，並相信自己大概還領先俄國人一些，儘管我其實又餓又累得半死。

我在屋裡又多待幾分鐘，看向窗外、分析外頭的動靜。我注意到村子的第二層有一、兩人在遊蕩。他們身穿便服，大概是在俄羅斯人來襲時拒絕離開的本地人。我還發現有臺廢棄的敵軍車輛，引擎蓋上漆著「Z」字。其車身布滿彈孔，但這並不表示它原來的乘客或其同黨不在附近。

還有一個風險：也許其中某個平民是俄軍的支持者，要是我被發現，他肯定會通風報信，我可得小心行事。我繼續前進，溜進街上的下一棟房子，然後再溜進下一棟。有兩個小時，我都在家戶之間移動、在廚房之間穿梭，希望找到能讓我撐個幾天的東西，但每個櫥櫃都空空如也。肯定連老鼠都餓壞了。

然後我在街尾看到一些東西：三個大貨櫃屋，就是運輸船和貨運火車會運送的那種。我用力推開第一扇門，金屬發出一記響亮的咿呀聲，這時裡面的東西讓我眼睛為之一亮——看起來沒有食物或水，但這個空間一定曾被當作儲藏室，因為裡面裝滿了非軍用服裝：夾克、毛衣、襪子和羊毛帽。

我翻過這一堆堆東西、檢查尺寸，我發現這趟收穫可真不錯。脫去軍裝讓我有機會能喬裝臥底，可是武器仍會暴露我的身分。我拿起一個行李提袋，試著用來裝我笨重的AK-74，但袋子太小了。

想辦法啊，肖恩。用力想點辦法。

考量到我的體能狀況，若拖著四十五公斤的防彈衣、彈藥、槍支、手榴彈和重型戰靴前往札波羅熱，這趟旅程將會艱苦無比。我渾身被汗水浸溼，也在迅速脫水。我一邊換掉衣服，一邊作出一個違背我在求生訓練中一切所學的決定：丟掉手上的武器。輕裝上路是我最好的辦法，我只打算帶上手錶、手電筒和小刀，加上手機和充電器[1]。

等我加入另一個部隊，一定會有人給我武器的，我心想。

我的下一項任務是規畫路線。到目前為止，我都閃躲得很成功、沒被逮到，但我必須具體想出如何抵達札波羅熱。雖然我可憑記憶推斷出自己與馬立波的相對位置，但我的確切方位仍是個謎。

走大路絕對行不通，因為俄羅斯人肯定正在那裡守著。但如果我能先到村莊的最高點，找出一兩個熟悉的地標，大概就能對該前往的方向有點頭緒。要是找到有手機訊號的地方，我還能查一下地圖以取得更明確的方向。這樣的戰術就像丟掉我身上的重裝備

1　作者按：在我們初抵伊利奇鋼鐵廠時，路堤旁的住處裡原本有個插座。那裡一星期後就停電了，我便改用行動電源。我通常會關掉手機，只在想打電話給拉瑞莎時才開機。

一樣不理想，在逃脫任務期間更是下策，但我已經窮途末路，放手一搏的時機到了。

◆◆◆

我又看了一次手錶。此時是十一點。想取得方位的話，我就得冒險在白天行動，在夜裡找地標的成功機率不高，現在正是好時機。我一邊注意外面的動靜，一邊走上街頭，走往將村莊分為上下兩層的樹林。

在樹林上方有處大約六公尺高的陡坡，看起來似乎是最有利的觀測點。我跑向林線，然後緩步進入一處寸草不生的區域。我保持警戒：左顧右盼觀察士兵的蹤跡，抬頭注意有沒有無人機，同時掃視地面上是否有地雷。我也許能主宰自己的命運，但現在每一步都如履薄冰。

我最想找到的就是水源，我也不在乎是哪種水。若是潺潺流水，我肯定要大喝一番。如果是最糟糕的情況，我就將就著用襪子當濾網用。雖然襪子不是最有效的工具，但勉強還過得去。

好消息是，就算體力已經透支，我的精神仍處於戒備狀態，大腦也忙著轉動。

SERE求生訓練教會我的，就是疲勞、萎靡、冷漠只會讓人出差錯。的確，出現奇蹟的話，我也有可能遇到我的排或另一群烏克蘭人，這樣就能解決眼下幾乎所有的問題，但在那一刻來臨前，我必須活下去。我曲折的從樹林進進出出，直至抵達山頂，我緊張的看向前方的土地。

有槍聲！

射擊聲響起，我出於本能趴向地面，將臉埋進泥土裡，扭身鑽入潮溼草地，嘈雜聲在我周身迴響。幹，幹，幹，我被發現了。我死定了！我思考著接下來可能會發生什麼事，身體也隨腎上腺素飆升顫抖。第一個問題就是槍手的身分。如果我走運的話，對方可能只是個愛開槍的本地人，因為誤把我當作入侵者才扣下扳機。這樣的話，我就有機會說服他放我一馬。

不過若發現我的是敵軍，那情況可是大不相同。被普丁的槍手抓到，我就倒大楣了，尤其若對方是DPR的人——或更糟，車臣人（大家都知道他們效力於普丁，也是出了名無法無天的強盜）。就我的理解，這兩種人都是一幫雜碎暴徒和殺手，其行動並無紀律可言。他們很可能會為了好玩而開槍殺了我，或是一邊從容不迫的折磨我，一邊在網路上直播凌遲我的過程。

我抬頭看了一眼。真他媽的，我在下方山丘上的小型石造建築前方，共看到八個散兵坑，每個坑裡都有一名舉起武器的士兵。他們距離約三十公尺，陣型類似觀察站或迫擊砲哨所。我立刻知道自己麻煩大了，因為從他們互不相襯的裝備來看，這些人幾乎無疑就是DPR的人，我猜鎮上被打爛的車也是他們的。我環顧四周，卻發現無處可逃，也沒有能當作掩護的位置——我一向前移動，他們就會群起槍殺我。

去他媽的，我玩完了。我嘗試集中思緒，因為接下來的幾分鐘都是關鍵，我必須毫髮無傷應對他們。如果我在抓捕過程中遭到毒打、斷了骨頭，或被打斷手腳、弄瞎雙眼，那之後的長時間監禁就會是人間煉獄。

有人曾告訴我，在被押為人質期間，俘虜的腦袋裡才是最激烈的戰場（尤其是在審訊時），而且我必須打贏那一仗。如果囚犯身體虛弱，就更容易崩潰。DPR會想要知道我的身分，還有我的目的地。他們還會拷問我、取得我所屬連隊的情報、他們的身分，以及我們在馬立波的活動。我的任務是保障隊友安全，必須堅持下去。

然後我想到某件事：我的手機！該死，手機可是我軍旅生涯和個人生活的數位檔案寶庫，裡面全是很有價值的資料，例如以往的GPS座標、銀行資料、社群媒體頁面，以及其他人的手機號碼。以上都是審訊過程的弱點，因為資料就是籌碼，所以職業軍人通常必須遵守有關手機的一系列規則，其一就是禁止拍照。

我知道，凡是找到手機的調查人員都會立刻檢查裡面的資料，這樣通常有機會找出囚犯的隊友，還有高級軍官或指揮官等重要人物。我身後的山丘腳下有個小池塘。既然地形擋住了我的部分軀幹，我便把手機扔進池裡，隨著手機撲通一聲沉入水中，我也鬆了一口氣。接著有個說俄語的聲音傳來，命令我站起。我舉起雙手。

「別開槍！」我用俄語大聲回應：「我沒有武器。」

然後我賭了一把：「我是英國人。」

我希望這能稍微嚇阻他們，還好這招似乎奏效了。士兵們面面相覷，似乎在商量些什麼。然後其中一人令我往前走。我知道沒戲唱了，於是小心翼翼走下山丘，一邊心想會不會突然有誰一受驚嚇便用子彈招呼我。

「我是英國人，我是英國人！」我一邊靠近他們，一邊重複說道。

「英國人？」其中一人喊道，一群人圍住了我。

我點頭。那可憐的傢伙看起來嚇壞了，他們全部都是——那人的眼睛瞪得老大。這群人裡沒有一人看起來超過二十歲，有一、兩人的上唇長著稀疏的鬍鬚，就像影集《囧男四賤客》（*The Inbetweeners*）裡的傑伊（Jay）第一次嘗試留鬍子那樣，我眼前這些人就是那個樣子。

我年紀都夠當這群小混混的老爸了，我心想。

這些人的外表看來就像一袋袋大便。從他們的憔悴神情和充滿血絲的眼睛，便能看出大家都過得很辛苦。我上下打量他們，只見裝備零零散散、破爛不堪。他們頭戴不相配的頭盔，身穿拼拼湊湊的迷彩服，光是這細節就讓我格外小心。這群人顯然缺乏經驗，所以也更容易誤判情勢。若稍有差池，我可能就會中槍或受重傷。

奇怪的是，我一點也沒嚇到。我擔心嗎？當然。我生氣嗎？這還用說。但我並不害怕，有幾隻手朝我打來並抓住我。我被拖進附近的戰壕，以狗吃屎的姿態被甩進泥地。有人拿走了我的保暖外套和外衣，一邊搜查了口袋。另一名士兵搶走我的手錶，我的錢包也被整個掏空，不久後帽子和工裝皮帶也被搶走。比起逮捕，這更像是搶劫。

終於，有個更高階的人手持 AK-74 介入這團混亂。那人下令綁住我的雙手，現場總算有了另一個成年人。

「你是誰？」他平靜的問。

「我是肖恩，英國人，也是烏克蘭海軍陸戰隊員。我會說一點俄語。」我沒有必要隱瞞以上事實。他們早已拿到我的軍人證——就在我的錢包裡。

這些資訊絲毫沒有讓他亂了陣腳。「好的，我們得帶你離開，」他指著停在附近的一輛破舊的俄產 Lada 汽車說：「你上那輛車吧。」

我感到不適，不是因為害怕，卻是因為尷尬。我可是受過SERE訓練的，結果我只逃了五分鐘就被一群髒兮兮的小鬼逮到。他們可不是專業軍人，只是在兼職而已，裝備還像是從玩具反斗城撿來的。更羞辱人的是，我還被一輛看起來像是從一九七六年回收的汽車載走。要是我還能再見到親朋好友，真不知道該怎麼承受大家的取笑。

第十章　你在網路上已經死了

我被推進車子後座。剛才的其中一個小鬼腳踩油門，打算駛離散兵坑來到附近的一條路，但車子陷入泥濘卡住了。車輪猛烈空轉。要不是有人正用槍口抵著我的肚子，我大概會提議幫忙推一下。

「頭繼續低著，」另一個天才小鬼在我左顧右盼時吼道：「別動。」

真好奇這可憐孩子的媽媽，知不知道他在幹些什麼？

輪子轉動一陣之後，車子終於駛離。十分鐘後我們抵達另一座小村落。有人用手提袋罩住我，我的雙手也被用封口膠帶重新綁住。我每次扭動手腕，膠帶就會絞成一團繃緊，令人痛苦。然後有人將我從車上拉下來，粗魯的推到牆上。

「來了，」我心想：「好戲要開演了。」

用不著多久，我就挨了第一巴掌。隨著頭罩掀開，令入我眼簾的是一名留著金色長髮的士兵。他打量著我，整張臉因憤怒而扭曲，一點被安撫的餘地都沒有。我的下巴吃了一記大概連拳王福瑞（Tyson Fury）都會認可的重拳，整個人像柱子一樣翻倒，嘴裡滿是鮮血，還能嚐到一股暖暖的鐵鏽味。

我的眼前一片混亂又模糊，並發現那士兵身旁站著兩名青少女，她們大笑著對我指指點點，但對此我只能默默生氣。他看起來就像每間健身房都有的老掉牙健美運動員：用類固醇養出的怪異大塊肌肉，塞在超緊身的上衣裡，還會站在舉重架前面擺出二頭肌自拍的那種人。

真是個混蛋。然後我注意到他的袖子上貼著一塊「Z」字樣的補丁布，讓我更是憤怒。在我看來，那字樣是邪惡的象徵，代表著敵人這幾個月來的種種惡行：發動砲擊、殺戮、恣意破壞。狄馬和鋼鐵廠的其他兄弟給它起了個綽號「zwastika」[2]，看到那個字就讓我渾身不舒服，心神越發不寧。

俄羅斯軍方總愛提拔野蠻的粗人掌握大權，這點大家心知肚明，就好比現在站在我眼前、擺出一副高高在上姿態的傢伙。軍方上級總愛以殘酷威權壓迫軍中較弱小的同袍，這些暴徒就像是用來恐嚇隊友和受害者的鈍器，迫使他們屈服。

2 譯按：是納粹卍字飾（swastika）的文字遊戲，將其S改為Z。

另一個看來更像是分區司令的士兵也加入他的行列。

「你的手機在哪？」他喊道，一邊用靴子戳我的背。我吐出了血，咕噥著。

對方繼續吼叫：「你是誰？你從哪裡來？」

氣氛似乎有變化。我曾經一度占了上風。最一開始綁架我的人在烏克蘭遇上了英國士兵，除了手足無措什麼都不會。但這些人不同，他們的敵意瞬間變得更深，一連串問題就如落在我身上的拳腳般襲來。

我搖搖頭，想含糊編個但願可信的故事：我娶了一個烏克蘭人，理當幫忙保家衛國。戰爭剛開始時，我便想好了一些託辭來應對現在的處境，而這個故事的好處在於，其內容基本上都是真的。我希望這故事能讓對方稍微相信我。更重要的是，我給出的資訊不會危害到我的部隊。

那司令傾身靠向我：「所以你的手機在哪？別讓我再問一次。」

我搖搖頭說：「我沒有手機。」

「那你身上怎麼有手機充電器？」

這問題我答不出來。我被俘虜的當下一片混亂，沒機會丟掉身上的一切線索，現在那成了令我百口莫辯的證據。我的腦袋開始變得悲觀，往最壞的方向想去。

村裡的那些青少年軍人會在池塘裡找到我的手機，然後俄羅斯人會瀏覽我的資料，打給我媽、拉瑞莎、我的戰友……。我咒罵自己運氣不好。因為我在馬立波沒有穩定訊號，連無線網路都連不上，所以也無法停用社群媒體帳號。就算手機沒被發現，只要隨便搜尋一下網路，稍微像樣的調查員都能找到我的臉書頁面。有了這些資料，他們就能頗為全面的了解我是誰，還有我做過什麼。

司令轉向附近的另一個流氓：「回村裡找他的手機。」

我暗自祈禱老天能下一、兩個月的雨。要是池塘滿水，我就會沒事。

接下來的發生的事，如今仍以連串模糊的記憶片段，不時如碎片般在我的腦海裡重現。我站在一條長長的住宅街、一幢幢房屋列於道路兩旁，我猜原來的居民已經被強行驅逐了。這地方現在被用作臨時駐防地，新住戶都來到前花園觀賞最新贏得的戰利品。我沿著街道往下走，每個人都瞪視著我。

「我們又抓到一個了，他是英國人。」那司令驕傲的說。

有幾人生氣的咆哮。我已經準備好頭上或身上再挨一頓揍了，但他們沒有出手。

「不，我們得帶他去問話。」司令在幾人聚上來時說。看得出來，我算是個珍品。

隨著我們抵達另一棟建築，我的頭又被罩住了。有人用步槍槍口撞入我胸口。這一擊用力極猛，我被打倒在地。我聽到有個聲音稱我為「nayomnik」，意思是僱傭兵。我的頭被罩著、什麼也看不見，我想像有個負責折磨我的人拿著刀或棍棒向我衝來。

我麻煩大了，我心想。接下來肯定很不好受。

武器末端再次撞入我胸口，動手的人應該氣得要命。

「你這個死娘砲，」他憤怒的低聲說道：「死娘砲傭兵。」我想轉身躲開，卻無處可逃。

「你這場仗選錯邊站了，死傭兵。」

有人拿開罩子。我看清了出手的人，而我必須認真盯著，好確保那不只是憑空想像。他身材矮胖，大約四十多歲，但他留著山羊鬍，髮型鬆軟，與瑞吉・賈維斯（Ricky Gervais）在《辦公室風雲》（*The Office*）影集中扮演的角色大衛・布蘭特（David Brent）像得要命。

我呻吟著。一開始是「冏男四賤客」，現在倒換成 Wernham Hogg 公司的討人厭主管[3]了。要不是我胸骨疼痛，這種羞辱真讓人難以忍受。要換作別的情況，我肯定會回敬那個用步槍捅我的傢伙，痛打他一頓。但此時我必須沉住氣，因為失態或拳打腳踢只會讓我挨更多打，尤其俄羅斯人此時還一副腎上腺素飆升的樣子，我咬牙滾到一旁。

◆◆◆

有人抓住我的肩膀，喝令我站起來。我又被帶走了。被反扭雙臂押著上街，再次被罩住頭時，我腦海中短暫閃過自己被公開處決的可能。那罩子只是個便宜塑膠袋，是英國便宜酒類商店可能會出現的款式，每次吸氣那東西就黏在我臉上。不多時我就整臉又熱又溼黏。等到袋子被拿開，我已身處另一棟建築，被帶著來到一扇上著門閂的木門。

情況看來不妙，我想著，一邊回憶起每一部我小時候看過的恐怖片。門打開了，我被推上前。眼前出現一排通往下方一片黑暗的階梯。我回頭看去，那個大衛·布蘭特正怒目瞪視著我。

「下去，傭兵，」他吼道，一邊揮著槍指向下方那片黑暗：「給我下去！」

我小心翼翼向前，手推牆支撐自己。媽的，這地方臭死了。空氣裡飄著一股垃圾汁液和人類排泄物的強烈氣味，我努力著不作嘔。地下室聞起來就像音樂祭的廁所。我來到樓梯底部，發現垃圾竟然淹及腳踝，天知道裡面還有啥。而雖然眼前幾乎什麼都看不

---

3 大衛·布蘭特在該劇中的角色。

見，我還是能從移動的聲音推測出這裡不只有我一人。

在眼睛適應黑暗之後，我注意到好幾個人在幽暗中回盯著我。這些人個個面容憔悴、骨瘦如柴、彎駝著背，彷彿已在這片垃圾中生活多年。我呼出的氣成了霧，那地方比外頭還要冷。既然我的大半保暖衣物都被打劫走了，我可不敢奢望自己能在這種情況下活多久。接著有人招手示意我過去、加入一群擠在破舊床單下的人。他指著生霉的布料，我心領神會：要是不鑽進來，就準備凍死吧。

我從垃圾堆中抬高腳步往前、蹲下身子，把被單拉到肩上。然後環顧周圍想說點什麼，但其中一人伸出手指放在脣上。看來我得保持安靜才行。然後他指了指樓梯。他們怕守衛要是聽到什麼，就會痛打我們一頓以示懲罰。這些人全都被折磨得不成人形、神情惶恐。我點頭致謝，也開始與大家一起顫抖身子。我落入了非常糟糕的處境。

只過了五分鐘，門就再次開啟。有個士兵以俄語吼叫著。

「傭兵！傭兵！」

有人用手肘頂了頂我的肋骨：他是來找你的。

吼叫的人越來越生氣：「傭兵！快過來……。」

我拖著身子走上階梯，謝天謝地能離開這個爛地方。接著我便雙手被縛，有人領著我來到屋外。我在烈日下眨著眼，想知道現在是什麼情形。然後我明白了：附近停著一輛豐田RAV4，兩個男人從中走出。他們身上穿著相稱的俄式軍裝，與DPR之流的配備截然不同。

這兩人又高又壯，行動毫不馬虎，目的清晰無比。其中一人是金髮，約莫二十歲出頭，身形就如職業橄欖球邊鋒隊員。那傢伙還算挺帥的，頭髮很有型，也沒有被戰鬥蹂躪過的樣子。

另一人則膚色黝黑、中年年紀，身材相對矮小得多。他盛氣凌人，舉手投足間充滿殺氣，彷彿生來就是為了予人苦痛。兩人都配備高科技武器和防彈衣，身上攜著軍用螢光棒和多功能工具鉗；頭盔也配有夜視鏡、護耳和麥克風。他們的Lowa牌軍靴擦得乾淨晶亮。然而更令人不寒而慄的，就是他們倆都沒有佩戴任何顯眼的臂章或標誌。

慘了，我心想。**是俄羅斯的特種部隊。**

我被壓在牆上。其中一名特種兵湊到我臉旁，用流利的英語向我連珠砲提問。

「叫什麼名字？」

「肖恩。」我含糊的說。

「你是亞速的人嗎？」

「不是。」我說道。這是真的。嚴格來說，我是屬於烏克蘭海軍陸戰隊，倒也不必透露我之前訓練過哪些部隊。要是我提到自己以前受僱於誰，很可能就會被當場槍斃，因為普丁仍在宣傳亞速等於納粹和極右主義這種胡亂編出的鬼話。

「你有刺青嗎？」

一陣恐慌襲來。我的確有刺青。我的胸口不禁緊縮。

刺青在烏克蘭軍隊裡，就如在其他軍隊裡一樣都是大事一樁。我的右肩上刺了一個美國原住民的圖樣，左胸有個日式刺青（拉瑞莎也有），我的右前臂則以彈藥盒風格的模板噴畫字體刺著「美好時光」幾個字。我猜俄國特種部隊不需要太多理由就能殺我，尤其當他們認定我身上的哪個設計與亞速有牽連的話。

「美好時光」這個刺青的由來也清清白白。我曾和另外幾位士兵去過摩爾多瓦（Moldova）。那時我們剛挺過敘利亞之戰，正在前往烏克蘭的路上，我們有感於自己在為正義而戰，且正值人生巔峰。

當時正好是世界盃期間，我們喝了點酒，旅館附近也恰巧有間刺青店。東尼（Tony，我的三十年摯交好友）提議大家刺個青來紀念我們生命的新篇章，所有人都大笑，同意這是個好主意。刺青也能讓我們時時謹記，在與庫德人並肩作戰時，我們認識的許多人都犧牲了性命，但我們都還活著。

此後每當我們穿著短袖、射擊，或行禮時，「美好時光」幾個字就會映入眼簾。但此刻這個紀念人生重大階段的儀式，卻感覺像我這輩子作過最糟糕的決定，不過我安慰自己，除非DPR的人抓到其他有同樣刺青的弟兄，否則我是不會有麻煩的，而他們被逮到的機率似乎不高。

完全無預兆的，有人用刀子劃開了我的衣服。其中一名特種部隊隊員看見我肩上的圖案。他細細觀看。

「嗯，我們喜歡美國原住民，」他說：「他們沒問題。」

他拉下我的衣衫，看著我的二頭肌。然後拉扯褲子查看腿部。老天保佑，他沒有費心看我的前臂。我脫險了——至少撐了一段時間。

他們對我吼出越來越多問題，但問題來得太快，令我無法回答。驚魂未定的我只能支支吾吾，下巴仍因先前挨打而抽痛。然後，我眼角才瞄見刀光閃現，刀刃便快速橫掃到我面前。我還來不及反應，它就刺進我的大腿，並沿著腿側往下割。鋼刃幾乎深入骨頭，那人甚至還轉動刀子。

我驚恐的往傷口看去，痛叫出聲。一大塊血肉如旋轉烤肉串一樣被割了下來，吊掛著、絕望的晃動。血液湧出，在地板上匯聚成池，我毫髮無傷度過俘虜第一階段的希望已經完全破滅。我很可能會在此時此地被殺死。拉瑞莎的口號迴盪在我腦海裡：生存，戰鬥，活下來！這是唯一能讓我遠離苦痛的方法。

有人對著我大笑：「哎喲，真不好意思。」

問題又來了，感覺就像有人拿著錘子敲著我的腦門。

「你是誰？」

「我已經告訴你了，我的名字叫做肖恩。等等——」

「你為誰效力？」

「我是烏克蘭的海軍陸戰隊……。」

「你是軍情六處（MI6）還是空降特勤團（SAS）的人[4]？」

「老兄，我已經快五十歲了。拜託……。」

我難以專心。腿上的痛楚現在正向外蔓延，全身的神經末梢都感覺被緊緊掐住，視力也漸漸模糊。我只感覺噁心欲嘔，然後有人抓住我的肩膀，我又聽見封口膠帶的撕裂聲。我低頭一看，只見一名特種兵正用一件藍色舊T恤包住我的大腿，手法笨拙的把衣服綁貼在傷口上。不出幾秒布料就被鮮血浸透。

這種傷口包紮法根本無法避免弄得一團亂。我被蒙住頭，接著被拖進RAV4的後座。我倒在後座時聞到一股醉人的全新皮革氣味——這輛車還很新——而我就倒在那裡，任由溢出的鮮血染紅座椅。此時我開始顫抖，知道剛剛情況的駭人後勁要來了。

其中一名士兵在我耳邊低語：「不准動，否則我們就開槍殺了你……。」講得好像我能動一樣，我幾乎都坐不直了！當車子開動時，我滑入了旁邊某人的懷裡，那人則暴力的把我推回座位。我想辦法穩住心神。即便身心都受了創傷，還是得盡量了解這趟車程是往哪裡去，這正是我受訓的目的。誰知道情報何時會派上用場呢？

我透過頭罩底部的縫隙，尋找車子腳踏處是否有地圖或筆記之類與目的地有關的線索，但那裡空空如也，所以我改為專注感受行車的方向。我注意到，隨著我們離開村莊，車輪的轆轆聲也變得更平穩一致，這表示我們正在主要幹道上。這地區只有一條進出馬立波的路線，而我覺得他們肯定不是想帶我回去。我們是在往反方向的俄占頓內茨克行駛。

三十分鐘後，車子就靠邊停好了，那些人把我像大型購物袋一樣拖出車子。我看著

4　前者為英國祕密情報局，後者為英國陸軍特種部隊單位。

自己的雙腳拖過一條砂石路。走路令人痛不欲生，每一步都留下大片血汙。隨著我被押著走過更多道門、更多條走廊，我感覺自己是被帶到了烏克蘭的舊警察局——俄國特種部隊大概把這地方當成了自家工作空間。

接著，我被留在一處看來像浴室的地方。我低頭查看，四周是個正方形的空間，地板上鋪有白色磁磚，牆上還滴著汗水。這地方很溼冷，散發著死亡的臭味，但沒有水槽、馬桶或淋浴設備。我的胸口因恐懼而緊縮。地板上有個圓形排水孔，有了這樣的配置，要是有任何血跡或牙齒，甚至腳趾或手指都能用水管輕易沖走。我身處一處並非乾溼分離的浴室。這地方是人們受苦和死亡的所在。

我死定了，我心想。

有個穿運動服的人來到我前方、掀起我的頭罩。他手持筆記型電腦，似乎是在拿我的臉比對他找到的社群媒體照片。我簡短環顧房間，只見有個配有可掀式活板門的櫃臺，就像醫院病房或牙醫等候室常見的那種。

然後我的頭罩又被蓋起，有人用力將我推上一張椅子，用膠帶將我的手腕和腳踝綁在椅腳、椅背上。我透過頭袋的縫隙，看見有個穿靴子的人在我周圍走動。房間裡至少還有四人，有人將一面烏克蘭旗幟披在我肩上，我對於將遭處決的恐懼越來越深。

這過程絕對會被拍下，我被處死的畫面會被當作宣傳工具的。

我感覺雙手被拉著，我環顧四周時，其中一位特種部隊隊員正將一組塑膠夾板夾在我手指上。現場出現了片刻寧靜、幾聲腳步聲和一聲喀響。接著……全無預警，一股電流就這樣流入體內。那痛楚甚至比我腳上的傷口還劇烈，我身體因為一陣過度的痙攣收縮而僵直，骨頭緊緊鎖住。每條肌肉都在擴張、緊縮，似乎快要爆開。那電流大概只維持了約十五秒，感覺卻有數分鐘長。等到他們關上開關，我才像洩了氣的氣球般沉入椅中，一邊抽搐和流口水，我的脖子無法支撐頭骨的重量，下巴垂至胸前，口水和鼻涕都流到了大腿上。

不久後他們又開始吼叫：「你是誰？」

「你為誰效力？」

「你是軍情六處還是空降特勤團的人？」

我聽見他們重複同樣的幾個詞，一遍又一遍、一遍又一遍。起初我很難聽清楚他們到底在吼些什麼，然後才在憤怒的叫嚷中辨識出一個熟悉的名字：康朵麗莎・萊斯（Condoleezza Rice），美國的前國務卿。

「美國的黑巫婆！」其中一位審訊員大叫道：「你們老是阻擋俄羅斯。美國老是阻擋俄羅斯……。」

我連想解釋自己的國籍都沒辦法，我幾乎說不出話，全身都還因為電流令人麻木的金屬餘勁而顫抖。其中一位特種部隊隊員掀起我的頭罩。他正在瀏覽我的社群媒體頁面，我看見那些承平時期的照片——與朋友和家人共度佳節的畫面。接著他停下來，指著一張我在當狙擊手教官期間拍下的照片。我正在出任務，手上端著一把步槍。

「你手上拿著一把『輕五十』？」

這傢伙很懂行。那把武器是巴雷特點五十（Barrett .50）狙擊步槍，許多槍法好的軍人都愛用。

「我不是狙擊手。」

「你的照片可不是這麼回事……」

「我不是狙擊手。我常常拿著武器拍照，我是海軍陸戰隊。」

「你是狙擊手，你是納粹……」

「我不是納粹！你們拿了我的證件，我不是狙擊手！」

「那你怎麼會在這裡，狙擊手肖恩・平納？」他繼續說道：「是因為你老婆嗎？」

他低頭看著一張紙。「拉瑞莎？我們找到她的名片，看來她在非政府組織裡工作，原來如此……。」

該死，我累到忘記錢包的事了：DPR那幫人從我身上搶走的錢包。裡面塞了幾張紙，其中也有拉瑞莎的工作名片，那人一提到她，我就亂了陣腳，但只有一下子。我知道她人很安全，距離這處地獄幾百萬公里遠——在我離開馬立波之前，另一位名叫艾登・艾斯林（Aiden Aslin）的英國軍人曾交給我兩張便條，他負責駐守鋼鐵廠深處的掩體，那裡能收到網路訊號。第一張便條上寫著幾個字：我們死定了。第二張則記有拉瑞莎的位置，那是艾登得知我太太和他女友正一起行動後收到的消息。

接著這群士兵便用俄語互相交談，他們不曉得我多少聽得懂，可見我的故事贏得了一點尊重，正如我所願。我為了愛而保衛烏克蘭這個本不是我出生地的國家，他們覺得這點值得嘉許。在綁架我的人心目中，我願意為自己的信仰而死，而這讓我的地位略高於約聘軍人，但也只有一點點。

我聽見身後傳來另一個聲音：「你不該參戰的。」

我抬頭才發現，夾在我手指上的夾子很可能連接至野戰電話。大家都知道，俄羅斯人會將它們接上電源，改裝為酷刑裝置。我的懷疑不久後就被證實了。

「噢，肖恩……你想打電話回家給老婆嗎？」

我想搖頭，但脖子上的肌肉不聽使喚。

「不想。」

「那你想打給他媽的康朵麗莎・萊斯嗎？」

「拜託——。」

幾乎不受束縛的電力傳來一陣劈啪爆裂聲，撕裂了空氣，從電話箱中導出的電流擊中手指夾。我的身體被電流鎮住，緊繃著、搖晃著。背部和脖子上的血管似乎都要爆炸，同時也聽見折磨我的人不斷喊叫，這人大概是（也可能不是）個脫了韁的神經病。

「康朵麗莎・萊斯！」他吼道。

兩或三道電流陸續傳來，直到我最後因痛苦而昏倒。我不確定自己到底被折磨了多久。很難說，要是有人告訴我那酷刑持續了數天之久，我大概也不疑有他。但我沒有崩潰，等我恢復意識，一把九毫米手槍正抵著我的後腦勺，可我並不覺得害怕。

「我問心無愧，」我低聲說道：「要殺的話，就動手吧……。」

我聽見空槍膛發出咔噠一聲，感覺到手槍在後腦勺上掃過，鋼鐵擊中頭骨的喀喀聲。我抬起頭，只見俘虜我的人正在大笑。人類所受的苦難對他們來說只是笑話一場。

我知道你在想什麼：肖恩尿褲子了嗎？答案是沒有，雖然很接近了。不過我還是很驕傲自己的膀胱沒有在酷刑過程中失態。我也知道，更多的精神折磨是免不了的。

俄羅斯人已經發現我的身分。他們握有我的社群媒體檔案，也因此能找到我至親之人的通訊方式——眼前這些人為了取樂，可能會從遠方折磨我親友的情感。果不其然，不久後就有一支智慧型手機晃到我臉前。螢幕上播放著一段影片，是我肩上披著烏克蘭國旗坐在椅上，身子因電流而跳動，晃晃欲墜。接著我的護照照片出現了，上頭印著「已故」字樣。

「你在網路上已經死了。」有個人低語說道。

不必懷疑，不出幾分鐘，每個親朋好友的收件匣便會出現我受虐的過程。

第二部
重擔

第十一章　歡迎光臨俄羅斯

昏厥是好事，清醒則不太妙。

不過幾個小時，我又遭受數次無法想像的恐怖酷刑，一邊像足球一樣在房裡被踢來踢去，大家還特別關注我腿上的刺傷。這些俄國人最樂此不疲的，似乎就是**把靴子一遍遍踩進那片血淋淋的肉醬裡**，想換換口味的時候，便出其不意的用趕牛刺棒電擊我。

其中有個特種兵，就如龐德電影裡的傲慢惡棍，他隨後向我說明普丁如何想要輾壓波蘭——那是他在搞定烏克蘭之後的目標。竟然還有人提議，把我賣給某個效力於俄國和ＤＰＲ的車臣民兵組織，那時西方戰士的價格顯然高達兩百萬英鎊。不過車臣人剛好有一名將領被西方俘虜，他們希望那人能越快被釋放越好，所以抓我的人打算改找一筆更好賺的交易。偉哉市場驅力！

於是，剛被俘虜的那段時間變得越來越超現實。我頭上被罩了個塑膠袋，又被硬塞回車裡，但氣氛不知何故有了變化，大家突然真心關心起我的身體狀況。我在後座滑入自己的一灘血裡、視線漸漸模糊，這時金髮士兵竟俯身來檢查我的呼吸。幾小時前，他還猛擊我的胸腔好幾次，扭曲的臉上滿是恨意。現在他竟然在準備給我水喝。

「你還能活嗎？」他說。

「講得好像你在乎似的，老兄。」我想這樣說，但沒有力氣回答。

然後我聽到車內另一個男子的聲音。「別死了，」他說道，聲音聽起來越發惱怒：「別讓他死了。」真不知道是我出現了幻覺，還是他們在耍我。

我們在某個時候換了車，那時已經上路約兩個小時。有人掀起我的頭罩，一群看上去自以為是的人透過窗戶一邊盯著我看，一邊大笑。我不禁有種感覺：眼前譏笑我的人大概是俄羅斯祕密警察或間諜機構（比如聯邦安全局或軍事情報局〔GRU〕）的人。他們身穿嶄新、燙得平整的制服，看起來都是重要人物。關押我的特種部隊流氓似乎真的對這群人有一定程度的尊重，這表示這些人肯定處於食物鏈的頂端。

羞辱人的笑鬧場面並未持續太久，我很快就被帶到另一處設施。這是我今天到的第二個地方嗎？還是第三個？很難說得清。他們帶領我穿過一道又一道門之後，一名DPR衛兵上前招呼我。他在我身邊走來走去，我能透過塑膠頭罩底部的縫隙略為看出他的體型。這傢伙的尺寸堪比一間流動廁所。他的手就像鏟子，渾身散發著酒氣。但引起我注意的是他的戰服——那是我前所未見的設計，混合了森林綠、卡其色和黑色。

在我被放到醫療推車上的時候，他低沉大聲的說道：「歡迎光臨俄羅斯！」

我身邊有人在進行各種活動，我經由頭罩下的縫隙，更清楚窺見了現場的狀況。有人發號施令、有人聽命行事，這地方似乎階級嚴明，除了附近站著的一、兩名DPR士兵外，每個人都身穿和「鏟子手隊長」一樣的平整戰服，且腳踩頂級軍靴——這表示我還沒被交給車臣人。

大家都知道，車臣人的軍裝粗糙又不專業，而且很少會穿著防彈衣作戰，還經常不穿作戰鞋、只穿運動鞋。那這些人又是誰？我幾乎可以肯定，聚集在我周圍的某些人，就是聯邦安全局或軍事情報總局的特工。我坐在那裡等著繼續受折磨的同時，略微瞥見一個頭戴輕薄軍綠色搶銀行頭套的矮壯男人，他的外表和行為都像個職業殺手。

頭套先生很快就顯露出他高高在上的地位。他短暫掀起我的頭罩，拿我的臉比對錢包裡的證件照，然後問了我幾個問題——我是誰，還有我為什麼要與烏克蘭陸戰隊並肩作戰。我重複說了先前給過的所有答案，並補充一、兩個能輕鬆在社交媒體上查到的細節。頭套先生接著向我解釋，我此刻被關押在頓內茨克市。他說要縫合我的腿傷，還有打止痛針。

「肖恩，我有個問題，」他說道，幾乎是漫不經心的提起。

「你說……。」

「你幹嘛拿刀捅自己的腿？」

我整個人被弄糊塗了。「我沒有捅自己，」我說：「我幹嘛拿刀捅自己？是你手下士兵幹的，然後他們就帶我來這裡了。」

一陣停頓。不知道是不是有人在作紀錄。

「請從你的角度，告訴我發生了什麼事。」頭套先生說。

「你的人拿刀刺我。他先是切開我的衣服檢查有沒有刺青，然後就往我的腿砍了下去，全無來由。」

他思索一陣後說道：「嗯，我會調查此事。」

我明白了：這都是棋局中的一環。多虧之前的SERE求生訓練，我才得以辨別俘虜和審訊的初步階段。頭套先生打算將自己塑造成「好人」，前線那幫特種部隊的人則扮演「壞人」。

特種兵首先用極端暴力擊潰我、逼我投降，那是在向我預告，要是不服從之後的要求會有何下場。我猜頭套先生想以救星之姿登場，讓我覺得有機會可以靠他擺脫折磨。

在某時某刻，我可能會得到獲得協助（甚至是重獲自由）的承諾。但前提是，我得向他坦承一切。

止痛針插入我的脖子，腿傷也被包紮好了。我時不時便會當場暈過去。最後有人弄醒了我：兩名DPR衛兵將我推進附近的一間牢房，令我躺在一張固定在牆壁的摺疊翻床上。這個空間寬不逾兩公尺，長不超過三公尺，但至少很溫暖。我只穿著一件溼透的T恤、染血的破褲子，和一雙帆布休閒鞋，我的牙齒不久後就因為腎上腺素開始打顫。我抓來一條他們留給我的薄毯子，裹在肩上取暖。我該如何脫困？

SERE求生訓練教會我，逃脫的最佳時機通常會是運囚過程，但現在那時機暫且已過，而我也被困住了，所以我改為衡量自己的處境。牢房裡沒有窗戶，只有單獨監禁的典型配置：一個用來排泄的桶子、一盞過亮的天花板燈。但奇怪的是，這簡陋的配置看起來還很新，聞起來甚至有新油漆的味道。

我查看床架，發現其金屬框仍亮得發光，枕頭布料也很乾淨。我心想，俄國佬大概才剛把這地方布置好吧。與我在馬立波下水道的臥鋪相比，這裡感覺竟像是個還過得去的簡陋旅館。接著我注意到牆上裝著一部監視器，鏡頭直直對著我的床——這表示「老大哥」正在監控我，也正聽著我的動靜。

我腦袋嗡嗡作響。先前的毆打和電擊都讓我感到劇烈的偏頭痛，等感官適應之後，我聽到外頭傳來禁錮戰時囚犯時會出現的聲響。走廊上有喊叫聲，窗架和捲簾被用力拉上。還有……那是音樂嗎？死亡金屬樂的震動及摩擦聲起初只是隱約作響，但有人後來把音量調到最大，大概是為了掩蓋附近的砲火爆炸聲，又或者是為了掩蓋某人在某處受虐的痛苦嚎叫。

我告訴自己，這裡就是**那種地方**。

突然間，翻騰的吉他聲退去，另一首更耳熟但同樣令人不安的曲調響起。那幫王八蛋正在放〈虎之眼〉（*Eye of the Tiger*）。我嘆了口氣，現在他們是想煩死我是不是？死亡金屬就夠擾人了，《洛基第三集》（*Rocky III*）的電影配樂又讓痛感更上一層樓。

不過……那是什麼味道？我發現有人在床腳放了托盤，上面有一碗熱騰騰的燉雞和一條麵包。我聞了聞裡面的東西，並迅速狼吞虎嚥的吃完。這裡有一張床、溫暖的食物，和一個用來裝屎尿的水桶？有那麼一瞬間，我還想著自己是不是已完成不可能的任務，時來運轉了。但在快速回想那天發生的事之後，我便告訴自己別蠢了。

我死定了。

◆◆◆

次日早晨，我又多吃、多睡了一會兒，只有起床用了一下廁所，然後才準備迎接這天的第一次毆打。兩個衛兵進入牢房，令我站到後牆去，但因為沒人和我解釋過單獨監禁的規矩，我並不知道我得把他們給的塑膠套戴在頭上。隨著我往牢房邊緣走去，有人重擊我的頭骨，打得我眼冒金星。

「給我寫！」衛兵吼道，並將紙筆塞入我手裡。

「寫？」

「對，給我好好寫。把你從來到烏克蘭至今的所有事都寫下來。我們明天來收。」

我權衡當下處境。俘虜的頭四十八小時至關重要，對交戰雙方來說皆然，因為戰俘提供的消息通常在這段時間內最有價值。比方說，各營的動態或任何祕密紮營點，都很容易在短短幾天內變化。營會轉向、營區也會解散並繼續前進。審訊者的任務就是盡快取得情報。我的任務則是盡全力招架，然而這麼做卻是把雙面刃。

我的處境多少仍屬有利，因為我對馬立波整體戰情的了解已相當過時，我供出的情報不太可能會陷誰於險境。另一方面，就算我說自己什麼都不知道，也不會有人相信，施刑者還會變本加厲，試圖逼出我根本不曉得的資訊。他們的手段要是太過狠毒，可能就會要了我的命。我也猜測，要是我能多活一陣子，他們也有很小的機率隨意把我扔進牢房就此遺忘，任我自生自滅直到戰爭結束，或直到雙方達成換囚協議釋放為止。不過，他們也隨時可能會出於無聊或憤怒而處死我。

我低頭看著紙張，思考究竟該寫些什麼。最後我草草交代自己的身分，還有我在烏克蘭做些什麼。我提到自己在海軍陸戰隊服役，以及在巴夫洛皮爾、塔拉基夫卡和薩爾塔納戰鬥的情況，然後特意掩去身邊戰友的細節，再補充一、兩個我在伊利奇鋼鐵廠的簡單片段。

這些全都無關緊要。我方陣地已被占、被毀，烏軍陸戰隊也崩潰四散。恐怕隊上許多人已經死了，或被關在類似這裡的某個地方。我一邊寫，一邊打出聰明牌刻意拖延時間，綁架我的人一整天都用咖啡和熱食來鼓勵我繼續寫作。DPR這幫人顯然是處於底層士兵，腦筋也不太靈光。他們不小心留了一把湯匙在牢房裡，我便把它塞到床墊下面，以備不時之需。

令人焦急的事情還很多，我的手機就是其一。我擔心命運會出現什麼奇怪轉折，而敵人已經找到手機，正在分析我的GPS行動紀錄，還有在備戰期間可能與隊友分享過的訊息及電子郵件。我由衷希望自己的資料不會暴露被關押在另一處監獄的某位陸戰隊員，某個可能偽裝成平民的人。

我也知道，要是提起我負責訓練亞速國民警衛隊的經歷，故事大概就會以子彈射穿腦袋告終。對綁架我的人來說，亞速就等同納粹。最後我重申了自己來到這裡的原因：我會與第一營一同戰鬥，是因為我愛上了一名馬立波女子，我想保衛我們的家園。說別的沒有意義，俄國人握有拉瑞莎的名片，他們逛逛社群媒體就能摸清我們的關係了。總而言之，我只盼這故事能讓審訊者滿意，也保住我隊友的安全。

我的審訊於第二天下午開始，我馬上知道自己又有一輪罪得受了。我被蒙住頭、扣上臂鎖，兩名衛兵推著我上樓梯，邊走邊用拳腳招呼我。他們的動作極為粗魯，彎扯著我大腿上的傷口縫線。最後我被推進一處辦公空間，再被用力推坐到一張椅上。

我的手腕和腳踝接著被綁縛於椅腳，然後他們將一個塑膠夾固定在我耳上。我立刻認出那東西的形狀和觸感：是電擊板，接上電源的那種。幹，不是吧，別再來了。我只覺得要不是我說的故事惹惱了俄國人，就是他們發現了另一個能定我罪的消息——千萬別是他們找到了我的手機，我心想。拜託，別是因為他們找到了我的手機！

我在椅子上扭動，但四肢都被綁得緊緊的。

「你們不必這樣的，」我說：「我做了什麼？」

先是片刻沉默，然後有個聲音冷冷的說道：「謝謝你寫的傳記，肖恩……」是頭套先生。

「……但你騙了我。」

我渾身發抖。我一、兩天前受電刑時，無知還真是幸福。知道接下來會發生什麼事，曾多少緩解我的焦慮——但也只有一點點。現在我清楚意識到酷刑即將到來，很難不嚇破膽。我只覺得，必須盡全力阻止對方撥動開關。

「有什麼問題？」我大喊：「你們帶我來這裡做什麼？你們想要我怎樣？我騙你什麼了？」我的聲音充滿絕望，因為我確實很絕望。

「閉嘴，」頭套先生說：「我才是作主的人。」腳步聲在我周圍響動。聽起來好像有幾人正於房間裡集合。我想像他們看著我蠕動的樣子哈哈大笑。

「你騙我，因為你漏講了一件非常重要的事。」

「什麼？」我聲音嘶啞。

「你是亞速的人。」

我嘗試懇求，我想解釋。我開始語無倫次吐出我的故事，但頭套先生已經在我耳邊蹲下。他發出一連串要我安靜的噓聲，然後冷聲說道：「艾登把我們想知道的都講出來了——關於你的每一件事。」

我現在已無路可退。

第十二章　不管發生什麼事，不要拖累戰友

我胸口緊縮，感覺吸不到空氣。是艾登‧艾斯林。他是我在馬立波的英國同行，同屬烏克蘭海軍陸戰隊。那傢伙在伊利奇的時候曾交給我一些便條，上頭寫著「我們死定了」，並說拉瑞莎和他女友都在安全之處。

我們兩人曾一起在敘利亞參戰，有段時間也待在巴夫洛皮爾。在馬立波圍城戰期間，艾登曾駐守於鋼鐵廠下方某處，但他肯定是在全營撤退期間被俄國人逮住了。

我先是開心了一秒鐘。太好了，他還活著。

然後是如釋重負。原來，被敵人抓走的不只我一個。

最後我才開始憂心。艾登知道我的事。一股電流突然湧入我體內。我耳朵灼痛，腦袋感覺要炸開，每顆牙齒都顫抖得喀喀響。等到痙攣最終緩解下來，我的肌肉得以收縮放鬆，我才癱坐在椅子上放了個響屁。我根本忍不住，畢竟我的身體才剛受到電擊。

「你沒告訴我們你曾經加入亞速，肖恩。」頭套先生說道。

那一刻，我意識到艾登出賣了我，他肯定是說了我訓練國民警衛隊的事。我一開始氣壞了，他為什麼他媽的閉不了嘴巴？不過怒火很快就消退。我不全然怪艾登洩漏我的故事。他缺乏軍事經驗，也不曾在英國軍隊服役過，我甚至懷疑，他受過的訓練水準可能還不及我之前共事過的一些士兵。一個半吊子的俄國施刑人就能在前線附近用各種手段虐待他了。

我猜俄國佬大概耍了幾個骯髒把戲，像是用手機播放我受刑的影片，一邊告訴他我被殺了。我的雙腿和手腕還在因電擊而顫抖著，這時我還有點希望自己真死了。我咒罵著艾登。他怎麼就不能老練一點呢？誰都能看出敵人信不得，任何有關我死掉的說詞都可能是誇大的假訊息。我的脖子再次癱軟，下巴垂掛著像蝸牛黏液般的鼻涕和唾液。

「他還好嗎？」有個聲音問道。

「嗯，他沒事。」頭套先生說道。

然後他在我耳邊低聲說著：「肖恩……肖恩……。」

「怎麼？」

「你會說俄語嗎？」

我點頭：「會一點點。」

接著我便流利的說出一句話證明：「我太太來自馬立波，馬立波的大多數人都會說俄語。」房間那頭有另一個聲音喊道：「他要是再說一句俄語，就電他。」那人厲聲說道，大概是對著控制按鈕的人說的。

那人他媽的是誰啊？我思緒動得飛快。肯定是祕密警察裡更高階的人來觀賞我受苦的樣子了，那人就站在我身後。我辨別不了方向，但根本沒有時間定下心來。頭套先生又開始問我關於亞速的事。

「你為什麼不告訴我們呢？」

「因為你們會當場槍斃我，」我說：「我沒有隱瞞。我社群媒體上的資料是公開的，你們都看得見。我只是得抓準時機告訴你們，我現在能說了。」

「你為什麼覺得我們會槍斃你？」

「因為我已經在這裡住了快五年。我知道你們在找象徵右派的刺青，也知道你們痛恨亞速，但加入亞速不是我的選擇。不論你們對亞速有何看法，我真的不是納粹！」

頭套先生開始與另一人商量，他似乎很畢恭畢敬。現在毫無疑問，有個位階更高的人正和我們共處一室。在這兩人不懷好意的交頭接耳時，我則用一、兩個簡單的事實來安撫自己。

至這時為止，俄國人應該已經掃蕩過馬立波的亞速和海軍陸戰隊基地。他們可能正在查閱一份份相關文件，城裡所有倖存的軍人（如艾登）也正在接受審問。我過度隱瞞個人經歷並無好處，因為他們早就什麼都知道了。還有，要是我一開始就否認與亞速有瓜葛，肯定會有人下令處決我。**我做對了。**

「那你告訴我，納粹……。」頭套先生說。

「我不是納粹，」我打斷他：「對，我曾經獲派為亞速的教官。事情不是你想的那樣。後來我離開亞速加入烏克蘭海軍陸戰隊……我不是納粹分子，也不是右翼人士。」

「那你是什麼？」

「軍人，簽約軍人。這和傭兵或為錢打仗的士兵不一樣，先別這麼認為……」

頭套先生又湊近我耳朵：「繼續，你解釋吧。」

「我是外籍軍人，在烏克蘭軍隊擔任正當職位。有點像來自尼泊爾的『踞喀兵』（Gurkha），他們為英國軍隊打仗。」

我突然發覺，對我從前的職涯走向開誠布公還有個額外好處。這麼做能暫時讓對方分心，將注意力移開我在馬立波戰鬥和夜半撤退的情形。頭套先生尚未問過第三十六旅其他弟兄的情況，還有他們可能的行動。如果我能先讓他關注我的背景和探究我到底是不是納粹分子，也許就能為仍在逃的隊友爭取更多時間。

幾隻手伸過來抓住我，我又聽到更多的俄語交談聲。他們將膠帶從我的腳踝和手腕撕下。兩名衛兵再次扣住我，帶我走回牢房。他們一路上都在發表心得，有說有笑。

「裡面發生什麼事？」其中一人問道。另一人用鼻腔噴氣，大力發出哼的一聲——這是在模仿我被電擊時肌肉控管失敗的樣子。

「怎麼可能！」那人邊說著，一邊大笑起來。

我一點也不在乎。我估算，自從我被俘起已經過了超過四十八小時。這表示無論還有誰仍在逃離馬立波，現在都很可能已經突破敵人防線了——阿熊、格魯斯基中士，甚至也許還有那位醫護官和她身邊還能行動的傷員。若真是這樣，那被羞辱也值得了。

我已盡我所能。

◆◆◆

所有好處都被撤銷。客房送餐服務沒了，咖啡供應也被取消。我在黑牢的生活瞬間陷入一成不變的恐怖節奏。那天下午的音樂永無止境，除了死亡金屬和生存者樂團

（Survivor）〈虎之眼〉的翻騰聲響外，我還忍受著黑幫饒舌。洛杉磯饒舌團體NWA的〈幹他的警察〉（*Fuck tha Police*）詭異的不斷循環播放。

這種音樂不只是要掩蓋監獄內的動靜，目的也在於摧毀被囚禁於地下者的意志，但我在曲間休息聽到幾條線索，並認知到附近至少還有另一人被關了起來。我聽見喊叫、發號施令和辱罵的聲音。知道我在這個地獄裡並不孤單，竟讓我有種奇怪的安慰感。

DPR衛兵是我最大的心理折磨，那天晚上他們喝得大醉，還出言恐嚇。那些人用警棍敲打我的門，一邊踉踉蹌蹌沿著走廊叫罵。

「我們來找你了，死娘砲。我們來找你囉……。」

這種嚇唬人的戰術很恐怖。幾小時後他們便開始施暴，手段相當殘忍。我被矇著頭，還被拖到監視器範圍之外。有個大塊頭（可能是鏟子手隊長）把我壓倒在地，往我的肚子猛下拳頭。他們也狂揍我的膝蓋骨、髖部和大腿。

我發現，衛兵打的都是我破爛褲子和T恤勉強蓋住的部位。沒人打我的臉，這表示他們並沒有獲准打人，打人這件事「並未記在帳上」。我扭動身軀想躲開重擊，但包紮好的傷口根本離不開骯髒的地板。我最不樂見的就是可怕的傷口感染。

接下來二十四小時，我又挨了好幾次拳腳，大多時候，攻擊都是無來由的，雖然不時會有人要求我提供情報。有一次，其中一人還拿了張馬立波地圖給我。

「告訴我，你在哪裡駐守。」一名衛兵說道：「這裡還有人在抵抗我們。」

我心想，這根本狗屁不通。我們在撤退時早就放棄所有陣地了，但我沒說實話，反而是告訴他們一些模稜兩可、現在也已經過時的資訊，只說出那些我知道不是我軍已放棄、就是已被俄國炸毀的陣地。我猜審訊者終究會在這件事上用力逼我吐實，但在那一刻來臨前，我必須拖延、一再拖延。

我從SERE求生訓練中了解到，酷刑遲早會讓大多數人崩潰——不然就是死亡。我希望能用戰術撐下去，讓自己避開這兩種下場，儘管我很清楚，在到達另一頭之前我還得經受許多苦難。

那種痛苦慘烈無比。我很快就學到黑牢裡還有更多規矩得遵守，儘管根本沒人向我完整解釋過。任何不小心的違規行為都會為四肢與身軀招來毆打，其中一支打人的工具還被幾名衛兵洋洋得意的稱為「黑曼巴」——要是你力氣夠大、足以揮動這把沉重的木製警棍，黑曼巴的尺寸絕對能使人斷手斷腳。每次毆打後，都會有人把黑曼巴從上方某處丟到我的脊椎上。那令人疼痛難耐，事後我有好幾分鐘都感覺呼吸困難。

反覆嘗試、從錯中學是我了解各項規矩的唯一辦法，這過程很可怕。我很快就了解到，我不得在自己狹窄的空間裡做伏地挺身、仰臥起坐，任何形式的運動都不可以。每次衛兵進來房間，我都必須面向後牆。蜂鳴器的嗡嗡聲會於早上叫醒我，在晚上提醒我睡覺。我活在犯錯的恐懼中。接著在被囚禁的第四天，我那時正坐在床上發呆，守衛命令我站起來，然後我就被推到牆邊。

「你就這樣站十二小時，」守衛說：「站到蜂鳴器在晚上十點響起。」

我本想問個問題，但是打消了念頭。光要站那麼久就夠辛苦了，被黑曼巴毒打後大概是不可能站直的。我靜靜站著看向攝影機，它也看著我，我努力避免抽筋或當場睡著。隨著時間推移，我的思緒也難免開始躁動起來。

我想著拉瑞莎的樣子，好奇她正在做些什麼。我也想到我的隊友——已經死掉的，還有但願還活著的。不知道艾登是不是也在附近某處？雖然我們不算是很熟，但他很可能就在我的隔壁或走廊某處的牢房裡，這倒讓我感覺不那麼孤單了。

要避免心情跌到谷底是件棘手的事：我沒有窗戶、無處散步，也沒有其他人可以交談。但我知道俄國人是想弄垮我的意志，所以我必須更樂觀一點。我明白此時唯一有效的方法，就是將反抗變成一場比賽。因為如果有什麼始料未及的事發生，讓我在未來的某個時刻獲釋，那麼抬頭挺胸離開監牢也是很重要的。我不想崩潰或是害到其他人。

「你要加油，」我告訴自己：「不管發生什麼事，都不要拖累朋友。」

門外時不時就傳來鑰匙的叮噹聲，我腎上腺素飆升，他們是來找我的嗎？然後聲音便消失在走廊上。我這時總會想，謝天謝地。

我整天就像是在熾熱鐵皮屋頂上的貓，直到蜂鳴器終於響起。我如釋重負倒在床上，沉沉睡了幾個小時。每次醒來，腦海裡就充滿自己可能面臨的可怕下場。早上又會有什麼新的折磨降臨在我身上？

◆◆◆

我的食物供應大幅減少，我知道俄羅斯人是在用飢餓來懲罰我。

「你說謊，所以只給你麵包和水。」他們是這樣告訴我的。

現在的配給口糧只剩一條走味的麵包，食物會於上午十點從門上的活板門扔進來，還有一個裝有尿色液體的五公升塑膠瓶，裡面似乎滿是細菌和寄生蟲。那東西散發著漂白水的臭味，非常難喝。要是我在早上送餐時間被帶離牢房接受盤問或挨打，那就更麻煩了：我只能再等第二天的食物送來。

我剛被抓到時，身體狀況就已經不是很好，現在更日益衰弱，變得瘦削多病，還被打得不成人形又挨餓。我的內臟彷彿裝滿了保麗龍，要是很偶爾能排泄點什麼，那東西都會像磚塊一樣跌撞在水桶底。長時間缺乏營養，已經變成比挨打更令人憂心的問題。

不過坐牢最糟糕的部分，在於未來的不可預測，黑牢裡的暴力人物更增添其無政府氣氛。為重獲一點控制感，我試著拼湊牢房門外發生的事情。房內沒有窗戶，無法判斷時間，所以我便把注意力集中於設施周圍的生活模式。

叫我睡覺的蜂鳴器會在晚上十點響起。我之所以知道，也是因為衛兵在命令我連續罰站幾個小時的時候說過。我也知道早上六點它又會響起。而在兩次鈴聲之間的夜半時刻，他們會留我獨自一人──不曾有人在睡覺時間毆打或盤問我。我還知道他們大約會於早上八點至八點半之間換班。光是一點新情報就能讓人感覺充滿力量。

我在SERE求生訓練中，曾經學到這類微小勝利能帶來的心理力量，以及這麼做能如何讓士兵在當戰俘的時候生存下去。概念很簡單：人在被抓到的時候，往往會覺得無助、沒有希望，或徹底灰心喪志。可是只要能記下一、兩次略為勝過敵人的時刻，就有可能在無法預測又鬱悶的處境重拾一點控制感。

這類收穫往往微不足道，通常也不會被看守者注意到，但對於情緒瀕臨崩潰的囚犯而言，一點小收穫都意義重大。比方說，若我在未來某個時刻成功喝到一杯咖啡，那就算是一次小勝利。能抽到菸、得到一些有關家鄉的消息或整體戰情，就是更大的小勝利。但**最了不起的勝利仍是對審訊者守口如瓶**，或是播下一些誤導對方的小種子。

我也被教會如何正面看待痛苦或負面的經歷。那天稍晚，有兩個衛兵衝進我的牢房，準備對我揮拳，但他們只「輕拍」幾下就離開了。咦？其實也沒那麼糟嘛，我心想。不久後有個醫護兵敲我的門，問我需不需要止痛藥，我把這件事也當成一次勝利，儘管這令人困惑。他們幹嘛給我止痛藥？然後我發現，只要有敏銳的想像力，就連毆打也能被扭轉成正面的事件。

但也別誤會我的意思：這些飛逝的成就時刻絕無法給你大量的多巴胺刺激，不可能比得上在錦標賽決賽進球得勝，或得到一份夢想工作。種種小成就能讓我鬆一口氣，讓我知道並非所有希望都已破滅。就各方面來說，這些小得分代表著微小的情感墊腳石，但願最終能帶領我遠離血腥的黑暗之地。**我只能守住最新得到的小成就來穩住自己**，一發現下一個就用力踏出一步爭取。一步一步，一次又一次的微小勝利，我希望能保住性命夠久，得以再次嚐到自由的滋味。

第二天，我偶然聽到的一則新聞更讓我燃起希望。我聽見兩名DPR衛兵在討論一則謠言，說某些被關押在西方的「俄羅斯要人」正被作為籌碼，以換取在前線被俘的烏軍。我大為樂觀起來：我是英國人，我相信（無論我的想法是對或錯）我的國籍能給我更多聲望，在討論換囚或談判時尤其如此。

我一定會被贖回的吧？我盡量不興奮過頭，但光想到自己可能會在某個時刻被交換，我就振奮不已，並在黑暗時刻之中緊緊抓住希望。那天入夜稍晚後，我正擔心著拉瑞莎的錢夠不夠、媽媽過得好不好，那時我想起了自己有可能獲釋。這想法就如同翻騰大海中的救生艇，足以讓我備感安全了。

第十三章 先動手，俄國人就沒戲唱了

次日，我心裡盤算著：我得讓他們堅信我是個有價值的人，讓他們百分之百堅信不移這項任務，對我來說前所未有的重要，不過難處在於怎麼做到。後來另一次精神折磨，逼得我不得不打算採取極端計畫。

當晚十點鈴響前不久，有幾名DPR衛兵猛揍了我一頓，瞄準肚子的一記重拳將我打倒在地，接著黑曼巴便落在我的肩頭，眾靴子還對著我肋骨一陣猛踢作結。然後一名滿臉怒容的衛兵俯身對著我。

「死納粹，你明天就要被處決了。」他說道，一邊丟下一張紙。當我掀開頭罩查看時，只見一張寫好的聲明——上面是俄羅斯文，有些字難以翻譯。

「我不懂，這上面寫什麼？」

衛兵又用靴子踢了我一腳。「你得對著鏡頭念出內容，」他一邊說，一邊伸出手指劃過喉結：「然後我們就會割了你的喉嚨，把影片傳給你的親朋好友。」

噢，老天哪，不要！

我想起伊斯蘭國（ＩＳＩＳ）拍的恐怖處決影片。他們有次殺了一名約旦飛行員，還把影片上傳網路。我想像自己淪落到類似下場，想像我媽、我兒子和拉瑞莎看著影片的樣子。我寧願自我了斷，也不想讓親友承受這種痛苦。

我害怕情緒失控，於是不斷提醒自己先前無意間聽到的對話。我直覺認為，那個ＤＰＲ衛兵大概只是在講屁話。頭套先生顯然是黑牢的幕後操縱者，儘管處決我的決定仍有極小可能是某個想騰出戰俘空間的看守人下的令。最後，我估計我的活命機率大約是七成，這已經很不錯了，但沒有好到足以讓我鬆懈的程度。

接下來幾分鐘，我的心情從希望轉為恐懼、由樂觀轉為悲觀，直到我想起幾年前讀過的戰爭書。作者指出，被當作戰俘的俘虜，必須設法讓外界看見自己，無論使用宣傳影片還是照片，或者讓軍營裡的其他人記住自己。其中邏輯在於，**要是有別人知道俘虜的存在——假使這些人之後早他們一步獲釋——其他人便可能在採訪或報告時談論此事。**

不過更重要的是，我得想辦法擺脫此時孤立的處境。我沒有交談對象，連看見人影的機會都沒有，活在自己的想像裡只會讓情勢越來越困難。若能讓自己成為衛兵眼中的問題，或是難以預料的麻煩人物，我就有機會被轉移到另一個關押囚犯的地方，或者直接被移送到另一處設施。

反抗衛兵則絕無可能。真要打起來可不公平，還手只會讓鏟子手隊長和他那幫同夥能恣意用更殘忍的手段折磨我。他們手上可是有警棍，而我絕不樂見自己在黑牢的日子裡斷腿或肋骨骨折。

但接著我想起來：湯匙！那把湯匙還塞在我的床鋪下。我轉身背對監視器，伸手到床下把湯匙拿出來，接著反覆彎折把手，直到湯匙斷成兩截、留下兩個鋸齒狀的邊緣。在監獄裡幹架的時候，自製的陽春銳器有機會可以重創敵人，甚至讓對方瞎眼，但要是反被奪走、用來對付自己也一樣危險。我靈光一閃，想到該如何讓衛兵對自己印象深刻了：我可以割開手腕假裝自殺。

我苦苦考慮這想法好幾個小時。一想到要把金屬柄插進手臂，我就渾身不舒服，心中還因為各種疑問糾結著：我真想這麼做嗎？不受傷不是比較好？

他們可能只會在發現後痛打我一頓，然後任我在牢裡失血致死，那樣好嗎？

我整個晚上都在發愁，夜班衛兵更是令人焦躁。那時他們其中幾人正在喝酒打屁，邊唱歌邊含糊說著話。後來我聽到鏟子手隊長在附近一間房毆打某個同事，我推測那是他們的辦公室或休息區。

家具的碰撞聲和叫喊聲不斷，最後有個男人大叫：「不！求求你！不要！」不一會兒，施暴的交響樂停止了，我聽出有個被打得很慘的人正在嗚咽。那畜生打自己的同事打膩了，就改來找我的碴。那王八蛋用警棍敲打著我的牢房門，還叫我「亞速戀童鬼」，並保證明天就會割開我的喉嚨。

「大哥，我先動手的話，你就沒戲唱了……。」我暗暗想著。

蜂鳴器於次日響起時，我下定決心，告訴自己這是個「不成功，便成仁」的任務，我幾乎沒有什麼可失去的。要是他們在事後放任我失血死亡，至少我在生命盡頭還能掌控自己的命運，至親不必目睹我被割喉的過程。

但如果衛兵嚇到了、送我到醫務室、不再把我隔離起來（好更方便監視我），這樣就能印證我的猜測：我的確是個有價值的人。這麼做絕對很痛苦，但無論如何，結果都是值得的。

此外，我弄出的傷口也很可能不致死。我在念小學時，曾出過一次可怕的意外——那時我在地理課上把玩一支老舊的高爾夫球傘，那傘的末端已彎曲變形，我想把它拉直，不料手一滑，鋒利的邊緣便劃開手腕。

那道傷口很深，我的桌子和習作簿上都濺滿鮮血，甚至能看見血肉中縱橫交錯的韌帶和肌肉紋理。但醫院的護士為我包紮後告訴我，這樣的傷其實很難死人。沒錯，我的確可能割破動脈，但機率很小，我希望能用斷掉的湯匙橫切手腕來達成類似效果。

我再次轉身背對監視器，一咬牙便將金屬刺入肉裡，小心避開較粗的靜脈，同時下定足夠的決心製造一場血腥混亂。接著不斷重複同樣的動作。

我的上下顎因疼痛而緊咬在一起，感覺到牙齒互磨。每一次鑿出傷口我都告訴自己：「我會沒事的，我一定要離開這裡。」

在刺穿肌膚五、六次後，湯匙的齒狀金屬邊緣已嵌進血肉與肌腱。血液從我手臂流下、滴落地板。我看見腳邊的濃濃汙跡，頓時感到噁心想吐。我頭好暈。接著我開始擠壓傷口，想讓現場更混亂，血跡濺滿我的床單。而為了製造戲劇效果，我最後還用手指灑了一些血到牆上，彷彿瘋癲版的畫家傑克森．波洛克[1]（Jackson Pollock）。

我肯定為了這齣鬧劇搞了三十分鐘左右，在劃下最後一刀後，我便不支倒地。不久，我便聽見鑰匙插入門裡和金屬的咿呀聲。有個衛兵來到我身前，默默的站著、觀賞

1　譯按：波洛克開創了任由顏料潑灑在畫布上的「滴流」繪畫技法。

這場恐怖秀，但他沒有檢查我的狀況便走開了。

媽的，原來我沒這麼有價值？我邊想邊安慰自己：要是我死了，至少是自我了結，而非死在俄國人手中。

然而幾分鐘後，好戲才正式開始。門再次打開，這次同一位衛兵拿著止血帶前來，他用力將帶子綁在我手臂上。

「你這笨蛋，你這笨蛋！」他吼道：「笨！笨！笨！」

在喊叫聲中，我聽見遠處一陣警鈴大作——若不是我們正受到攻擊，就是我真的搞出了一場大騷動，這證明我的理論是對的。等兩名醫務人員前來，我就知道自己沒事了。見他們滿頭大汗、氣喘吁吁的樣子，可以想見他們一定是卯足全力衝進了牢房。

俄國人想要我活著。

其中一名醫護人員進房後，立刻將某種白色泡沫噴到我手腕上。乍看之下那東西的質地似乎很像刮鬍泡，後來我才知道，其作用在於凝結大失血的傷口。第二個人接著抓起我未受傷的手臂，將它銬在床上方的金屬桿。

「不准再做蠢事了！」他喊道，一邊檢查我的手腕。

「他會沒事嗎？」另一位醫務員問。

「他還沒傷到動脈。沒事。」

醫務員確認我會活下來後，便把血泊中那兩片沾滿血的斷湯匙鏟起，接著把我放在床上。兩人離開時，門在他們身後重重關上。

我閉上眼，評估現下的處境。我的手感覺像要離身體而去，這次雖然流了一點血，但策略奏效了——現在我清楚認知到自己的地位，並把俄羅斯人氣壞了。

是因為他們有計畫要用我來換囚？還是我有其他重要價值？這我說不準，但清楚的是，他們需要我活著。那天起，我不再恐懼自己會被處決，只願我能不再被隔離關押，並被移送到其他囚犯可見處。我漸漸進入了半睡半醒的狀態。

接下來，有更多證據證明他們在意我的健康狀況。門再次打開，那些醫務員回來了，但這次其中一人提著一桶水。我坐起來想看清楚發生了什麼事，但隨著我坐起身，水桶裡的東西卻從我頭上傾倒而下。

我全身溼透的嚇醒了。「你幹什麼？」我大喊。

「醒來！」醫務員叫道：「你一臉神智不清的樣子，我是在弄醒你。」

另一名醫務員把一杯水塞到我沒被銬住的手裡：「你脫水了，喝掉它。」

他們解開把我扣在牆上的手銬，並罩住我的頭。

「我們要帶你去辦公室。」一個聲音說，然後我便被帶到四、五天前首次接受治療的同一間醫療室。

「哈囉，陰暗之處。又見面了，老朋友。」我心裡想著。

我坐定位後，頭罩被掀開，有人開始為我清理和縫合傷口。然後另一位粗魯的醫務員抓住我的手，盯著我的無名指。我還戴著我在結婚宣誓時，與拉瑞莎交換的戒指仿品。至目前為止，俄羅斯審訊員和DPR衛兵幾乎都沒有在意它。

「把你的戒指給我。」醫生說。

「那只是仿品，沒有價值。」

我的思緒飄回婚禮那天。我和拉瑞莎在二〇二〇年九月結婚，雖然派對沒有如我所願的那麼盛大，主要因為新冠肺炎疫情這個大問題，我在英國的家人都無法前來慶祝，但婚禮仍然很棒又感人。那時我一直在前線，所以拉瑞莎挑起了許多繁重的任務：安排攝影師、處理我們的手工戒指，還有伴娘禮服。

當我們在馬立波左岸結婚時，拉瑞莎的兒子在禮堂前把她的手交給我，現場擠滿了朋友。其中有許多人都是我訓練過、一起在戰壕裡共進退的人、我一生所愛和信任的人、我視為家人的人。

那傢伙把我的手握得更緊：「東西給我。」

我心都碎了。此刻我的身體已被折磨的不像樣，意志也被摧殘得差不多。我不情願的把戒指脫下，遞了過去。醫務員把它放進口袋，面露微笑。我無力抵抗，等我終於被送回牢房時，我坐在床尾、努力不讓自己崩潰。比起這幾個月以來發生在我身上的一切，此時感覺更像是谷底。

「他搶走了我的結婚戒指，」我想著：「他媽的搶走了我的結婚戒指。」

我彷彿被拋棄在至暗之處。情況還有可能更糟嗎？

真是個蠢問題：當然有可能。

幾年前，有個朋友曾告訴過我一個令人難忘的故事。他與一位交往許久的伴侶分手了。那時他經濟困窘，不久後便付不起房租。於是他被掃地出門、無處可去。他把能帶的東西全都塞進一個垃圾袋，然後走到河堤上，準備思考下一步該怎麼辦。

他心想，自己到底在幹什麼？

然後，有個路人不知從哪裡冒出來，想搶他的東西。兩人互相揮了幾拳，在爭奪的過程中還撕破了垃圾袋，我朋友的內褲和襪子就這樣散在路上。等到幾年後，當他的生活重回正軌，這段往事就成了笑談。每次生活中要是有什麼不如意，我倆就會開玩笑般的互相提醒：至少沒有人想搶你的垃圾袋。光是回想起這些話，我就略感振奮。

然後我想起了我的刺青。拉瑞莎和我的左胸口都刺有一個日式風格圖樣，就在我們的心上。我脫下上衣，看著肌膚上的潦草圖案。我的婚戒雖被奪走，但沒人拿得走我們共有的刺青——除非把它燒掉或是用刀切下。在那一刻，我認定了拉瑞莎就在我身邊與我並肩作戰。她的喊話迴盪在我腦海：生存，戰鬥，活下來。生存，戰鬥，活下來。**生存，戰鬥，活下來！**

聲響傳來，牢房門打開。有人將一個裝滿了漂白水的水桶推進來，不久後他們又丟給我一支拖把。

「你得打掃牢房。」一名衛兵說著，大聲關上了門：「全清乾淨。」

接下來四小時，我擦洗著地板、牆壁和床單，抹去我暴力抗議留下的凌亂證據，直到我一直期盼著的變化終於到來：門再度打開，一件印有數字「八十九」的深藍色大學風帽T落在我腳邊，有個聲音命令我出去。

「去幹嘛？」

「你得去見檢察官，」那聲音說道。

第十四章 我是你的辯護律師

這裡的人都一樣爛，唯有表面不同。綁架我的人都遵守同一套規律：他們罩住我的頭、用手銬扣住我手腕、押著我走過連串走廊，爬上臺階。

我把每一步都當作是收集情報。雖然知道逃跑機會不大，多年來，我也聽過幾則戰俘成功從戒備森嚴的建築中脫身的故事，通常都是在炸彈炸毀牆壁和安全警戒線之後。在隨之而來的混亂中，被監禁者得以從廢墟中逃出。我幻想自己也能有類似好運，於是便牢記離開牢房的路線，以防萬一。

在被蒙住頭之前，我偷偷打量ＤＰＲ衛兵。鏟子手隊長就站在附近，撇去頭套先生和他的同黨外，鏟子手就是這座設施裡的大人物。其他人似乎都很怕他，但看看他的體格，這倒也不足為奇。

還有其他值得一提的有趣細節。這裡有一半的衛兵，看起來就像早該退休的資深老兵——他們體重超重，大概沒有能耐在前線打仗。另一半則大概是還在努力往上爬的士兵，他們年紀更輕，看起來更健美、更強壯，彷彿每天都會重訓兩、三次。

整體來說，從他們辦事到發號施令的樣子看來，這群人在各方面都相當業餘：指揮鏈鬆散又無組織，人員有時還喝得酩酊大醉（這是最可怕的）。缺乏紀律讓他們不按牌理出牌，不按牌理出牌的特質又讓他們更加危險。

抵達檢察官辦公室後，我被帶到一個像袋鼠法庭[1]的拘留區，被押坐在一張野餐桌旁。然後有人上前，推著我的頭抵在桌面。我面朝下數了數，這裡有十雙腳。

「這些人肯定都是烏克蘭戰俘。」我心想，同時也急切尋找是否有熟悉的海軍陸戰隊標誌或服飾。我聽到有個衛兵在說捺指紋的事，我猜測我們是在報告處之類的。此外，周圍只有一片詭異的寂靜。有個咳嗽得很大聲的囚犯被從座位上拉起，還挨了一頓打。我聽見他被毒打和扔到牆上的聲響。

有個職員抓住我肩膀。「這一個捺過指紋沒有？」他吼道。

「還沒，他是下一個。」另一個聲音說。

有人摘除了我的頭套，領我往前走。一名官員檢查我全身，接著我便被帶進一間陳設單調的辦公室。我看見淡藍色的牆壁和厚重木門，家具看起來廉價又幾乎散架，置物架上擺著普丁還有其他我沒見過的俄國將軍、官員的照片。

檢察官坐在一張桌子後方，是個身穿深綠色戰服、長著一副娃娃臉的男人。我注意到他腕上戴著一支看起來很高級的手錶——如果那東西不是假貨的話，就表示ＤＰＲ付給員工的工資遠高於行情。

他身旁還有其他好幾個人，他們也為我介紹了其中幾位。有個染金髮的老太太是我的翻譯，她對我溫和的微笑。另一名身材魁梧的女士叫尤利雅．柴可夫尼科娃（Yulia Tserkovnikova），我後來才知道她是律師，雖然她看起來比較熱衷於自拍和傳簡訊。另外還有個混搭ＤＰＲ及俄羅斯戰服的魁梧男子，他腳踩運動鞋、戴著粗框眼鏡，這人完全是個謎，他想必是這裡的打手。我估計他四十幾歲——不過，從他的臉來看，他過去肯定飽經風霜。此人皮膚鬆弛又呈灰白色，我低頭一看，注意到他穿著迷彩運動鞋。

我一邊打量眼前的律師、檢察官及士兵這樣不搭調的組合，心裡一邊想著：「這群人可真怪。」他們看起來一點也不專業。彷彿是為了證明我的想法似的，檢察官這時站起身來，主動提議為我倒杯茶，然後問我想不想抽根菸。

我想，這些王八蛋肯定有所圖謀。

1 指不公正，會被人為影響的法庭審判。

氣氛一開始很古怪。顯然，我是這間特殊辦公室第一個經手的英國人，這讓我在這群員工之間顯得有些稀奇。接著有人解釋，DPR會調查我的軍事活動。隨後他們便問了我一些常見問題——我是誰、我在做什麼、我這麼做的理由。檢察官一邊說話，老太太一邊為他翻譯成英文，雖然我大多聽得懂他在說什麼。

「今天下午有些調查人員會再審訊你一次。但現在，我們要以叛國罪及顛覆頓內茨克人民共和國之罪名起訴你。當然，你會接受為期三天的法定調查，讓我們判定是否能將你送上法庭。」

我幾乎不意外。在這種不正經的審判裡陷害某人來當替死鬼，是戰時常見的策略——許多衝突地區都上演過此戲碼。

最後，辦公室裡的神祕男子開口了。「那艾登．艾斯林呢？」他說。

所以艾登不久也會來這裡囉？事情越來越有趣了。

翻譯搖搖頭說道：「他有點棘手。」

我不知道該怎麼解讀那句話。我小心翼翼舉起手問道：「問話的那人是誰？」

「你的辯護律師。」檢察官回答。

我得強忍著才不會笑出來。那人明顯是敵方的士兵，這四年來，他甚至可能攻擊過我駐守過的某個陣地，現在我竟得仰賴他的口才在戰爭審判中為自己辯護？這可是在普丁手下俄國占領區的戰爭審判耶！

我的辯護律師微笑著，得意的搖搖手。「你好，我是你的辯護律師。」他用破英文緩緩說道。那時我就知道我的案子沒救了。檢察官接著繼續解釋軍事法庭將如何處置我，要是被判有罪，懲罰會比民事或刑事訴訟嚴厲得多。

「你明白你的罪行有多嚴重嗎？」

我點點頭，知道不管說什麼都無濟於事，頑強抵抗也只是痴心妄想。首先，我單打獨鬥的大律師大概一心想置我於死地。再者，就算我有辦法提出強力的證據，我也很確定，黑牢的衛兵最終仍會想辦法讓我改口。在脅迫囚犯時，黑曼巴可是很有說服力的。檢察官接著解釋說，我的罪名還有擔任僱傭兵，根據ＤＰＲ的行為守則，傭兵活動可能會招致死刑。接著有人要我交出社群媒體的密碼。口譯員溫和的把這要求轉述給我，一副老實無害的樣子。

「嗯，但我沒辦法馬上想起來。」

她看向檢察官，用俄文低語道：「聽他在放屁。」

「我可沒在亂講話。」

口譯員臉一沉，問道：「你會說俄語？」

我點頭，隨著她把目光投向我，我立刻就明白這個口譯員信不得。此前她一直表現得沒有威脅，如今她發現我能聽懂大部分談話，立刻就提防了起來。我也一樣。我徹底錯看她了。她大概也是俄羅斯特務部門派來當臥底的人。我猜他們想藉由她和藹的外表來卸下我的心防。如果成功的話，我可能會更加開誠布公，或交出一些有價值的訊息。不過我沒有上當。

檢察官注意到氣氛變化，便迅速將幾張地圖攤在辦公桌上。其中一張是馬立波的衛星圖。這些俄國人要我詳細指出我在圍城期間所有戰鬥地點，還有伊利奇鋼鐵廠周圍，先前曾有海軍陸戰隊活動過的所有地方。

我聳聳肩，並指出一、兩個舊的坦克陣地，我知道這幾處早在烏軍撤離城市前就已落入俄軍手中。檢察官嘆了口氣，我感覺到他準備要進行下一步了。為了轉移他的注意力、讓他先別關注我近期的軍事經歷，我問起自己不久後可能會面臨的淒慘下場。

「DPR的人會怎麼處人死刑？」我問道：「槍決？絞刑？注射死刑？你們要怎麼殺我？」

房間裡的每個人都變得非常尷尬，口譯還緊張的咳了一聲，律師只是翻閱他的文件。最後只剩檢察官了，他就像是運兵車迎面駛來時被車燈嚇住的兔子。檢察官最後給出了一個不置可否的答案。

「如你所知，我們之前還沒抓過西方人，」他回答：「當然也還沒處死過你們，所以我們也不確定最後會怎麼做。現有機制不是用來處理你的。」

我敢發誓，這傢伙只是在試著胡亂道歉。真好笑，我心想。我從來沒有惹過警察，連口頭警告都不曾收到，現在卻淪落至此，以身為僱傭兵的罪名接受審判。我要不是在俄羅斯勞改營服一輩子苦役，就是被處死。若不是判決和可能的刑責那麼可怕，現在這處境還真引人發笑。

檢察官繼續說道：「還有公投這個小問題。」

「公投？什麼公投？」

「DPR的民眾正在決定要服從俄羅斯法律，還是現行的共和國法律。要是他們選擇俄國法律——目前趨勢看來是這樣——死刑就可能被廢除。俄羅斯沒有死刑。」

至少這還算是某種安慰，可其中的諷刺意味卻令人難受。為了逃過起訴、留得青山在，我竟然得指望俄羅斯人在其非法吞併的烏克蘭一角，贏得一場大局大概已定的選舉——而我卻盼著，有一天這地方能獲得解放。

詢問結束後，另一名身穿制服的男子走上前來。此前他一直靜靜站在房間後面，幾乎不受注意。他不好意思的笑了笑。

「你是我第一個見到的英國人。」他說。

「哦，是喔……。」

「你見過盧布[2]嗎？」他問道，同時拿出一張皺巴巴的紙鈔。

我點頭，假裝有興趣。

接著他更進一步。「你介不介意我們自拍一張？」他說。

我滿頭霧水。這人是在耍我，還是真的神經有夠大條？但我之前曾學到過，與綁匪稍微有些交情，可能會帶來許多好處，想到這裡我就配合了。也許在未來的某個時刻，這傢伙（無論他是誰）會成為有用資訊、食物，甚至是香菸來源。

「不介意。」我回答，並在這名士兵身旁擺了姿勢——他豎起大拇指，我則比出倒讚——希望這張照片很快會在社交媒體上流傳。我刻意讓包紮著的手腕完全入鏡，希望讓更多人察覺我目前的狀況：我還活著，還堅持著，卻身處一個令人痛苦的地方。

◆◆◆

後來，我被反扭雙臂、押送到另一個房間，氣氛顯然有變，我被粗暴的推到一張椅子上。我環顧四周，只見幾個穿著整潔戰服的人，全都是高級軍官，頭套先生也在場。在所有人之中，他仍是唯一遮住臉的人。

「他肯定是聯邦安全局之類的人，」我心想：「不然幹嘛戴面具？」

他也是這群人中唯一有手段的審訊者。他很有威嚴，講話有重點，還嚇人得要命，絕對是這群雜牌軍裡最厲害的狠人。其他人說的話總給人一種混亂又矛盾的印象，說謊時也明顯得好笑。

那些雜魚中，有個人告訴我烏克蘭已淪陷，所以我沒有理由隱瞞資訊了；另一人則說烏克蘭還在抵抗，供出情報會有利於我的案子，這才是長遠之計。前一分鐘才有人威脅處決我，下一分鐘就有人問我需不需要止痛藥，最終導致每次提問我都有辦法避開。

但頭套先生一開口就不一樣，氣氛會變得更加不安。這某種程度上，要歸因於他的強烈存在感。這傢伙大概有一百八十五公分高，身材魁梧，體格大概等同於稍微超過顛峰時期的綜合格鬥選手。我可以看到他過緊T恤下方的肌肉，還有啤酒肚的早期徵兆。

2　Ruble，俄羅斯法定貨幣。依二〇二四年五月匯率計算，一盧布約等於新臺幣〇．三五元。

同時我也注意到，他是唯一未著軍裝的人。他身穿一件橘色內襯的綠色飛行夾克、牛仔褲，和一雙閃亮時髦的靴子，其中一邊的袖口裡探出一支碩大笨重的銀色手錶。

但最能道盡一切的還是他的雙眼。

他眼裡布滿血絲，目光不斷掃視房間，彷彿在思索該如何同時贏得一場戰爭、審問囚犯，以及組裝宜家家居（IKEA）的衣櫃。有時他似乎完全身處他方，而最能道出他可能承受極大壓力的，就是他抽菸的速度。頭套先生每抽完一支菸，不久後就會再點一支。

這傢伙壓力很大，但正在盡全力控制。一如往常，房裡每個人都對他卑躬屈膝。

「肖恩，你幹嘛這樣？」他問道，並指著我手腕上的繃帶。

我聳聳肩，回答：「你手下前一晚來牢房痛打我一頓，說我今天就會被處決。」

「是哪些人？」

他正盡力表現出一副站在我這邊的樣子，但這無法洗刷他的形象。

「我不知道，我大半時間都被蒙住頭，看不到究竟有誰。」

「嗯，我會和他們說……」

我打斷了他：「所以我就想：『既然我真的要死，就要死得轟轟烈烈。』我決定在那裡自我了結。我可不想死在你們手上。」

頭套先生在我身邊蹲下。我瑟縮了一下，想著會不會有一拳襲來。他說話時，我脖子後面的汗毛都豎了起來。

「要我說，讓其他士兵殺了你會比自殺好一點，」他低聲說道：「至少這樣你還有點榮譽。」又是話術，又在玩心理戰了，我心想。我不確定該鬆一口氣（因為我知道這是一場遊戲）還是惱怒（因為被當傻瓜看）。

「好，這是誤會一場，我很抱歉，」我終於開口了：「如果你能保證我今天不會被砍死——」

「你不會被砍死的，他們只是在鬧你。」

我把這次對話當作一場心理戰的勝利。但頭套先生虛假同情背後的動機，不一會兒就表露無遺。

房裡這時來了更多人，其中一人帶著帶腳架的攝影機，並把鏡頭對準我。

同時，一個身材矮胖的男人在我旁邊坐下。

他留著日漸稀疏的深色短髮，一身黑衣，搭配一件廉價的皮夾克。我立刻感受到，他是那種想當老大哥的類型。那傢伙正得意洋洋的笑著，看起來很自負，雖然我不知道為什麼。從遠處看，他就像個模仿拙劣的陽春特務[3]。

「這位是安德烈・魯登科（Andrey Rudenko），」頭套先生說：「他是俄羅斯的知名記者，你得接受他的採訪。」

魯登科爆笑出聲。「對，我是『記者』。」他說，一邊舉起雙手的食指和中指，比出強調的手勢。

這就是為什麼之前他們只毆打我的身體：他們要拿我的臉當宣傳工具。我在電影裡看過這種把戲，被我戰友視為標準讀物的人質救援書籍也提過，而我早就懷疑，俄羅斯人遲早會想讓我在宣傳影片裡亮相。

我會接受質詢，但那影片也會在剪輯後，讓我表現得像對烏克蘭政治立場動搖的樣子。又或者，我的畫面也可能被剪輯成反烏克蘭甚至支持普丁的模樣。我合理假設，魯登科是克里姆林宮付錢請來的人。我開口必須字字小心。

在頭套先生的指示下，魯登科以誣陷我為納粹分子為開場。

「聯合國曾指控亞速旅犯下戰爭罪和各種暴行，」他說道：「而我也一次次目睹人們被亞速旅關押。他們全身上下都畫著納粹黨徽。英國廣播公司（BBC）、韋斯新聞（Vice News）和世界各地不同的媒體，也譴責過他們與納粹有牽連。而你與他們的關係更密切，這麼說，你肯定也更了解他們吧？恕我直言……可是……你能和我們說明他們與納粹有何關聯，以及他們對老百姓施加何種暴行嗎？」

門都沒有。

「我不清楚這些指控，也不曉得他們如何虐待平民，」我說：「所以這件事我其實無從評論。老實說，我要是知情的話絕對會說的，但我在亞速認識的人，大多是在自家村落找不著工作的人。」然後我說明，亞速旅確實可能會出現地痞無賴，任何軍事團體都會，但我從沒見過有誰在馬立波行納粹禮或踢正步。

「我在烏克蘭生活四年多了，」我繼續說：「你們說現在得為烏克蘭去納粹化，可我從未見過納粹旗幟、從未目睹任何納粹行為或是街頭遊行。我去過基輔，去過巴赫姆特（**Bakhmut**），也去過克拉莫托斯克（**Kramatorsk**）。我走遍了整個烏克蘭，但從未見過納粹。」

---

3 譯按：原文為 a pound-shop version of the Milk Tray Man。Milk Tray Man 是英國巧克力品牌 Cadbury 的代言人，會身穿黑衣、扮成龐德風格的角色為女性遞上巧克力，此處說他是「一磅商店的版本」（a pound-shop version），指他在假裝高級，實質上卻是便宜貨。

魯登科用無止境的謊言和話術，堅稱我屬於一個試圖顛覆DPR的傭兵團。為了安撫他，我供出自己的基本生活資訊，一些沒辦法透過編輯軟體操弄的內容。

「我是肖恩・平納。英國公民。在馬立波被俘。我屬於烏克蘭海軍陸戰隊第三十六旅第一營，並在馬立波戰鬥了約五、六個星期，現在我人在頓內茨克人民共和國。」

我每次說話，就把自己厚厚包紮的手腕放在桌上，盼望會有觀眾注意到我受了傷。頭套先生有時若注意到我的動作，便會命令把手放下，有時候他則沒注意到。

「告訴我你是怎麼被俘的。」魯登科說。

「我們那時在馬立波的工廠區域，並決定要離開工廠，但還不曉得確切的目的地。大約凌晨四點時我們動身離開，大家沒有太多的思考時間。」

魯登柯接著指著他手機上的地圖：「你們根本就不會有機會抵達扎查地夫卡（Zachativka），因為到處都是俄羅斯和DPR的軍隊。」

我點點頭，假裝知道他在說什麼。「我不曉得，」我說：「你知道的比我多，這些事我不特別清楚。」

我在俄羅斯的宣傳影片中樹立自己的形象。而我的下一步託辭，就是要聲稱對馬立波以外的任何軍事駐點一無所知。我打算在未來審訊中也比照辦理，雖然我不確定這樣做是否對我有好處。

隨著魯登科結束採訪，設備被打包帶走。頭套先生也離開房間。然而，在攝影師的後方那裡有扇窗戶。我透過窗戶瞥見了監禁之外的世界，這種平凡景色此刻卻令人迷失方向。太陽正落在頓內茨克建築物後方、人們在街上閒逛，彷彿外頭的世界並未發生任何大事。還有，那是啁啾聲嗎？我都不記得上次聽到鳥叫是什麼時候了。我人在前線的時候，只有淹沒一切的槍響和爆炸聲。

我心想，這裡真是正常得該死。外頭正在打仗，這裡看起來卻如此美麗。長久以來，我首次體驗到平靜的感覺。光是稍稍一瞥陽光就讓人充滿活力，就連對死刑的擔憂都暫且消失了。不久之後，我又被蒙住頭、戴上手銬，那時我試著盡量把握住這種感覺。那又是一線希望的曙光。

第十五章 新室友，新局勢

回到黑牢，我第一次有預感事情可能會朝稍微不同的方向發展。

車程一如往常——我的腹部吃了幾拳——但隨著我走過走廊，我們走上一條新路線。我被帶著經過原本的牢房，走下一段樓梯。那裡溫度驟降，肯定只有零度左右，我在塑膠袋下的鼻息都成了霧氣。我感覺自己正身處某種地下室。

也許我終究會被殺掉？我不禁這麼想著，隨後聽見鑰匙開鎖的聲音，還有厚重的門打開時會發出的金屬咿呀聲。一雙手將我往前推。等門在我身後關上，我便脫下頭罩。我幾個月來第一次感覺這麼開心。

我來到了另一處牢房，黑牢另一個陰森之處。這房間的形狀和我的「老家」很像，牆上有部監視器，天花板上燈光明亮，還有一個便溺用的水桶。我還注意到這裡沒有床，環境又溼又冷。但我面前站著兩位彎著腰的消瘦男子，他們緊張微笑著。兩人都裹著如紙般的薄毯子，一邊瑟瑟發抖。我苦笑了一下，心想：終於有說話的對象了。

身高較高的那位走上前來。「你是瘋子嗎？」他用不流利的英語說道。

「什麼？不，我沒瘋。」

他伸出手與我相握，說：「衛兵說你瘋了，我是狄米崔（Dimitri）。」

他的手握起來瘦骨嶙峋，感覺很脆弱，透過皮膚甚至能看到他的關節。狄米崔極度營養不良，看起來就像一個裝滿衣架的購物袋。

「我是肖恩，」我說道，同時也留意手勁，以免握得太緊：「你英語說得不錯。」

「一點點，」狄米崔說，然後指著另一個人：「他是奧列格（Oleg），他不會說英文，是個笨蛋。」

他示意我們坐在地板上。「所以你沒瘋？」狄米崔繼續說：「我們聽說你想自殺。」他指著我包紮著的手腕，一邊做出諾曼貝茲[1]（Norman Bates）式的猛砍手勢。

我搖搖頭並和他說明原由：我的主意、我的計畫，和我假裝的自殺企圖。

「很好，你沒瘋的話，我們會處得很好。」狄米崔說，然後向奧列格解釋一番，奧列格看起來明顯鬆了口氣。

1 譯按：希區考克電影《驚魂記》（*Psycho*）裡的精神變態殺手。

突然間，狄米崔舉起手，要我們噤聲。只聽見熟悉的鑰匙串叮噹聲，牢門打開，我們伸手去拿頭罩時，一名衛兵拿著一張汙跡斑斑的床墊走了進來。

「睡在上面吧，」衛兵說，然後指著牆上的一排通風口，每個通風口都湧出陣陣冷空氣：「你們想的話也可以用來堵住通風口，我們不會因為這樣打你們。」

衛兵離開後，狄米崔不可置信的看著我：「我已經在這裡待了四十天。他們從來沒對我們這麼好過。」

我笑了。現在已毋庸置疑，我們還有利用價值。

或者，至少我有。

◆◆◆

整個晚上，我們都擠在一起小聲說話。這是我好幾星期以來（也許要從狄馬去世前開始算起）第一次能文明的對話。而我焦急的想得到訊息，任何能讓我清楚自己身在何處的訊息。

狄米崔告訴我，他在大約四十天前被俘。他剛到時，黑牢大部分區域都還未整頓好。他的工作是粉刷牆壁、清理破裂瓷磚，還有修理我原本所住區域的床。他曾因拒絕而受罰，那一次便開啟了一連串的毒打。

「若說情報局在頓內茨克設有分部的話，那就非這裡莫屬了。」他說著，這證實了我對頭套先生身分的預感，我覺得他就是聯邦安全局的人。

狄米崔隨後告訴我，他在被捕前原本想潛入俄羅斯，好躲避落在自己陣地的炸彈。雖然他是軍人，當時卻打扮成平民。他還銷毀自己的軍人證，但綁匪一檢查他的手機，就找到他是烏克蘭戰士的證據。我回想起自己的手機，但願它仍沉在池底。

「這裡的看守人都是國家安全部（MGB）的人，」狄米崔說道：「他們就等同於DPR的聯邦安全局——祕密警察。」

然後他低聲說：「這真不是個好地方。」

我笑了，那還用說，真不曉得狄米崔是不是在諷刺。

「那他呢？」我指著奧列格說道，他已經在床墊上占好了自己的位置。

「哦，他不會有事的。他是計程車司機，就只是老百姓。他因為在網路上發表反普丁言論而被逮捕。幾星期前他曾出去見過檢察官，回來時一副難過的樣子，不斷在身上比劃十字。他說，他原本以為支持烏克蘭的刑期只有三到四年。但俄羅斯目前在頓巴斯地區需要工人，所以我覺得他們會把他安排到那裡。而我呢，我永遠出不去的。」

「為什麼？拜託，老兄，你得守住希望。」

「聽我說，肖恩。我是烏克蘭人，也是個軍人，但我對俄羅斯沒有用處，加上我沒有正式身分證，所以無法證明自己是烏克蘭軍人。我不太可能被用來換回某個軍官，但你的處境應該會很不一樣。」

狄米崔的狀況很差。他的身體枯槁慘白，骨瘦如柴，還駝著背，不時因腹痛而緊咬牙關，甚至有時似乎無法正常行動。想到他已經在黑牢蹲了四十天，我才發覺他的樣子就是未來的不祥之兆，是我未來可能淪為的健康狀況。不消幾個星期，我就會像他一樣憔悴不堪。

狄米崔接著問我，戰爭中發生了什麼事。我告訴他被抓之前所知的一切，之後的情形我和他一樣一無所知。除了囚禁我的流氓外，我沒有與其他人交談過，烏克蘭的現狀全是個謎，搞不好澤倫斯基政府已經垮臺了。

「亞速怎麼樣？」狄米崔滿懷希望的說。

「我還在戰場時，就聽說過有戰役正在進行，所以他們也許還守著。雖然我們被俘了，但亞速或許沒事。可是，我們得接受事實：俄羅斯人迅速席捲了不少地方。」

有鑑於我們正在被囚禁的危險處境，我的無知簡直就像是贈禮，而非詛咒。在檢察官辦公室裡，那口譯員的例子已經證明了，任何人都有可能是內奸，而我也該將所有人都視為內奸。

戰俘營在監獄牢房內安插間諜的情況並不罕見，他們收集到的任何情報，都可能有助於在戰爭中規畫戰術，也能用來逼囚犯供出更寶貴的情報。目前，我沒有把手中的牌全亮給狄米崔。有關我認識的人和其他所知的詳情我都會保密，即使我掌握的大部分資訊似乎也已經過時了。

此外，我覺得保密是一種安全措施，從長遠看來對狄米崔可能也更好[2]。如果他對我的生活知之甚少，那麼若有人問及我的事，狄米崔就能合理推諉一番。希望這樣能讓他比較不會遭到虐待。我盡量重複我告訴頭套先生的所有事，特意不偏離原有劇本。當

2 作者按：後來我得知，這是正確的舉動。我一出黑牢，另一位烏克蘭囚犯就告訴我，狄米崔曾在一次審訊中被打得很慘，因為俄羅斯人想逼他供出我的情報。我只能推測，狄米崔之所以沒有提到挨打的真正原因，是因為他不想讓我內疚。不過我知道他以前常挨打。有一次，他在白天拉下羊毛帽沿、蓋住眼睛睡著了。守衛很討厭這樣，結果狄米崔又慘遭毒打。他很生氣我們沒有叫醒他，但老實說，我們根本不知道他在睡覺。

狄米崔暗指我可能是亞速戰士時，我也堅定的糾正他。

「我不是亞速，」我說：「不是，不是，絕對不是。我是烏克蘭海軍陸戰隊，第三十六旅第一營的戰士。」

然後狄米崔不假思索便說出，衛兵稱他為「無人機司機」（Drone Operator），因為他懂得該領域的專業知識。狄米崔這麼做也對自己沒什麼好處，他在接受頭套先生問話時，還說出自己是如何殺害執行勤務的俄軍——人數非常多。他為此又挨了一頓打。

據我所知，地下室牢房的規矩，與我被單獨關押時類似。衛兵出現時，我必須站在房間後方，蒙著頭面壁。蜂鳴器會在晚間十點和早上六點響起，首先他們會倒掉水桶裡的東西。如果我們走運的話，衛兵會在白天送來一條麵包和一些尿色的飲用水。

出牢房時也有規矩要遵守。我們必須彎下腰，頭盡量靠近膝蓋並展開雙臂。接著我們得倒退走進走廊，方便他們為我們戴上手銬。但最糟糕的行為，就是嘗試任何種類的體能訓練。

「他們不想讓你變強壯。」狄米崔說。

我從床墊上下來，踮起腳尖上下跳動，感受疼痛的小腿肌和腿筋伸展開來。「那這樣做可以嗎？」我說著，想逗他笑。

狄米崔把我拉下來：「不！拜託別這樣。他們會在監視器上看到，你這樣做會惹禍上身的。」這傢伙嚇壞了。於是我決定先擱置自己的獄中有氧運動。沒有任何運動值得用一根肋骨來換。

◆◆◆

計算日期也是困難的事。我們唯一能賴以報時的，只有一天響起兩次的蜂鳴器，和在我腹裡撓抓著的空洞疼痛。我要不是極度飢餓，就是嚴重便祕；走味的麵包塞住了我的腸子，而我們唯一能喝的、充滿寄生蟲的水也讓我肚子緊繃。

有次，我還真覺得有什麼可怕生物要從我身體某處爬出來，就像恐怖片《異形》（*Alien*）裡的外星掠食者那樣。若有誰能罕見的一邊呻吟，一邊在桶子裡排出一些東西，那聲音比起某個不成人形的人正在大便，更像是一本書重重掉到瓷磚地板上。

幾天後，我從百無聊賴中短暫解脫。蒙住頭、戴上手銬，我乘車前往頓內茨克去見檢察官，進一步了解我受到的指控。我只盼望能再次見到陽光，但當我被帶出牢房時，我感受自己不是獨自前往，似乎還有另一雙腳在我身邊拖著步伐前進。

難道是新囚犯嗎？我一邊想一邊往前踏步。如今我已牢牢記住去停車場的新路線，但我出乎意料的被拖進一間側房，有人用力將我抵在桌子上。我能從頭罩下方看出自己身處廚房區，有幾雙腳在我周圍移動，接著聽到喊叫聲，有人因痛苦而哀嚎起來。我全身的每一束肌肉都因恐懼而緊繃。

我的頭被用力甩到桌上，一名衛兵在我旁邊低聲說話。由於頭罩之故，再加上伊利奇鋼鐵廠火車事件後便出現的耳鳴，所以我很難聽得清楚。他認真是在問我有關足球的事嗎？聽起來好像是這麼一回事。

「我聽不見。」我說，一邊等著腦袋再挨一擊。

然後有個新的聲音用英文說話，是另一位囚犯。

「他想知道你支持哪支球隊。」那人大喊道，然後再次痛苦的呻吟。從聲響判斷，他應該正被人按在牆上毆打。我思緒翻騰，這要求可真奇怪。可是，就好比那個想在辦公室自拍的傢伙——無論情況有他媽的多糟，我知道明智的做法就是再與他們打交道。

「西漢姆聯（West Ham）。」我滿懷希望的說道，並暗自祈禱著這名衛兵不是熱刺（Spurs）或米爾沃（Millwall）的球迷。

結果真是大失算。一根棒子猛然捅入我的腹部，一股電流撞入脊椎。這群混蛋拿著趕牛刺棒！我的身體僵硬抽搐著，然後癱倒在地。衛兵蹲下來告訴我，從此以後，頓內茨克礦工隊（Shakhtar Donetsk）是唯一可接受的答案，他們可是曾征戰過歐洲冠軍聯賽（Champions League）的球隊。

我被移送到運輸車後座時仍流著口水，也因方才的後勁而渾身發抖。我安慰自己，我至少嘗試過和他們交流了。不過我並不孤單，我和另一名囚犯一起被載走。衛兵老是喊他「莫羅克」（或者是摩洛哥人），而等我摘下頭罩後，才發現他還只是個孩子。

◆◆◆

等我抵達辦公室，並辦好例行的虛假文書手續後，檢察官便從一頁冗長的法律天書中讀出我面臨的指控。

「根據頓內茨克人民共和國《人民法》第三百二十三條第二十項與第三十四項，你被指控有罪，」他用俄語說道：「你受到的指控如下：約從二〇一八年十二月到二〇二二年四月間，英國公民肖恩．平納……」

那傢伙一邊滔滔不絕唸著，我則一邊想著他究竟知不知曉戰爭的情形？他對烏克蘭的遍地死傷與混亂是否有任何頭緒？

「……於戰時攜帶槍枝，參與準備工作，並付諸實行——欲針對頓內茨克人民共和國武裝部隊發起敵對行動，意圖於頓內茨克人民共和國境內強奪並掌握政權……」

我的目光越過他望向窗外，盼望能再瞥一眼外面的世界。

「……違反憲法，並試圖以恐怖行為、引發爆炸、發射迫擊砲、火砲、小型武裝攻擊，以改變頓內茨克人民共和國的憲法秩序；襲擊頓內茨克人民共和國的村落、平民及武裝部隊軍事人員；恫嚇於二〇一四年成立頓內茨克人民共和國公民投票期間行使意願的平民。」

我沒在聽。檢察官繼續說個不停。終於，他吸了一口氣說：「你明白上述指控的內容嗎？」他說。

我當然不明白。我會的俄語有限，所以無法理解軍事法的細項條文，而且也沒人為我翻譯這些指控（這段對話後來被放到網路上，我獲釋後便以字幕觀看）。可是這重要嗎？我死定了，為我的案子辯駁並無意義。我看向檢察官。

「你明白上述指控嗎？」他用英語問道。

不明白。「差不多懂了。」我說謊，只想趕快結束了事。

他們隨後解釋說，以上控訴一旦定罪，我就會被判處死刑。還真意外啊，我悶悶不樂的想，盡量不顯露任何情緒。

接下來就是宣讀我的抗辯聲明，其中大半我也聽不懂，雖然這些話理當是我說的（但我從沒說過，意不意外？）。最後，我被帶去與魯登科錄製第二次對談。其中，我又被指責為亞速和納粹的受訓殺手，這一套已經越來越老調。

在敵人環伺的處境下，穩住理智的唯一方法，就是在我被送回黑牢後與獄友敞開心扉聊天。我們發現，若要擺脫監獄的無聊，其中一個方法就是討論食物。

我與奧列格難以溝通，因為他對英語的理解很差，而我的俄語又無法總是轉換為烏克蘭語——我們的笑話和較微小的細節經常在翻譯中流失。另一方面，狄米崔則變得越來越像是盟友，他給人的印象很好。

狄米崔開始深情講述祖父的故事。他的祖父以務農為生，超級會烹調乳豬。接著狄米崔便細說起個中藝術：如何快速、人道的屠宰牲畜，然後將其製成香腸和排骨。此外他也非常喜歡吃甜食，狄米崔一講起自己對百萬富翁蛋糕[3]的熱愛便停不下來。

3 譯按：一種濃郁、多層次的蛋糕。

對於沒有過這種經歷的人來說，在瀕臨餓死邊緣繼續聊食物，聽起來大概是種折磨。但其實這麼做有助於讓腦袋分心，讓我不再執著於剝奪之苦，而且反正我的味蕾也沒有用處。在經歷只有爛麵包能吃的兩星期後，我已經無法想像其他味道了。

那天晚上，我們三人無精打采的坐著、百無聊賴，於是我們決定到自己最喜歡的超市來場虛擬購物之旅。我們討論各自的購物清單，以及晚餐要煮什麼。狄米崔講述著他會如何準備錫爾尼基（syrniki），那是一種加滿起司的漂亮烏克蘭鬆餅。他在說話時，我彷彿真的能嚐到味道。

當然，還有酒！我一直都不能分辨葡萄酒的風味（對我來說，白酒就是白酒），但在經歷長期的圍城飲食和只有麵包的監獄飲食後，我卻突然說得出超市就能買到的夏布利白酒（Chablis）有何細微風味了。

約莫兩小時後，我們想起自己身陷囹圄，外面同時正打著一場慘烈的戰爭，情緒壓力隨之襲來，令人壓抑得不可思議，幾乎要讓我們患上幽閉恐懼症。我頓時無話可說，談論食物已變得沒那麼有趣。

但由於有太多時間想東想西，我便擔心起了拉瑞莎、我的家人以及未來。我不時低頭看著胸口刺青，想起和妻子共度的美好時光。我真的非常愛她。接著，我開始恐懼自己可能再也見不到她了。

這可不妙。我知道心志是被俘時的重要武器，卻也是個可怕敵人，若我控制不了思緒，思緒便可能會輕易背叛我。我感覺翻滾的情緒蔓延到心肺，使我的胸口緊縮、呼吸變得短促起來。我的肩、背、頸部的肌肉疼痛收縮著，意志感覺瀕臨崩潰。

以上都是即將患上憂鬱症的警訊，我與前任慘痛分手時，也曾經歷過這些症狀。那時我學會為傷痛命名，因為我聽說，有些治療師會協助客戶識別和命名痛苦的情緒經驗，這麼做有助於他們跳脫當下的問題。我還聽說，若能跳脫問題，並改從旁觀的角度審視情況，就能更有效的應對情緒創傷。

我住在貝福德那段時間，第一次婚姻失敗後也使用了這種技巧。那時我將憂鬱時刻稱為「黑雲」，我也變得相當擅長發現觸動情緒的因素。如果我哪天過得不順，或是發現自己正為人生的方向苦惱，我就一定會告訴周遭的人。這樣他們就能理解我的心情——我也能理解我自己。

在黑牢裡，我為這種新的痛苦取了個不同的名字：「重擔」。若是我的心境陰鬱起來，我就會特意告訴狄米崔和奧列格。

「大家，我今天感覺不好。」我輕聲說道。接著我們會一起嘗試用各種笑話和故事來活絡氣氛。但我知道，照看其他人也很重要。隔天早上，我見狄米崔蜷縮在床墊上，把床單往上拉蓋住頭。我能從他顫抖的肩膀看出他正在哭。

「嘿，」我說道，並把手放在他的肩上：「怎麼了，兄弟？」

這傢伙看起來很難過。「我覺得我永遠出不去了，」他悲傷的說：「所有我愛的人……他們甚至不知道我在這裡。他們可能已經覺得我死了。我可憐的媽媽……。」

狄米崔的狀況糟糕至極，整個人陷入了毫無希望的階段。我曾學到過，分離的痛苦足以殺死囚犯，所以我試著為他打氣。

「別擔心，我們會渡過難關的，」我說：「先別放棄。」

為了振奮精神，我提議我們三個都記住彼此家裡的電話號碼。如果我們有誰獲釋，或者萬一能夠逃脫（機會非常小），第一個電話就打給其他獄友的親人。我們接著花好幾個小時複習這些數字、考考彼此，直到大家都記熟了各組號碼為止，就如記住我們自己的生日或密碼一樣。我們有次還倒著記誦，純粹只是為了增加挑戰難度。

「我保證，如果我比你早出去，一定會打電話給你的太太。」奧列格在我們練習的結尾說道。

大夥肯定靠著背誦消磨掉了大半天，就像小孩背誦九九乘法表一樣一次次的背。而耗費這樣的心力是否值得？這無關緊要，重點是我們都偷得了一點時間，用以想像離開黑牢後的人生。

第十六章　請問我能和首相通話嗎？

今天，我又去了檢察官辦公室。

至今，這段車程已變得像星期日開車繞家附近的鄰里兜風一樣熟悉。還有什麼可期待的呢？為保持思維活躍，我認真研究沿途的每次轉彎和動作，每次都是這樣：汽車先右轉彎四次；然後沿某條主要道路行駛，也許是中間有分隔島的雙車道；接下來是兩次左轉……。

我注意任何奇怪的細節，像是去程總是需要約十五分鐘，回程卻只需十分鐘。所以，我們去程走的是單行道嗎？如果駕駛打開廣播，我也一定會仔細聆聽有沒有任何有關戰爭或烏克蘭的消息，希望能讓心情好起來，或聽聽看有沒有能與狄米崔和奧列格分享的有趣話題——任何能讓他們開心的話題。

這次抵達前的路線略有不同，等到我的小樂趣和遊戲結束後，便被帶進一棟建築，一名警衛逼著我坐下。然後我聽見了一個熟悉的聲音，身體隨即因腎上腺素和雞皮疙瘩而陣陣刺癢。是頭套先生。我準備完蛋了。

「哈囉，肖恩。你好嗎？」

老兄，講得一副你在乎一樣。「我很好。」我撒了謊。

我的頭罩被扯下，我注意到房裡站著另一個男人。在我被俘期間遇到的所有怪物中，他算得上是最大隻、最可怕的。這傢伙的身材就如重量級拳擊手，身上的鬍子、肌肉——和積聚的怒氣——看起來至少一百三十公斤重。

「媽呀，」我心想：「他看起來就像武技族[1]。」

頭套先生伸手探進口袋：「想抽根菸嗎？不好意思啊，我只有俄羅斯的牌子。」

我伸手取了一根：「老哥，老實說，就算你說是蒙古的牌子我也會抽。」

真希望能收回這個玩笑，但它帶來的反應令人驚訝——也很奇怪。頭套先生竟笑彎了腰，然後他轉身對同事轉述了笑話。瞬間感覺地面像在震動，那個丘巴卡[2]（Chewbacca）竟然也在大笑。

1 譯按：《星際大戰》系列電影中高大、多毛的外星物種。
2 譯按：《星際大戰》的武技族角色。

「說得好，肖恩，」頭套先生邊說邊平靜了下來：「真的很搞笑。現在的計畫是這樣，有個叫羅曼・科薩列夫（Roman Kosarev）的記者很快就會來採訪你。你得配合才行，因為假如你不配合的話……」他伸出拇指，指向長得很像會走路大地毯的那人說道：「……這位先生就會把你搞得很慘。」

頭套先生示意科薩列夫和他的攝影組進來。「哦，肖恩，還有件事，」他隨口說道，像是突然想起來似的：「你聽說過馬立波的紅十字會嗎？」

這引起了我的好奇，誰會完全不知道紅十字會？

「是的，聽說過。」

「你對他們了解多少？」

「他們是國際組織。人道主義那種團體。他們的志工會到戰區幫助傷者、無家可歸的人……。」

「謝謝你，肖恩，但我不想知道他們詳細在做什麼。我只想知道，你知道馬立波的紅十字會嗎？」

「嗯，知道。」我說。

他嘆了口氣。那個武技族上前走向我。

「他們在馬立波駐點過嗎？」頭套先生問。

這些資訊在戰爭爆發時早已傳遍網路，於是我點點頭：「他們幾乎會協助所有戰區。但我想，他們大概在入侵開始時就撤離了，情勢對他們來說太危險。」

頭套先生和丘巴卡退下，一直在門口等候的科薩列夫被帶進來。他的記事本上寫滿狗屁不通的問題，錄音機已經開啟，一名攝影師隨侍在他身旁。但他在坐下時身子明顯縮了一下，要不是我的外表，就是我的氣味冒犯了他。

坐下後，他立刻指控我是納粹分子。我注意到他說話有種奇怪的加州式鼻音，大概是為了與西方的普丁粉絲交流吧。我嘆了口氣，這些人又在作秀了，煩死了。我厭倦被當作宣傳工具。我很生氣，非常生氣，但我無意向敵人或他們的記者好夥伴表露情緒。鬧脾氣或是道出真實感受，只會讓俄羅斯得逞。於是我改為緊閉雙脣，努力回想以往更幸福的時光。但它們似乎都正在消逝。

◆◆◆

幾天後，有個自稱是典獄長副手的人來到我們牢房。我們罩住頭站在後牆，那人問我們這幾星期以來有沒有洗過澡。我分不出他是不是在戲弄我們——畢竟我們又不是住在設施完備的套房。我上一次認真洗澡和刮鬍子，肯定是在戰爭開始之前了。這時我的褲子都已緊貼大腿和屁股，就像第二層皮膚一樣。

「呃，沒有。」我緊張的說。

俄語的喊叫聲隨之響起：「瓦西里奇（Vasylich）說謊！他沒帶他們去洗澡過。他們告訴我了。」某個人（大概是瓦西里奇）可要倒楣了。

最後，我們被拖離監視器範圍。老實回答也是一種罪行，瓦西里奇（不知這人是誰）接著便下令守衛毆打我們。厚重的靴子、拳頭和警棍猛落在我們的腿、背及手臂上。過了一陣子後，這種老套暴力行為大概讓他們膩了，因為我接著便被扔向門框、被踹上樓梯，然後有個聲音命令我全速衝刺。

「什麼意思？」

一隻拳頭打進我的肋骨。有人大喊：「跑呀，蠢蛋！」

我被蒙住頭，根本看不見路，但我慢跑著，繼續跑著，直到無可避免撞上一堵牆為止。我的臉先撞了上去，然後重重摔到地板。我的視線變得模糊。守衛們卻在我身旁哈哈大笑。

等大家——我們和動粗的人——都穩住呼吸後，我們被帶到樓上一間潮溼陰暗的浴室，還有人遞給我一組電動剪髮器。

「剃頭，」一名衛兵粗聲粗氣的說：「然後洗澡。你們有二十分鐘。」

他指著牆上的水龍頭。而我一抬起頭便看到了蓮蓬頭，我祈禱我們的洗澡水會比平常喝的黃色液體稍微不臭一點。但接著我看到了最可怕的一幕——那裡有一面鏡子。我慢慢靠近它，凝視著鏡中身影。那人是我，看起來卻如鬼影般面目全非，難以辨識。

我的皮膚幾乎變得半透明，下巴、顴骨和眼窩的邊緣清晰可見。我身上完全沒有脂肪，肋骨一排排清楚凸出。**我看起來他媽的就像一架管路根根分明的暖氣機**。幾個月以來我都沒照過鏡子，見自己的身體如此衰弱，令我大感震驚。

我全力掩飾自己的恐懼，並看向另外兩人，只見他們也上前打量自己的外表。大家看起來都糟透了。我的身體臭得不像話，頭髮又長又亂又油膩。口氣也刺鼻難聞，因為我好幾個星期沒刷牙了，臼齒都變得毛茸茸的，舌頭上也布滿發霉的黏稠汙垢。我甚至曾嘗試用指甲刮掉牙齦邊緣的牙垢，可是指甲上也滿是髒汙。我感覺整個人都要分崩離析了，但俄國人可沒有任何理由擔心我的口腔健康或個人衛生。

我難過的用電剪推過狄米崔的頭，感覺越發焦慮不安。有什麼事正在發生。隨著幾縷濃密的頭髮落在地上，我感覺自己正在喪失人性，同時有點害怕。我有預感，我們三人將再次被推上舞臺作戲。但是為了什麼？然後我懂了。在我的上一部宣傳影片中，科薩列夫被我的樣子和臭氣嚇著了。所以他們才會賞我一次DPR式水療服務！大概有人覺得，我的外表不能打好公關。

這幫王八蛋，總是只在乎表面功夫，我暗暗的想。

我在剃光頭髮又照了一次鏡子，期盼能出現奇蹟讓我脫胎換骨，可我看起來更糟了。奧列格打開仰賴水泵驅動的蓮蓬頭，我們輪流在溫暖得令人驚訝的水流下清洗，接著用髒衣服充當毛巾擦乾身體。

我盡可能的清理腿部和手腕的傷口，但也不可能洗得多乾淨。縫線處看起來髒兮兮的，紗布也浸滿膿液，散發出一股噁心的氣味。但願傷口不會嚴重感染，可是若沒有肥皂或殺菌藥劑，這個問題幾乎無解。

我知道自己不該老是往壞處想，所以試著逗其他人笑。

「我感覺煥然一新呢。」我一邊說，一邊在水槽邊假裝打扮自己。但我只是在亂講：我感覺糟糕透頂。然後我提醒自己，洗澡肯定比耳朵受電刑要好多了，所以我把現在的處境當成一次勝利。

最後，我們沒有時間再做別的事，守衛就命令我們到走廊再挨一頓打。隨著拳頭如雨般落在我身上，我也在腦中重複著這個笑話：肖恩，你全身上下的孔洞都已經洗乾淨了，你現在是個煥然一新的人！真希望謊言講久了，連我自己也會相信。

◆◆◆

終於，當我們被帶走時，衛兵讓我們站著往前彎腰、對折身子。接著黑曼巴便輪流落在我們的肩上。沉重的撞擊讓我透不過氣，使我跪倒在地。我大口喘息著，感覺自己暫時癱瘓了，脊椎彷彿已被擊碎，肺部也遭刺穿。但疼痛是不會擊垮我的，我不允許這種事發生。我擺出一副挑釁的神情，站起來講了個笑話。

「噢，你好像治好了我壞掉的椎間盤。」我喘息道。

踹在我肋骨上的幾腳，警告我別再搞笑扮演丑角。笑出聲的狄米崔也受到相同待遇。我們被帶回牢房，門重重的關上，我們仍呻吟著咯咯笑，儘管大笑也加劇了我們背傷和肩胛骨的疼痛。

這一次，儘管痛苦，但能換取歡笑也值得了。

在監獄裡，無聊是最糟糕的部分，我必須集中精神才能阻止大腦崩潰。但心裡的重擔讓我總是處於被擊垮的邊緣：我擔心我的手機被發現；我擔憂著拉瑞莎的安危；同時也擔心我的兒子，我想知道他在英國過得如何。

他在新工作上表現如何？我想，他前途無量，應該正要好好享受人生……。

那天夜裡稍晚，我甚至擔心自己再也感覺不到陽光灑落臉龐，再也感受不到海灘漫步時腳踩過沙子的沙沙聲。在這種時候，我會盡全力讓自己分心。我會和狄米崔聊天、努力與奧列格溝通。可是，我還是很難不感覺自己正慢慢失去使我身而為人、身為一個個體的所有特質。每次我使用排泄水桶時，就算是在淋浴之後，從雙腿間飄出的惡臭也讓我噁心反胃。如果可以，我大概願意付出一切交換一塊香皂。

我的情緒狀態非常糟。也許是因為洗漱，也許是因為那短暫提醒了我照顧好自己的感覺，但最重要的是，我想再次以自己的外表為傲。幾天後，我只是在牢房一角找到一粒小石頭，感覺卻像史詩級的發現。突然間，我得到了一把臨時指甲刀，於是我開始修理變形的腳趾甲，以石子的粗糙表面打磨邊緣硬皮。

我努力迅速完成這一切，以免在監視器上引起任何注意。我花了一分鐘處理一隻腳趾頭，接著便把石頭收起來，等我覺得時間過得差不多後再繼續修整。這個過程讓我感覺充滿目標，也讓我覺得自己正在戰勝守衛。

這使我自覺不再那麼像流浪漢了，但我特地不花太多心力處理手指，因為我的手會出現在每一部宣傳影片，而我想讓自己看起來足夠頹廢。重點在於讓我的外表反映出真實處境，世人應該要知道，我正受到狗屎級的待遇。

每回死亡金屬音樂減弱，我就會繼續研究監獄的步調。即便我們看不見牢房外的情形，仍能試著聽聽看外頭發生了什麼事。起初，我以為蜂鳴器響起的時間已讓我習得清晰的時間感：早上六點一次；晚上十點一次。但經過一段時間後，監獄裡的活動行程似乎有變。

在我入獄幾星期後，每天負責為我們送餐的女人似乎比剛開始晚到許多。而原本我也能根據守衛的輪班模式（他們通常於早上八點左右交接）來推測時間。由於監獄的運作是按照軍中行程作業，這些活動必然會如發條一樣準時發生。所以，等到早上的蜂鳴器在警衛換班後才響起時，我發現了：**這些混蛋改了鬧鐘設定，他們想擾亂我們**。

要是黑牢裡的音樂停止超過幾分鐘，那就表示有什麼事發生了——要不是我們其中一人要被帶走拍宣傳片，就是有某個大人物（可能是可怕的人物）抵達了監獄。這種時候，我就會豎耳傾聽，因為靜止的時刻常讓人能感受到我們在監獄裡的位置，以及周遭可能的動靜。有時我們能聽到附近有汽車或卡車的倒車聲。這表示我們的牢房離某個入口很近。在引擎熄火聲之後，偶爾也會出現叮噹作響的金屬聲。

「是囚車後面的金屬臺階，」狄米崔有天早上說道：「他們把更多人關進來了。」

他說得對。接下來幾天，臺階的聲響變得司空見慣，我們常聽到衛兵嘶吼著老戰爭片裡的那種德語，例如注意點（Achtung）！動作快（Schnell）！他們也常吼著「納粹」一詞，這表示俄國人已經抓到更多烏克蘭軍人了，而普丁的狗屁論調還是被DPR軍隊奉為聖旨。

我們對囚犯增加的懷疑，後來也獲得證實——牆上接近天花板處有個小洞，從那裡，我們能聽見隔壁牢房有人的動靜，腳步聲、打呼聲及血淋淋的施暴聲常會迴盪在我們窄小的空間裡。有個守衛還稱那位神祕住客為「愛爾蘭豬」。奇怪的是，有鄰居的感覺還挺好的。偶爾我會有衝動想和對方打聲招呼，但每回都打消了念頭，光是想到被黑曼巴打碎脊椎就令我害怕。

我在黑牢時，有次被叫去見一位叫波波夫（Popov）的人，波波夫——若俄國人說的話屬實——是我的社工。在被關押約四星期後，這事感覺像個病態的笑話，但他帶了些消息給我。

顯然，這些關押我的人，有意用我來交換親克里姆林宮的烏克蘭親俄政治家維克多・梅維楚克（Viktor Medvedchuk）——他也是普丁女兒的教父，目前被軟禁於基輔。突然間，我感到腎上腺素飆升，甚至能說是充滿希望，雖然我仍覺得事情不會如此順利。

接著，波波夫的解釋證實了我的疑慮：若要促成換囚，必須由我透過西方的幾家媒體宣傳此提議。不過有個條件，波波夫堅持認定頓內茨克人民共和國是合法國家，與我對話的任何媒體都得承認這點。

「肖恩，哪家媒體是你公布這件計畫的最佳對象？」他問道。

我必須迅速思考才行。要英國政府與他們認定為恐怖分子的人交涉絕無可能，而我也猜測，這樣的交易還得讓烏克蘭領導層同意釋放梅維楚克，英國人可無權決定。還有一件事，絕對沒有一家英國報紙會認可DPR是合法國家，但我必須想辦法為自己謀一條生路。

我不確定有沒有人看過我的宣傳影片，也不確定這些影片究竟有沒有釋出。然而，若能讓國內大眾知道我被當作人質，人們就可能會施壓當局釋放我。最後，我一連舉出幾家知名媒體的名字，也如實說明他們的政治傾向，最後決定推薦《太陽報》（*Sun*）。

波波夫看起來很感興趣：「為什麼選他們？」

「因為《太陽報》能吸引各式立場的讀者，」我說：「我覺得其他報紙可能會對你的論調頗有微詞。」

波波夫遞給我一支電話：「打給他們。別忘了解釋你被DPR抓到，目前人還在他們手中。」

我聽見英國的電話鈴聲，波波夫向我打了個手勢：「對了，肖恩，別提到你的生活環境。」

電話很快就接通了。我先設法說服服務臺相信，我確實是肖恩·平納，而不是某個想出名的投機人士或YouTube網紅，之後便被轉接給《太陽報》新聞臺的一名記者。

「我目前人在烏克蘭東部的頓內茨克人民共和國，」我說，盡我所能遵守波波夫的指示：「我有話要帶給英國首相強生（Boris Johnson）。」

我聽見那人把其他人叫到他的辦公桌前，但我繼續說下去。

「我希望加入換囚計畫，與維克多．梅維楚克交換。」

《太陽報》記者插話道：「肖恩，你還好嗎？你有生命危險嗎？」

「我還好，我受到很好的待遇，至少能控制住體重。」

在不驚動波波夫的前提下，我最多只能像這樣，透露自己正在慢慢被餓死。

◆◆◆

令人灰心的是，這次計畫適得其反。幾天後我被帶回波波夫的辦公室，這次他看起來怒氣沖沖。他舉起手機上最新一期的《太陽報》給我看，這時我明白了原因。

我看見自己的照片，照片上寫著一串標題「俄軍強迫被俘英國人，要求釋放普丁的『黑暗王子』」。我接著掃視內文的時候，胃都揪結在了一起。新聞並未寫出我被脅迫著閱讀的腳本[3]，反而以勇敢來形容我，並重點引用了梅維楚克妻子所說的一段話：

3 《太陽報》後來解釋說，他們是根據英國外交部的建議，決定不寫出原本安排好的訪談內容。

> 我是奧克薩娜·馬欽柯（Oxana Marchenko），烏克蘭反對派政要、人民代表維克多·梅維楚克之妻，我欲向被俘英國公民艾登·艾斯林和肖恩·平納的親屬致意。請你們要求貴國首相強生影響烏克蘭領導階層，促成釋放艾登和肖恩來換取……我的丈夫維克多，決定操之在你們手中。

波波夫抽回手機，大概是不想讓我閱讀其他新聞，或查看梅格占星（Mystic Meg）的最新星座運勢。「為什麼他們說你很勇敢，肖恩？」波波夫說：「你做了什麼？你憑什麼成為英雄？」

沒想到我還得給DPR祕密警察上一堂媒體研究速成課，我盡力解釋起來。「你要知道，英國各家報紙都是由不同老闆經營，他們的政治立場也各有不同，」我說：「他們尊重不同黨派，對特定事件也有不同看法——這件事就是個例子。」

波波夫傾身向前。他的心情似乎平靜了下來，他也正在學習。這個論點大概也能安撫他的老大。

我繼續說下去：「各報紙對我的描述都會有所不同。另一家報紙可能就會對我有截然不同的看法。」

「你們政府對此有何看法？」波波夫問道，手上一邊搖晃著電話。

「這話是什麼意思？」

「嗯，為什麼你們的政府不告訴報紙該寫些什麼？」

我笑了，這傢伙完全不懂英國媒體的運作方式。

「在英國和一般西方國家，政府是無法大肆掌控媒體的，」我說道：「我們有新聞自由，他們想怎樣編故事都可以。」

波波夫不可置信的哼了一聲。然後他揮手要守衛帶我走。「好了，肖恩。感謝你提供有用資訊，」他說：「我們之後還會繼續像這樣和媒體聊天。」

他不是在開玩笑。不久之後，他們便命令我經由英國的環境食品暨鄉村事務部（Department for Environment, Food and Rural Affairs，以下簡稱DEFRA）聯繫首相強生，我知道此舉肯定會徹底完蛋。等我終於接通DEFRA服務臺的芭芭拉（Barbara）時，事實證明我的猜測相當正確。

「你好，是DEFRA嗎？」我努力穩住自己的聲音：「請問我能和首相通話嗎？」

芭芭拉打斷了我，這也是在情理之中。她一接到電話就猜想這大概是惡作劇：「很抱歉我幫不了你……。」

我開始加速說話：「聽我說，我是DPR的人質，他們命我帶話給首相強生。」

電話那頭陷入尷尬的沉默，芭芭拉肯定很為難。我想像她坐在某間單調、無生氣的辦公室，身邊堆滿文具和沒完沒了的文書作業，桌上還擺了一杯熱茶。

我真想立刻和她交換位置……。

「這有點超過我的職權範圍。」她終於說道。

我對此毫不懷疑。有隻手越過我肩膀，替我重重摔上電話。站在我身後的那人堅定提醒我，我必須促成換囚。

若我做不到，很快便會重上法庭，面臨一場可能賜我死刑的審判。

第十七章 用麵包、香菸挑撥離間

黑牢裡一點好日子也沒有，但最糟糕的就屬週末了——我，恨，週，末。

主要是因為，許多英國人在經過一星期的漫長工作後都會選擇放鬆。就算全國媒體都知道了我的處境，我還是擔心當權者正在與親朋好友共度週末——畢竟換作是我，我也會這麼做——而非討論如何救出像我這樣的戰俘。

就連在黑牢，週末的步調也會明顯趨緩。如今，每週五的檢察官辦公室之行帶給了我一點新鮮感，但一到星期六、日，我便知道自己不會與波波夫、DEFRA的芭芭拉或小報記者交談，只能在牢房裡乾著急。

在平日，我不時就被逼著打給各個俄國人覺得（有夠可笑[1]）能幫忙促成換囚的人物，要求釋放維克多．梅維楚克。不出所料，他們的首選是烏克蘭總統澤倫斯

1　顯然這些人不可能與他們談判，或甚至根本沒有權利促成換囚，因此作者才覺得可笑。

基，但名單上竟然還出現了安德魯王子（Prince Andrew）的女兒碧翠斯公主（Princess Beatrice）。

可想而知，電話若不是被有點常識的總機人員打斷，就是非常搞笑的結束。有天早上，我成功撥通了一位英國公務員的電話，就在談話進行到一半時，波波夫的電話竟響起一陣鈴聲——要知道，我可是和對方自稱我是獨自一人，而且是以自己的自由意志行動。那該死的時間點真有喜劇效果，波波夫隨後便用俄語大聲咒罵。

「呃，有人在你旁邊嗎，肖恩？」電話那頭的聲音問。

波波夫陰沉著臉，將手機調成靜音。

「不，我……只有我一個人。」我結結巴巴的說，雖然事實明顯得要命。

同時間，我與頭套先生的對話也變得越來越不真實。隨著談話內容輕鬆起來，我倆甚至有點投緣。我注意到，隨著時間過去，這個審訊我的人也對戰爭越發不感興趣，反而對英俄兩國的文化差異著迷起來。我明白，在極度不利於己的環境下，與人交好可能會是我最後的生死關鍵，因此我非常樂意與他交流（而我也完全理解斯德哥爾摩症候群〔Stockholm syndrome〕的概念，所以沒有落入陷阱）。

後來有一天，頭套先生給了我一份俄國電影的簡短推薦清單，我佯裝有興趣，雖然這些電影的重點全都是車臣及其最近的軍事狀況（我一個片名都沒記住）。不過，這表示聯邦安全局尚未入侵我的網飛（Netflix）帳號。如果他們成功駭入的話，就會發現新的《魔鬼剋星》（*Ghostbusters*）電影其實更適合我。

每次出行的缺點，就是讓狄米崔出現嚴重的「錯失恐懼症」（Fear Of Missing Out，簡稱FOMO）。這聽起來可能有點奇怪，畢竟我不時就會受到監視和羞辱。可是狄米崔的政治價值極低，所以他鮮少能離開我們不到兩坪大的狹小空間。那可憐人被悶得快發瘋了。如果我能得知外界的任何消息，就連天氣這種小事都能被狄米崔當作頂級情報。為了幫忙提振他的心情，我一直在注意他可能有興趣的資訊。

每當波波夫給我看包含我資訊的新聞稿時，我偶爾也會讀到一些關於整體戰況的片段訊息。我知道狄米崔的家人住在哪裡，據我所知，俄羅斯人尚未拿下烏克蘭該地區。雖然這常能讓他鬆一口氣，但這類消息相當少。

我也決定把特定細節當作祕密，尤其是在檢察官辦公室裡，有人罕見的請我喝杯茶的時候。然而，有些事卻更難掩飾。狄米崔有個厲害的本領，要是我抽了菸，他通常在我回到牢房坐下前就能嗅到。

第一次發生這種事時，他難過的看著我。「你抽菸了？」他問道。

是的。「抱歉，兄弟……。」

「他們給你什麼菸？」

「駱駝牌（Camel），不是我的愛菸。」

狄米崔倒回到床墊上、閉上眼睛，要我描述菸霧吸入肺裡的感覺。吸進來的時候，喉嚨會感覺熱辣辣的嗎？他想盡量想像菸草的味道，最後還提出了要求：下次能帶一根給我嗎？可悲的是，DPR絕不會允許，這點我們都心知肚明。但我答應他我會試試看，即便只是為了給他一點能把握的希望。

若是談到我可能被釋放的話題，我常不知道該說些什麼。我第一次提到換囚協議時，狄米崔雖然為我感到高興，但嫉妒的感覺肯定令他很煎熬。我不想讓他更亂了心神，於是也特意不為事情的新進展表現興奮之情。這也是某種自我防衛機制。畢竟俄羅斯人仍在用法庭訴訟還有潛在的公開處決來威脅我，所以我也不想太過樂觀。要是狄米崔因為自己不可測的未來感到焦慮，我就會強調，至少他不會被袋鼠法庭判死刑。

我們的聯盟已經夠脆弱了，而為了擴大裂痕，黑牢的員工還想在我、狄米崔及奧列格之間挑撥離間。每次我從宣傳會議回來後，都會發現留給我的麵包比平常少很多。第二或第三次發生這種事的時候，我就忍不住發飆了。

「為什麼我每次出去，回來都只剩一點點麵包？」我生氣的說。

狄米崔起了戒備心：「是守衛幹的！我們才不會吃你的麵包。」

可悲的是，因為我們所處的是適者生存式的殘酷境地，不論是兩種情況的哪一種，都完全是情有可原的。

◆◆◆

從外頭的聲響判斷，黑牢已經住滿了人。而除了每天的麵包送餐和水桶更換之外，我們已較少見到前幾星期那些老愛痛打我們的流氓了。狄米崔推測，設施裡的人手嚴重不足。他認為，隨著戰爭推進，黑牢員工也難以管理持續被送進牢裡的戰俘。既然我們已不再受那麼多監視，和新鄰居打招呼的時機到了。

我踮起腳尖，盡量靠近牆上的洞口。

「欸，老兄，」我低聲說道：「你叫什麼名字？」

短暫沉默後。我聽見有人拖著腳步過來：「保羅。保羅・尤瑞（Paul Urey）。」

「你在這裡幹什麼？」

「我是紅十字會的人，我被抓到了。」

所以頭套先生才會對紅十字會這麼有興趣！俄國人顯然盯上了這傢伙，他們想確認他的說詞是否為真。我之前說紅十字會早已離開的說詞也許害保羅不淺，若不是這樣的話，那就是他在騙我。我不懂他為何不和組織的其他人一起離開。這傢伙的故事有些不合常理。

「你在說謊嗎？」我說：「我以為你們在入侵前就開溜了。」

「不⋯⋯我沒說謊。我們有些人留了下來。不過你又是誰？」

「肖恩。肖恩．平納，我是烏克蘭海軍陸戰隊⋯⋯。」

「操！」保羅突然說：「操！操！操！」

「怎麼了？」

一陣停頓後，保羅繼續說：「我知道你是誰。電視上成天放的都是你的臉。我死定了，對不對？」

我不忍心告訴他，他早就心知肚明的事。

我警告保羅，我們只能與彼此分享已供給頭套先生的細節。「這是為了你的安全著想。」我說：「也是為了我們的。」

保羅開始解釋自己是如何於四月底，在札波羅熱附近的一處檢查站被ＤＰＲ抓獲，當時他和另一名救援人員迪倫・希利（Dylan Healy）在一起，只是後者被關進了另一間牢房。ＤＰＲ指控兩人是傭兵，然後將他們扔進黑牢，隨後便是連串毆打和酷刑。

然而，保羅的處境比大多數人都還要辛苦。雖然他小我幾歲，體格卻很差。保羅身形超重，還患有第一型糖尿病，需要定期注射胰島素。但他不懂俄語，直到那時都無法提出自己的醫療需求——他的身體正在瓦解。

「我可以幫你翻譯！」狄米崔熱心的說道，也許是希望藉由幫助另一位獄友，來為生活找到一點目標感。

「對，他的俄語說得比我好，」我附和道：「他可以幫忙。」

然後我轉身對著狄米崔。「但只能幫他而已……」我低語：「別讓自己太有用，不然他們永遠不會放你出去的。」

保羅還帶來許多整體戰況的消息。我原本還擔憂烏克蘭會舉國崩潰，但它仍堅持抵抗著俄軍。我真不敢相信，這個國家仍屹立不倒。這實在令人士氣大振。此外據保羅所說，還有一大群外國戰士也越過邊境前來相助。更令人意想不到的是，俄羅斯黑海艦隊旗艦「莫斯科號」（Moskva）也被反艦飛彈擊沉，這大概是俄羅斯近四十年來最大的戰時海軍損失！

聽到這消息，狄米崔、奧列格和我悄悄碰了拳頭。我們似乎勝券在握！但接著黑曼巴不祥的敲門聲響起，肯定有衛兵透過監視器發現了我們在交談。

「給我閉嘴，」有個聲音喊道：「還有別聚在一起。」

我們安靜了下來，但此刻沒有什麼能影響我們的好心情。保羅捎來了一顆正能量的震撼彈，每個人都沉浸在美好氛圍中。

「我在新聞上看到過你媽媽，」等守衛離開後，保羅繼續說道：「你現在出名了，大家都在說，你最後可能會被用來換回某個將軍或政客。」

我的腦袋嗡嗡作響。那些宣傳影片還有電話，顯然已發酵成全國新聞。希望他們現在正於幕後討論交易才好。但我不想徒增狄米崔的痛苦，於是轉移話題，開始解釋這座黑牢各式各樣的規矩，例如：蜂鳴器會響起兩次，一次叫你睡覺，另一次叫你起床；白天時不能睡覺，也不能在牢房裡運動；守衛進入牢房時，得蒙住頭、面壁站在房間後方；不管衛兵說什麼或做什麼，都別理會。

但保羅似乎沒有聽進去，我很快就隔著牆壁聽見他大聲打鼾。

狄米崔著急起來。「不好了，肖恩，」他說：「你得告訴他不能睡覺！」我立刻跳至牆邊奮力叫醒保羅，因為我知道，要是衛兵發現他在睡覺，他的肋骨肯定會被打斷。

「兄弟，醒醒！」我小心的提高聲量，同時避免驚動經過的哨兵。

保羅被驚動了，我聽到他打著呵欠。「別睡著了，」我說：「如果惹他們生氣的話，你會挨揍的。然後他們也會打開我們這間牢房海扁我們。」

但我的動作還是不夠快。靴子踏步的沉重聲響從走廊上傳來，衛兵們已聚集在保羅門口。隨著鑰匙插進鎖頭的叮噹響聲後不久，我就聽到了哀嚎。保羅被扔到牆邊、飽受一頓拳打腳踢，被揍得不醒人事。

「你這頭愛爾蘭蠢豬！」有個警衛一遍又一遍的喊道。

我感到反胃，於是癱倒在床墊上、雙手抱頭。自己挨打已經夠糟了，聽到別人慘遭毒打也已成為黑牢生活中的另類痛苦，並造成我深刻的心理創傷。等到重擊和悶哼聲終於結束，保羅躺在地板上嗚咽著，我也試著向他解釋他行為造成的後果。但在大約一小時後，他又開始打呼了，那慘痛的輪迴重新開始。接著守衛也把怒氣發洩在我們身上。

我猜測，保羅的許多問題都源自他未受過軍事訓練。他不懂恪守命令之必要，當然更沒有學過在成為戰俘時該如何生存。結果就是，他必然會一再犯下相同的錯。保羅的健康正處在危險邊緣，但這也無助於改善他的處境。大約一天後，我在接受審訊時向頭套先生解釋道，我們附近有個囚犯情況相當危急。

「你怎麼知道隔壁牢裡有個英國人？」他問道。

「守衛聽不懂他說的話，我們曾幫忙翻譯。」

接著是一陣尷尬的沉默。

「他的胰島素有問題，」我解釋著，希望能為自己開脫：「拜託了，你能幫他找個醫護人員嗎？」

頭套先生哼了一聲，我便當作他同意了，那天稍晚便有個醫生來治療保羅。他走後，衛兵卻打了我一頓，因為我竟敢提起翻譯的事，這顯然讓他們臉上無光。不過，次日他們又要我們為保羅翻譯。

「你們不幫忙的話，就有苦頭吃了！」有個守衛喊道。

我們就這樣被困在暴力和無助的惡性循環裡。

◆◆◆

保羅說得沒錯，監獄裡關於我的換囚風聲似乎越來越熱絡了。在另一次宣傳會議上，他們再次告訴我，俄方必須用我換回梅維楚克，而我接下來的任務就是向英國外交部灌輸同樣的想法。在一段影片裡，我被逼著朗讀一段致首相強生和一長串政治人物的腳本。在我說話時，滿臉兇相的記者魯登科也維妙維肖的擺出一副菲爾・密契爾（Phil Mitchell）[2]的模樣——身穿俗氣的皮夾克，一臉威脅的盯著我。

攝影師大聲唸出指令：「告訴他們你的生命有危險！」然後按下錄影鍵。

我盡力唸過臺詞，但那文字稿完全是一團糟，每句話都很突兀，搞得我總是結結巴巴的。一旁觀看的俄國人對我的成品並不滿意，尤其是頭套先生，顯然我聽起來不夠害怕。等我把話說完，他雙眼緊盯著我，面罩下的那張臉肯定很生氣。

「聽我說，肖恩，」他陰狠的說道：「你必須表現更好才行，比現在更好。你得讓影片看起來很真實。」

「但我已經盡力了，我真的很害怕……。」

「下次再賣力一點……你知道，如果想要的話，我也可以砍掉一、兩根手指，好讓情緒更逼真一點。」

2　英國影集《東區人》（*EastEnders*）裡的嚇人流氓角色。

我連忙搖頭：「沒必要這樣！我會再試一次。」

我全心全意投入角色中，想像著大鐵鉗將小指剪成兩半的痛苦。

「強生先生，」我說：「我是肖恩．平納，您知道，這五、六個星期以來發生了許多我不完全曉得的事情。不過我清楚知道，梅維楚克先生正被拘留，而我們希望能用我和艾登．艾斯林來換回梅維楚克先生。

「非常感謝您在此事上的幫助並推動此計畫。我自己也受到很好的待遇。我完全理解我現下的處境，但我們有食物吃、有水喝，我話只能說到這邊了……。」

我的聲音因恐懼而沙啞。

「我謹代表自己和艾登．艾斯林，懇求您幫助我們，換取釋放梅維楚克。」

拍攝結束後，頭套先生看起來很滿意。

「很完美，」他說：「做得好。」

我走回牢房，一邊鬆口氣一邊扭動手指。目前一切順利，至少我還沒斷手斷腳。

第十八章 給普丁的侵略一個正當理由

五月中旬左右，奧列格被轉移到另一處設施。某天早上他被帶走並接受審問，下午又被扔回我們的牢房，還穿著一套全新的衣服。

「奧列格不知道自己會不會接受審判，」狄米崔翻譯著他的話：「他們說可能會判他緩刑，但沒有人解釋他會怎麼樣。」

奧列格看起來嚇壞了。

不久後他就被帶走了，第二天，一名新囚犯取代了他的位置，那個被守衛們稱為「莫羅克」的人，他是我在前往檢察官辦公室路上遇到過的孩子。他的名字叫布拉辛（Brahim），和我一樣原本在伊利奇的第一營作戰，不過他隸屬於迫擊砲師，這讓我立刻就對他產生了好感。

布拉辛大概只有二十一歲，但他似乎很樂觀，並不擔心我們的處境。我注意到，在狄米崔講述他自己的故事，並表示害怕將在牢裡度過餘生時，布拉辛馬上拒絕任何帶有負能量的話語。

「我百分之百確定，肯定不會發生這種事。」他說道：「你們會回家的。」

接著布拉辛便解釋自己患有注意力不足過動症（Attention Deficit Hyperactivity Disorder，簡稱ＡＤＨＤ），事實證明這是福也是禍。好處在於，他的精神充滿感染力，總是笑話說個不停。這雖然有助於提振心情，但也很快就惹惱了衛兵。我們一起大笑的時候，黑曼巴總會撞在我們牢房的鋼門上。

「別再笑了，」有個聲音喊叫道：「否則我就讓你們笑不出來。」

布拉辛性格的壞處則是，他總是喋喋不休（或者說，他沒辦法控制自己），他會從一個話題轉到另一個話題，從來不停頓，我知道他遲早會把我煩死。那天晚上，就算在鈴聲響起後，布拉辛仍不住口，儘管他至少壓低了音量。他一路聊到他會說四種語言，全都是在網路上學的，以及他在戰前原本正在學習電動機械學……。

終於，布拉辛冷靜了下來，不過他還是惹出了一些小插曲，包括他堅持要睡在我和狄米崔中間，以及不知何故，布拉辛也堅持拿著監獄發給我們的塑膠頭罩。所以夜裡一有人翻身，袋子就會發出聲響吵醒大家。但即便如此，布拉辛的到來還是讓人感覺呼吸到了新鮮空氣。連狄米崔的陰鬱心情也消散了，他肩上的「重擔」頓時減輕。

我沒多久便發覺，布拉辛偶爾煩人的特質，全然無礙於他富有影響力的個性。那個星期五，當我們被帶到檢察官辦公室時，我注意到他在一張紙上塗鴉。我看過去，只見布拉辛已畫出一張複雜的太空船設計圖，看起來厲害極了。

我指向那張設計：「兄弟，那是什麼？」

「我整天都在畫這些東西，」布拉辛不好意思的說：「在俄國入侵之前，我原本有段時間想成為火箭科學家。」他一邊笑著，一邊翻到下一頁。「但這一張更好！」布拉辛指著一張畫得亂七八糟的老二塗鴉說道，他在圖的下方用特大號字體寫上「做愛，不作戰」的口號。

「布拉辛，把這東西藏起來吧，」我笑著說：「畫這幹嘛啊？」

「因為希望總是存在，肖恩，」他說：「千萬別忘記。」

◆◆◆

保羅．尤瑞消失了。我們不確定敵人是把他連同其他非政府組織成員一起送到了俄羅斯更深處，還是發生了更可怕的事。我們盡量不沉溺於負面情緒。畢竟執著於掌控不了的問題對大家都無益。不久後，我們走廊上空出的牢房就擠滿了更多新抓獲的戰俘。我們聽見毆打聲、隨毆打而來的哀號聲，還有帶著不同口音和語言的懇求聲。

其中有些講烏克蘭語，有些則說英語，而其中一聲「去你媽的！」絕對來自我認識的人。隔壁的聲音無疑屬於一位名叫約翰・哈定（John Harding）的士兵。千真萬確。

我們倆在敘利亞作戰時相識，約翰是曾打過福克蘭戰爭的退伍老兵，也是非常優秀的戰地醫務兵，當時他五十多歲，現在肯定快六十歲了，這可不是好兆頭，尤其在他註定會挨個一、兩頓毒打的情況下。

參考我的親身經歷，還有看著狄米崔和保羅等人接受訊問和挨打的過程，我已逐漸掌握黑牢的遊戲模式。最初兩星期的目的全在於威嚇，那段時間是最可怕、最暴力，審訊也最為嚴厲的。此後強度便逐漸減弱，大概是因為俄國特工部門想要的情報類型（如軍事陣地、人員和任務的詳細資訊）此時已經過時。從那時起，如果囚犯安分點的話，日子也會相對好過，雖然不惹麻煩的念頭通常只是痴心妄想。

我已經撐到了這階段，布拉辛和狄米崔也是。但約翰的到來可能會再次把我推回火線——他也在摩爾多瓦度過那個醉酒的週末，身上也有那個「美好時光」刺青。艾登也有，但他的刺青是在幾個月之後才自己去紋的。我們之間這種明顯的關聯，有時會讓我徹夜難眠，就像我沉在池塘底的手機。

但至少在此刻，還沒有人將艾登前臂上的刺青與我聯繫在一起，因為我們一直被分開，可能也由不同的人審訊。而運送我們往返檢察官辦公室的DPR衛兵則永遠一副神經大條的樣子，這讓我感到些許安慰——我不覺得他們有誰能將兩者聯想到一塊。但我離約翰如此之近，隨時都可能會有人發現我們的刺青，並呈報上級。如果頭套先生知道艾登、約翰和我之間的關聯，我肯定就會再次被電刑伺候，毫無疑問。

從他受到的羞辱來看，約翰就像我們大家一樣，被指控為亞速士兵。但這些指控聽起來都比以往更尖銳，也更兇猛。衛兵每次進入約翰的牢房，就會怒吼他是納粹分子。他在頭幾天確實比我挨打更多次，這表示敵人掌握了一些對他不利的消息。

不過諷刺的是，約翰的意識形態和政治傾向，根本與克里姆林宮宣傳機器塑造的烏克蘭右派侵略者八竿子打不著。他是個愛國弟兄，但在政治光譜上相當左傾。雖然我在敘利亞通常會避免與約翰聊到政治，卻還記得約翰告訴過我，他對工黨的堅定支持。

約翰在涉及宗教或政治的話題上，特別能言善辯。他老愛引人與他討論，接著以智識輾壓對方。而當他沒有參與這種總是高下立判的爭辯時，喜歡讀詩或誦讀莎士比亞（William Shakespeare）的作品。若我能變成牆上的蒼蠅、偷聽他與頭套先生的對話，肯定會很有趣。

當約翰抵達烏克蘭時，他的年紀已經不大適合上前線了，所以他轉而負責教授亞速國民警衛隊醫護技能，接著便和我們一樣被調入海軍陸戰隊。起初，他向部隊教授基礎戰傷救護以及如何治療重傷。上級很喜歡他，因為他曾是英國陸軍的傘兵，經驗豐富。後來，他在烏克蘭協助救援時保住了一名踩到地雷、雙腿被炸斷的司令。約翰當時發現傷者大量失血，生命垂危，因此立刻為他輸血。儘管這名司令後來得仰賴義肢才能行走，仍開玩笑說約翰的輸血是「他一生嘗過最美味的飲料」。約翰相當樂於與烏克蘭軍方合作。和我一樣，他也喜歡在異國他鄉當個了不起的英國人，馬立波市對約翰來說也是完美的退休地點。

雖然約翰還活著讓我很開心，但他的「美好時光」刺青讓我憂心。我擔心自己會像頭幾次審訊一樣，再次被刀刺和電擊。這種焦慮感，讓我花了好幾天才鼓起勇氣打招呼。雖然監視器配有麥克風——我們必須假設衛兵什麼都聽得到——不過我們與保羅聊天時確實也沒人挨打。但這一次風險就大了不少，要是俄羅斯祕密警察最終將我與約翰聯想到一塊，並認定我也是亞速的人，那錄下我們談話的影片只會成為他們的武器，尤其若法庭案件繼續審理的話。另一方面，我要是從始至終閉上嘴巴，就能合理否認這一切。不過最後，我還是讓謹慎隨風而逝。

「約翰？約翰．哈定？」我靠向洞口說道。

我聽見約翰拖著腳步走近：「什麼？」

我小聲用氣音說道：「兄弟，我是肖恩．平納。」

「什麼？」

「我是肖恩．平納。」

但約翰沒有回應，然後我想到一個絕對能逗他笑的方法。在我入伍前，有些澳洲友人曾給我取了「小雪」（Snowy）的外號，因為那時我把頭髮漂成白金色，結果這個綽號在整段軍旅生涯一直跟著我。約翰很愛這個玩笑，並總是一再提起。

「我是肖恩……小雪啊。」

幾秒沉默後，約翰才開口：「現在在下雪？什麼意思？這是某種暗語嗎？」

這時才我想起，約翰在敘利亞打仗時已近乎失聰。人要是與重型火砲共處四十多年就會發生這種事，親歷馬立波被炸爛的現場更沒有幫助。

「約翰，你聽得見我說話嗎？」我再次開口，卻只換來沉默。看來他確實聽不見。

我想提醒他黑牢的規矩、想告訴他這裡會發生什麼事，更想讓他了解戰爭和烏克蘭的處境。第二天，衛兵進來痛打了他一頓，留下呻吟不止、說不出話的約翰，我很想安慰他，並告訴他一切都會沒事的——儘管我知道結局可能並非如此。

◆◆◆

形勢對我們越來越不利。雖然我仍感覺俄羅斯人需要像布拉辛、艾登，和我這樣的戰俘來保證換回梅維楚克，但黑牢的配置正是為了擊潰階下囚的精神，無論這些囚徒最終是否會獲釋。這裡沒有藏身處、沒有窗戶，好幾天都見不著日光，這已經夠糟糕了。但俄國人也深知，人的胃就如第二大腦，可以加以利用來摧毀心志。現在我們得到的食物，本身感覺就像是一種虐待。

連續幾星期只靠麵包和髒水充飢已經夠糟了。身體也需要大量液體才能消化一塊麵包，而我們已經嚴重脫水。到了五個星期後，連上廁所的動作都像是種肉體折磨：我拉著如煤渣磚般的屎，每次用力內臟就一陣痙攣——但我不會讓這種事擊潰我。

我一直在尋求心理上的勝利，若檢察官辦公室有人罕見的讓我抽支菸，我就把這當成是一份大禮。如果我在從一處移動到另一處的途中，能感受到陽光照在手上，我就會想像自己在海邊度過了一天。若不這麼做，我就只會陷入極度糟糕的處境：不斷想著自己永遠無法離開。狄米崔就經常落入此陷阱，但我知道，悲觀的話說久了便會成讖。我和布拉辛一樣，決心杜絕悲觀心態。

布拉辛也明白微小勝利的價值，我們也想出幾個得到小勝利的新方法。比方說，我們每次乘車前往檢察官辦公室時，都會記住通往黑牢出口的路線，盼著若有脫身機會，我們就能準確知道該往哪跑。最後，等我們回到牢房，就悄悄簡述任何新情報。大家後來也發現，其中一名衛兵相較於其他人，似乎對我們的恨意較低，於是便盡力與他交好。聊了幾天後，他提議多給我們的牢房一些好處。

「你們要是唱〈頓巴斯祈禱〉（*Donbas Prayer*）來聽聽，我就多給你們幾片麵包。」他說。

我們知道這場表演不會被拍下，也不會被用來作為不利我們的宣傳，所以便站起身、咬牙唱起了親俄的歌詞。歌曲裡講述著天空在燃燒，而上帝與俄羅斯同在。接著牢房門外推進了一份額外麵包，表示勝利到來，我們也用力慶祝。在這場消耗戰中，這是我們唯一能有些許控制的事。

◆◆◆

在俄羅斯人極力羞辱我時，這些小勝利感覺更是甜美。將近五月底時，我被叫到檢察官辦公室接受一位女士的採訪，她與知名的「今日俄羅斯」（Russia Today）新聞總編、眾所皆知的「宣傳門面」瑪格麗塔．西蒙尼揚（Margarita Simonyan）像得驚人（雖然他們從未正式為我介紹她）。大家都知道西蒙尼揚滿嘴狗屁，美國國務院形容她「善於把謊言當作真理，同時面帶微笑」。

等我到達時，某個人說明這位女士將會用 iPad 以 YouTube 頻道主羅素．班特利（Russell Bentley）預錄的問題來進行訪談。班特利是個親普丁的美國人，外號「德克薩斯」（Texas）。若謠言可信，他也曾與ＤＰＲ一起在前線作戰，且很融入這群人，甚至在俄國東正教堂受洗過。

班特利當然不是什麼專業媒體人。他以那個可能是西蒙尼揚的女人作為發言管道，問了我許多顯然是要給艾登的問題。這讓我認定，我倆得到的待遇完全相同。接著，班特利想了解我的家庭生活和個人經歷。

「你這輩子曾做過任何能稱作善舉之事嗎？」他懷著敵意問道：「有嗎？」

我真想當場撕爛他的嘴、他們所有人的嘴。那女人也不時就插話、問自己想問的問題，但由於她的英語不算流利，所以經常得仰賴波波夫——我那善意滿滿又樂於分享的社工——來翻譯。事實證明，她和班特利一樣咄咄逼人。

「你的刺青是在哪刺的？」她指著我手臂上的「美好時光」圖樣問道。

「這終究還是來了，」我心想：「她也知道刺青的事。」然後我重複了自己在摩爾多瓦的經歷，以及和朋友一起看世界盃的故事。我也告訴她喝酒的事，還有因醉酒而一時興起的決定。我一邊說話，一邊注意到那女人的嘴巴因厭惡而扭曲著。她看起來很生氣，然後便轉向波波夫以俄語交談。

「你想說的字是『狗屁』。」波波夫微笑著說。

「沒錯，狗屁！」那女人瞪著我說道：「你的故事就是狗屁。」

我聳肩。我一點都不在乎知名的克里姆林宮名嘴（或者她的雙胞胎分身）相不相信我。她整個人的形象都是以謊言塑造而成。

「我幹嘛編狗屁故事給妳聽？」我回擊：「我有什麼好處？我人都在監獄裡了，還可能很快被判死刑，根本沒差。」

一時間，那女人似乎說不出話來，嘴角還因憤怒而抽動：「呃，反正那刺青就是很可怕。」她聽起來就像是個十歲的野小孩。

這些羞辱都是在作秀。目的是把我這種人塑造成邪惡的樣子，好給普丁發動侵略一個正當理由。每當有人質問我支持烏克蘭居心何在，我都會重複我對頭套先生、波波夫和檢察官都說過的話：我娶了一個烏克蘭女子。烏克蘭是我的家，我只是在保衛家園。

此刻，我正在很可能受英國安全部門監視的頻道上，並面對著數百萬觀眾，這表示我有發言的平臺。我會盡量找時機抬起受傷的手腕，雖然這不太可能讓我更早獲釋或加快潛在的換囚交易，但螢幕截圖或新聞內容也許能讓民眾多討論個幾天。我的能見度越高，處境就越可能成為討論的焦點。如果大家在電視或報紙上談到我，那負責評估我換囚價值的人便可能會更感壓力。

那女人似乎能讀懂我的心思。「你受的待遇如何？」她問道。

撒謊並無意義，畢竟我的外表肯定糟透了。

「嗯，我兩天沒吃東西了……。」

「想吃個漢堡嗎？」

這是在開玩笑嗎？禮物就擺在眼前，我可不想挑三揀四，於是我點了頭：「當然，麻煩妳了。我還想抽根菸。」

沉默對我並無好處。若不開口要求，就什麼也沒有。

桌子對面丟來了一根香菸，並有人為我舉起打火機。我吸了一口菸，感覺肺部正在燃燒，煙燻的味道在嘴裡熱辣辣的。接著，一名衛兵從我肩後遞來一個外帶漢堡。

「這是給我的嗎？」我緊張的說，擔心這又是一場心理戰。

大家都點點頭，大概是想給我留下好心東道主的印象。

「是的，肖恩，好好享用。」

我好幾個月沒吃肉了。我撕開包裝紙，往漢堡一口咬下——滿口的麵包、牛肉、起司、小黃瓜、洋蔥、番茄醬。天哪，吃起來彷彿身處天堂。油脂從我的下巴滴落。雖然漢堡才剛用微波爐加熱，還非常燙口，但我不到一分鐘就吃完了，還不忘舔舔手指。雖然我已經很久沒用肥皂洗手了，指甲上沾滿汙垢，但我才不管那麼多。我的味蕾終於重新活了過來。

第十九章 以俘虜身分重遊家園

那顆起司漢堡根本塞不了牙縫，我一點飽足感都沒有。在能夠吃飽喝足，並接受軍事訓練的狀態下，我的體重通常會維持在八十四到八十六公斤左右。但漫長又辛苦的圍城戰本就有害健康，遭到俘虜、不斷的酷刑、與自己的糞便共處近五十天更是如此。我如今的體重根本不可能超過六十五公斤。

在體格上，我還禁得住監獄裡偶有的毆打，但我最害怕的，還是自己來不及送審就先一步餓死——被麵包害死。身為戰士，這可算不上什麼體面的離世方式。如果我最後要在英靈殿與狄馬相會，我可不想告訴他，自己是被區區麵包和髒水裡的細菌打倒的。

「我可以挨打，」我有天早上向布拉辛說道：「甚至還耐得住電刑，但吃不到像樣的食物讓我痛苦死了。」

我懷念那些在家裡因為缺乏咖啡因或糖分就脾氣暴躁的日子。我發誓，要是能逃離黑牢，絕對不會再因為肚子餓就發脾氣。

布拉辛也過得很痛苦。但他和我不同，他更懂得開口抱怨。有天下午，他從檢察官辦公室回來後，便告訴我他是如何向對方解釋我們餓得半死。接著他誇大其辭，告訴檢察官，我們似乎不太可能活到接受審判。據布拉辛所說，這番話讓上面那幫人震驚不已，在此之前，我們以為獄卒都是根據他們的要求虐待我們的。

「他們說我們要被調到另一所監獄了。」

「什麼？」

「對，我們要離開這裡了，」他說著，興奮之情溢於言表：「檢察官說：『好吧，布拉辛。那我們就送你去別的地方吧。』」

我不想抱太大希望，尤其是在狄米崔面前。

「什麼時候？」我低聲問。

「他猜大概幾天後吧。」

次日早晨，我被帶到檢察官辦公室，簽署更多有關之後法律流程的文件。在同一間索然無味、牆上掛著詭異俄羅斯軍人肖像的辦公室裡，以及警察、調查員和律師重重包圍下，我直接發問了。

「我們可以搬到另一處監獄嗎？」一名翻譯緊張的轉述了我的請求。

檢察官點頭。「可以，下星期你就會搬到平民監獄。」他說。

我的心怦怦狂跳。他肯定是在耍我吧？

「我們在犯人受審前，會將他們安置在那裡，」他繼續說：「針對你以往活動的調查已經結束，所以沒必要再將你留在原來的地方。」

他點開電腦螢幕上的一份文件，我看見幾張從我社群媒體上下載下來的照片。檢察官一張張翻閱，細細審視我。

「而且，你人看起來都不像社群媒體照片上的樣子了。」他說。

不過，這是有條件的。什麼都有交換條件。我在被送往中轉監獄前，必須先去看精神科，讓醫生評估我的精神狀態。不必多天才的醫生也能診斷出，我已經被操到精神失常了，就像大多數俘虜一樣。但協議就是協議。

幾天後，布拉辛和我被帶到精神病院，接受檢察官所謂的「評估」（真讓人不寒而慄）。一想到他們要刺探我的心理，我就樂觀不起來。而回想起幾星期前那個偽裝成我的翻譯、表面上一副和藹可親的老太太，我就有點好奇這是否又是另一樁詭計，他們想騙走我更多的背景和家庭資訊——而這些資訊又可能會被用來當作對付我的籌碼。

我們抵達該機構後，就被安置在一間鐵柵欄小牢房，裡頭還有張長凳。這裡也給人一種才剛整頓好的感覺，大概是因為在俄國入侵前，這裡也不需要這種地方吧。我環顧四周，發現我們正身處一條走廊，兩邊則是一間間小型辦公室。人們手持文件夾走來走去，看起來都很忙碌。這裡一時間湧入了許多戰俘，肯定讓他們突然忙不過來。

在我們身後有扇窗戶，我注意到外頭有座庭院，看起來和電影《刺激一九九五》（*The Shawshank Redemption*）裡的監獄像得不得了。那裡有混凝土蓋成的廣闊空間，應該是某種休閒區，周圍高牆的頂端則裝有帶刺鐵絲網，每個角落甚至都有武裝哨所。若說這真是一間精神病院，那麼收治的肯定都是極度危險的人。

不久後，我就被叫進精神科醫師的診間接受診斷（診斷共有兩次，這是第一次）。第一位醫生是個年紀三十出頭的新面孔，但這男人的外表卻給人一種受僱於軍方的印象。他留著經典的鍋蓋頭髮型，身上穿著高級套裝，突顯出他高大修長的身材，不難想像他身穿軍服的樣子。這人也很有效率，我還來不及坐下，醫生就迅速問了我一、兩個有關個人生活的問題。他想了解我的家庭、我的成長經歷，以及是否有心理病史。

我心裡瞬間冒出幾個酸溜溜的答案：「只有在挨你們打之後，我才出毛病。」我想像自己如此回答，現實中卻決定保持沉默。

他指著我的手腕問道：「你對自己做了什麼？」

「那次是個誤會。衛兵告訴我，我隔天就會被處決，所以我才想在監獄裡自殺。」

「原來如此，但為什麼要刺傷那個部位？」

「我說了，那是一場誤會。他們說要殺我，但我不想死。如果有個獄卒告訴你，他們要割開你的喉嚨，你會怎麼做？我可不想淪落到那種下場。他們還毆打我……。」

「你那時以為，接下來會發生什麼事？」心理醫生冷冷問道，他對待病人的態度有相當大的改善空間。

「我還被單獨關押……。」

「我們絕對不會殺你，」他突然就發火了，態度越發不耐：「明白嗎？」

我點頭。

「嗯，至少不會用那種手段，」他繼續說道：「但你被判死刑的話就不一樣了。」

他端詳著我：「現在你有什麼問題嗎？」

我搖頭。他潦草寫下一大串筆記，我則觀察著整個房間。這裡只有掃除工具間的大小，牆上沒有書架或畫作，醫生坐在一張看起來很廉價的辦公桌前，除了一臺電腦和一本筆記本之外，其他什麼都沒有。我思緒飛馳。他們真會把我們轉移到另一間監獄嗎？還是說這又是一種恐怖酷刑？這幫混蛋什麼都做得出來，我可不會小瞧他們。

終於，他抬起頭。「好了，這裡沒問題了，」他指著門口說：「你等會再去和我的同事聊聊。」

我站起來，被送回拘留室。等我抵達後，才發現有另一個人坐在我對面。起初我沒認出他來，因為他低著頭。那人是個大塊頭，深色的頭髮被剃得精光，膚色又灰又蠟黃。但我仔細一看，竟發現那是一張熟悉面孔——是艾登．艾斯林！我小心的出聲喊他。艾登抬起頭，露出了微笑。

「你他媽死去哪裡了？」我說道，想要逗他笑。

艾登起身靠了過來。我可以見到他渾身都是瘀傷。「肖恩？你還活著？真他媽活見鬼，老兄，那些人跟我說你已經死了……。」

這就說得通了。那時因為我沒有提及自己曾在亞速擔任教官，便被頭套先生用電刑招待，他說是艾登出賣了我。我原本就懷疑是俄羅斯人耍詐，才讓他供出我的消息。

「你還好嗎？」我問。

「嗯，現在好多了。他們曾拿刀捅我，但我後來被關進了中轉監獄。狀況沒那麼糟。那裡更像是個普通監獄。我沒有再像之前一樣被打得那麼慘了。食物也……。」

我不敢置信的問：「什麼？你都吃些什麼？」

「哦，只有義大利麵和 Grechka 蕎麥粥而已。早晚也有茶可以喝。」

我氣炸了。我們也真想「只有」義大利麵、蕎麥粥和熱茶啊！

然後我注意到他手裡拿著一張糖果包裝紙。他嘴裡正在嚼些什麼。

「那是什麼？」我問道。

「巧克力啊，想吃嗎？」

見鬼了，還用問我想不想吃？「天啊，兄弟，拿一個來，」我說：「我好幾個月沒見過巧克力了，更不用說吃上一口。」他將巧克力遞過來，我一口吞下。糖分瞬間引爆一股令人滿足的興奮感，嘗起來就像家的味道。

幾分鐘後，一名衛兵帶我進入另一個工具間大小的房間。桌子兩側坐著之前與我交談過的精神科醫生，還有一位留著灰色八字鬍的禿頭男，他看起來很生氣。兩人中間則坐著一個女人，她的一頭黑髮經過精心打理，身穿昂貴的名牌套裝，皮膚則是健康的小麥色。這三人湊在一起，搭配一身休閒但看來高價的行頭，幾乎就像《醜女貝蒂》（*Ugly Betty*）演員陣容的失敗翻版，讓人很難認真把他們當一回事。

那女人清了清嗓子，說明他們是精神科專家小組。據她的說法，他們會負責判定我適不適合被調離黑牢，然後接受審判。

「我們會一起評斷你的心智狀況，」她說：「但最終決定權在我。」

我舉手發問：「你們要怎麼處決我？」

那女人一臉困惑的說：「什麼意思？」

「我已經因我的罪狀獲判死刑，但沒有人解釋過確切的行刑方式。」

「不會的，」她說：「六個月後你就會回家。」那女人一副充滿同情心的樣子。

「真的嗎？」我不確定她的說詞是否屬實。

「對，真的。你會接受審判、被定罪，但他們會把你送回家……終究會的。」

一切感覺都像安排好的。我思緒翻騰，直覺告訴我有人在騙我，只是我還不確定說謊的是檢察官辦公室的職員，還是這些精神科醫生。我在情感上左右拉扯，已經搞不清楚這是一種刻意的策略，還是我已經太累太餓，以致大腦無法理解對方的訊息。我坐著思索這消息，不想抱有太大期望，這時兩個男人離開了房間，女人則打開她面前的檔案。氣氛似乎有變，是時候評估我的精神狀態了。

「你讀過托洛斯基（Leon Trotsky）的作品或其他任何俄羅斯文學嗎？」她問道。

真突然，這問題嚇了我一跳：「沒有。」

她一臉不可置信的盯著我：「為什麼沒有？」

「這不在我們學校的課綱裡，況且，為何我會想讀？」然後，我想起自己可能會被轉移到一處「只有」義大利麵、蕎麥粥和日常茶水的監獄，於是補充了一點善意：「順便說一句，我不恨俄羅斯人。」

「好，很高興知道這點，」她說：「不過你願意為黑人工作嗎？」

這問題完全令我一頭霧水：「呃？你是什麼意思？」

「你接受黑人對你發號施令嗎？讓他們當你的直屬上司或指揮你？」

我明白了。俄羅斯人這是在測試我們的底線。他們想看看，我們在他們更加醜陋、與我信奉的自由主義價值觀相衝突的政治立場面前會作何反應。我只想叫審訊我的人滾蛋，但我不可以。若這女人說的話屬實，我也許在六個月內就會被釋放。更重要的是，我想再見家人一面，一時失態很可能毀掉我重獲自由的潛在機會。

「當然接受，」我說道，努力讓自己聽起來不為所動：「我的上一任老闆就是印度人，我則來自倫敦，一座充滿多元文化的城市。我才不在乎一個人來自哪個國家，能否勝任工作才是最重要的。但我不明白……」

「如果你的老闆是同性戀呢？」醫生插嘴問道：「你願意為同性戀工作嗎？」

我還來不及回答，她就再次插嘴：「順便告訴你，我們俄羅斯可沒有同性戀。我們當然也不喜歡你們建構所謂家庭價值的方式——你們正在撕裂家庭。西方世界正在用你們的男同志、女同志、街頭遊行之類的東西在撕裂家庭。你們試圖把這種價值觀強加於所有人，但我們不接受。」

「你們肯定還是有同性戀人士吧？」我問道，但不想向她解釋我自己的兒子就是同性戀。我非常以他的勇氣為榮，他出櫃時也非常勇敢，現在他正過著自己想要的生活，而我完全不想把他的名字拖進這場本就醜陋的政治辯論中。

「我們俄羅斯沒有同性戀。」她再次堅定的說。

這種無知真令人震驚。我定了定神，說道：「我也尊重家庭價值，和你一樣。」令人難以置信的是，這次診斷還出現了比之前更荒誕不羈的轉折。那名醫師接著聲稱，俄羅斯憑一己之力打贏了二戰，還說同盟國在過程中只有四十萬人死亡。我開始爭辯，但後來還是決定住口。為此爭辯那就像是用腦袋去撞磚牆一樣，後來我在被領回牢房時難過的想著，滿肚子都是怨氣。艾登早已被帶走，現在輪到布拉辛經歷同樣悲哀的流程了，但願他有辦法控制自己的脾氣。之後布拉辛被送回牢房時，他也一臉莫名其妙外加怒氣沖沖。

「兄弟，你還好嗎？」我說。

「那精神科醫生真是混帳透頂。就因為我是摩洛哥人，她就用一堆種族主義的廢話惹我生氣。我才不會買她的帳。」

「所以發生什麼事了？」

「我告訴她：『你怎麼能對我說這種話？』然後我就假裝被惹毛了。我真的卯起來惹她不爽。」

看來他的策略奏效了。首席精神科醫生在兩名男子的陪同下（其中一人穿著白袍）正氣沖沖的沿著走廊向我們走來。

我看著布拉辛。「你做了什麼？」我低聲問道。但他只是聳聳肩，撇開視線。牢房沒有上鎖，那女人就站在門口，開始用俄語對布拉辛大吼大叫。

「嘿，發生了什麼事？」我說道，試圖緩和氣氛。

精神科醫生轉向我說：「你會明白的，你的年紀……」

接著她指著布拉辛：「……比他大得多了。」

一陣咆哮結束後，她把手伸進口袋。我出於本能往後靠，生怕會鬧出什麼壞事。她難道有趕牛刺棒或其他武器嗎？不料，她反而拿出一把金莎巧克力遞給我們。

「你們加油。」她說完就走開了。

真不確定這是好事即將來臨的徵兆，還是死亡之吻。

◆◆◆

約翰．哈定離牆邊更近了。終於，他越來越能了解我們想告訴他的訊息。我們說明了黑牢的規矩，還有他在頭幾個星期可能會遭遇的審訊。約翰擔心自己受到的懲罰會更嚴厲，因為他被抓到時穿著亞速旅式樣的戰服。他不時就會咳嗽呻吟著，他猜想，應該是哪個衛兵對他的重擊打斷了胸骨。

「嗯，他說的應該沒錯，」布拉辛難過的低聲說道：「畢竟他是醫務員。」

在布拉辛說話的同時，約翰也越來越焦慮：「他們說過要殺了我。」

「嘿，歡迎入夥，兄弟，」我說道：「撐過下星期，你就沒事了，之後的生活會好過一點。」

越來越多囚犯湧入設施，他們並不全都是烏克蘭人。約翰告訴我，他是和一名瑞典軍人一起被帶進來的。這進一步證明了，有越來越多戰力正投入抵抗俄羅斯，也有越來越多歐洲各地的戰士正加入戰局，但就我們眼下的情況而言，大夥根本不可能清楚掌握衝突的走向。但願等我們轉移牢房後，會有辦法收集更多情報。

據警衛說，我們差不多再一天就會被轉移了。但在我們接受精神評估後還不到二十四小時，俄羅斯人便將最後一項不人道的任務交代給我們：那是宣傳的一環，他們決定將布拉辛和我帶回馬立波，在我軍於圍城期間所處的各個位置拍攝。這個想法令我感到噁心。

我對那地方的最後記憶，只剩下黯淡、遍地破碎的意象、令人作嘔的氣味，以及沉重的失落和死亡氣息。我當然不想回去，尤其是在俄羅斯的占領之下。我痛恨見到馬立波面目全非的樣子，我的家園、所有我最喜歡的地方，都已被夷為平地。

我們被塞進一輛汽車的後座，檢察官也坐了進來。隨著車子駛入城市殘骸，只見馬立波的現實情況比我想像的更可怕——住宅大樓現已倒塌，大片房屋被夷為平地，部分商店區還有火在燃燒。我最喜歡的那間咖啡廳，現在成了一堆悶燒的瓦礫。我不禁想著，自己是否還能以自由人的身分再次啜飲咖啡。敵方彷彿以造孽為樂，故意將我的美好回憶焚燒殆盡。

我們經過港口城（Port City）的遺跡，這裡原是個現代化的歐式商店區，還有電影院和保齡球館，拉瑞莎和我以前常去那玩。可現在除了僅數十公分高的磚牆和灰燼輪廓外，什麼都沒有剩下。我非常想哭。

此前我唯一一次看到類似規模的破壞，是在一九九〇年代初期於波士尼亞服役時，目睹那裡的城市被炸成碎片的景象。整個馬立波現在看來一樣慘烈，就如影集《最後生還者》（*The Last of Us*）裡的後末日場景，令我不忍直視。我所愛的馬立波消失了。俄羅斯以無情的地毯式轟炸摧毀一切，罔顧人命。不曉得有多少無辜平民在這裡被屠殺，肯定有數萬人之多。

「天哪，」我輕輕低聲說道：「我不想再看了。」

檢察官憤怒的從座位上轉過身來。「你一定得看，」他說：「這都是你們害的，是你們的人搞出的慘狀。」我不能辯駁，什麼都做不了、什麼也不能說（至少辯駁的下場會很慘）。俄羅斯和DPR可真是懂得嫁禍他人，簡直是這方面的天才。

終於，我們來到一處我能認出的陣地。我們回到了伊利奇，這是我幾個星期前離開的地方，我還看見阿熊用他「借來的」挖土機挖出的幾處散兵坑。我們曾經過夜的一棟建築的骨架也清晰可見。

在這裡，狄馬就是在附近某處去世的。沉重的思緒壓著我的肩頭，擊垮我的內心。接著另一輛車停了下來，艾登被拖到街上，被幾名俄羅斯記者包圍著。我注意到，受邀的媒體對布拉辛或我並無太大興趣——焦點全在於艾登。

我們被反扭雙臂、押到曾由烏克蘭海軍陸戰隊把守的各個陣地，俄羅斯人則拷問艾登各陣地發生過的事情。我們不知何故也被帶上，這完全是個謎團——他們可沒有問我們任何問題。

我原本還因為沒有被進一步羞辱而稍感寬慰，但這份寬慰很快就由恐懼取代——有一群約五十名重裝士兵，正怒氣沖沖的瞪著我們。有些開著裝甲車的在路邊停下、有些則像老鼠一樣從鋼鐵廠爬出來。這些人的裝備都是拼湊來的，並不相稱。他們留著大鬍子、脖子上有刺青，看起來像東倫敦的時髦理髮師，大多數人還穿著運動鞋而非軍靴。

那是親俄羅斯的車臣人。

「他們占領了伊利奇。」隨著我們走進如今已被炸爛的鋼鐵廠，一名衛兵低聲說道：「別走神了。靠近點走，不然他們就會對你開槍。我們可不會跟上你，因為我們也會挨子彈。」

顯然，DPR一樣忌憚車臣人，儘管兩邊都是在為同一目標而戰，我也看得出來原因。注視著我們一舉一動的這群槍手，看上去就像一群目無法紀的海盜，而非紀律嚴明的軍隊。我向前走著，感受到腳踩在碎玻璃、彈片和彈殼上發出的嘎吱聲，我的胃一陣痙攣。我們寡不敵眾，身陷險境，害怕我和布拉辛隨時都會被丟進狼群。一名DPR衛兵猛然推我的背。「快走啊，死娘娘腔！」他為了展現威風而大吼著。接著他喊上了一名看起來是當家的車臣武裝分子。

「我們正在和幾個囚犯一起遊街，」他喊道：「不會太久的。」

那指揮官哼了一聲，我又被推了一下。那股推力幾乎讓我跪倒在地，我低頭蹣跚走過車臣人，不想與任何人有目光接觸。一想到我的家鄉已被一群殺手和虐待狂占領，就令人感到噁心。

羞辱感揪著我的心，一股憤怒湧上心頭。可隨之席捲而來的，卻是一波平靜之感。我抬起頭，只見雲層後面的太陽探出頭來，這是我好幾星期以來第一次感到臉上的暖光。我深吸一口氣，聞到了花香。

夏天就要來了。

第三部——我們總有希望

第二十章 頓內茨克「最佳監獄」

我們為一名守衛取了綽號「Pohuy」。這個字從烏克蘭語翻譯過來，意思大概是「我他媽才不在乎」；客氣一點的話，就是「管他的」。總之，這個詞大致就是個語言化的聳肩動作。

「老兄，你看來長胖了幾公斤呢。」

是喔？Pohuy，我他媽不在乎啦！

這綽號很適合那個黑牢守衛，他一副弱不禁風的樣子，就像坨沒屁用的狗屎。在監獄裡的一眾流氓中，就屬Pohuy把我們折磨得最慘。他老愛欺負我們、總是趁人之危補上一腳——通常是在另一個更可怕的大塊頭痛打我們之後。

在被蒙住頭、戴上手銬、身體還比平常虛弱的情況下，會抓著你去撞牆的就是Pohuy。他的故事很老套：被霸凌過的小鬼，在長大成年後獲得權力，接著就學會在弱勢者面前逞威風了。真該死，我討厭見他得意洋洋的樣子。

但到六月初，一切都變了。有天早上，Pohuy 打開牢門指著我。

「過來，戀童鬼肖恩。」然後他指著布拉辛：「還有你，你們要離開了。」

就是這樣了。正如檢察官所承諾，我們終於要離開黑牢、轉移到另一所監獄了。一到那裡，我們就會等待受審和可能的死刑判決，但也許不會——如果精神科醫生可信的話。一切都讓人霧裡看花。

我抓起頭罩，一邊轉向狄米崔。

「就這樣了，兄弟，」我輕聲說。「我們要搬到另一所監獄了。」

他看起來很難過：「肖恩，拜託你。不要忘記……。」我們背誦的電話號碼。

「我記得，我出去的話，第一個就打給你爸媽。」

我們蒙著頭站在走廊上，手腕被上了銬。「走！」附近另一個不知名的聲音說道，我被推著出了那棟建築，並被帶到一輛囚車門前。我走路時，頭罩在我的臉上移動，一時間瞥見了新聞中，通常在兇手或組織犯罪首腦被送往倫敦老貝利街[1]（Old Bailey）時，會出現的那種廂型車。DPR顯然不會對戰俘掉以輕心。

1 譯註：英國中央刑事法院所在的街道，常負責審理重大刑案。

一切變化得如此之快。在牢房裡，就算穿著T恤和連帽衫，我仍冷得瑟瑟發抖，我猜氣溫有時甚至接近攝氏零度。但地面上的情形大為不同。日光猛烈，我很快就覺得太熱了。

汗水順著我臉頰、脖子和背部流下。每次吸氣，塑膠面罩就黏在嘴上。我不久後就呼吸困難，真擔心自己還來不及抵達下個目的地就先窒息了。然後我聽見廂型車的門滑開，有人在我前面咕噥呻吟著。是布拉辛，他正被裝進車子後座。接著便輪到我被推進去，我透過帽沿瞄見我們正被塞進其中一個籠子。車裡有好幾個籠子，每個裡面都有張小型木頭長椅，夠讓三人一起坐。

更多的囚犯被帶上車。門終於關上，引擎啟動，我們也離開了。司機立刻加速前進，在轉彎時，車後的戰俘就像鐵罐裡的彈珠一樣滾來滾去。我的臉撞上布拉辛的腦袋，並大聲唉了一聲，守衛卻在前面大吼大笑。

布拉辛用手肘推我。「假裝你是海星。」他歡喜的說，天哪，他也在笑嗎？

「什麼意思？」

「肩膀向後仰，雙腿向外……就像海星一樣！」

我側頭看，只見布拉辛已伸直雙腿往後躺倒，肩膀和腳趾壓在籠子兩側以穩住身體。我模仿他的姿勢，一時間似乎對轉換重心很有幫助。我成功穩住平衡，結果車子下一次猛拐彎時，我就在籠子裡撞來撞去，最後落在地上。前座有個守衛猛打駕駛座的後牆。

「去你的，混蛋！」他喊道。

我認出那是 Pohuy 的聲音，心裡鬆了口氣。但願以後不必再見到這討厭鬼了。

經過大約十五分鐘的痛苦車程後，終於有人把我從貨車上拉下，帶我來到被我視為地獄的新家。即使蒙著頭，我也發現除了我和布拉辛之外，約翰．哈定也被調來了。我聽見他在附近呻吟和咳嗽，還有一名警衛在我們周圍大呼小叫。

我的身體緊繃起來。這動作已成習慣。在被關在黑牢時，我經常被迫採取各種壓力姿勢，尤其被關在等候區或審訊室時，那時他們通常會令我舉起手臂，並以腰部為軸心向前彎曲，令我痛苦的蜷縮著。我一走進這處新設施，便出於本能將自己扭曲成類似姿勢，沒想到，一名警衛將手放在我的肩上。

「你在這裡可以站直身子。」他說道，語調冷靜淡漠。

另一名守衛為我解開手銬，將我雙手放回身前，這姿勢要輕鬆得多。等我們脫下頭罩，讓他們比對我們的臉與護照時，我注意到這裡的人更傾向以口頭指令要我們做某些事——走這邊，穿過那扇門——而不是打罵虐待。但更引人注意的是這棟建築本身。

這裡讓我想起電影《綠野仙蹤》（*The Wizard of Oz*）中的場景，還有影史上首度從黑白改採「特藝彩色」（Technicolor）技術的著名轉變。沒錯，我們無疑身處監獄。這裡有拿著警棍的警衛、我聽到鐵門哐啷關上的聲音、雙手也還被銬著，但此處氣氛完全不同。有個守衛甚至好像在微笑，儘管只是淺淺的那種。

最後，有人為我們引見了該設施最資深的看守人。看到他我便知道，我們的生活要開始好過一點了。這男子年近五十，身高約一百七十五公分，一頭黑髮。他穿著牛仔褲和襯衫，看起來比我在黑牢見過的任何人都溫和得多，他的啤酒肚垂在腰帶上，屁股上掛著一大串鑰匙。

「早安，」他上下打量著我說：「你好嗎？」

「還好。」我緊張的說。

大看守人微笑了：「很好，現在這所監獄是由國家安全部負責管理，你們會在這裡待到審判結束。別擔心，我們會好好待你，但前提是你們必須守規矩，不然我們會讓你們非常不好過。」

「這裡有哪些規矩？」

大看守人輕蔑的擺擺手：「牢房裡還有其他囚犯，他們會解釋。」

我不知該如何反應。比起黑牢，這地方更像個截然不同的世界。我有點好奇，那些人是不是給了大看守人錯誤通報，讓他誤解了我們的真實處境。也許他不知道我們有些人可能會面臨死刑？確實，我們現在受到的待遇，更像是針對未成年初犯的輕罪犯人，而不是被指控為傭兵、恐怖分子和全民公敵的阿兵哥。即便如此，我們仍被脫衣搜查，受到「橡膠手套」的侵入性待遇，令人痛苦無比。

後來，我終於被帶到一間牢房，約翰．哈定和另兩名烏克蘭囚犯坐在裡面。此刻令我感到非常安全，牢房裡有四張床，我環顧四周想看看是否有監視器，但一部都沒有。牢房裡反而有一個蹲式馬桶和一臺電視，畫面上播放的似乎是DPR國營媒體的當地新聞。角落還放著一個水壺。

「嚇死我了，」我想：「我們這是在頓內茨克希爾頓大飯店嗎？」

房間有個窗戶，可眺望幾層樓下方的庭院。我轉向約翰問道：「那下面是什麼？」

「是圍場，」牢房裡另一名囚犯說：「我們每天都能放風一小時。」

幾個月以來，我的戰或逃反應第一次鬆懈了下來——但只是稍微而已。每條肌肉都感覺更輕盈了。肩膀和背部的重量似乎正在緩解。不知道這種感覺能持續多久。

接著我向新獄友點了點頭。「我是肖恩。」我說。

兩名男子分別自我介紹，一位是馬可（Marko），另一位是安德烈（Andriy）。馬可較為矮小，他是個精瘦的男人，灰色頭髮剃得精光，鬍渣呈灰色，眼睛則是深棕色。安德烈則高大得多，他身高超過一百八十公分，渾身都是肌肉，頭上金髮也被剃光了，似乎永遠都是一副陰沉的表情。

安德烈是個壯漢。我打量他倆的體格，想看看是否有任何被虐待或營養不良的跡象，但他們看起來都狀況很好。馬可隨後解釋說，監獄裡有幾名代理長，他就是其中之一。大多時候他會充當囚犯和守衛之間的溝通橋樑，他的權力也讓他能拿到囚犯最想要的東西。剛坐下不久，馬可就遞了香菸給我們兩人。接著他也提議大家邊喝咖啡邊聊天。我環顧四周，不曉得布拉辛被帶到哪裡了。

「這裡是馬克耶夫卡（Makiivka），」他說道：「又稱西部矯正監獄（Western Corrective Prison）九十七號。」

安德烈在自己的床上伸了懶腰。「你幹嘛幫他們？」他說道，語氣聽起來很不悅。

「因為我們都在監獄裡，」馬可說道：「所以大家都是一樣的。」

他往自己的床底下伸手，拿出一箱沒穿過的衣物。

「拿去吧，需要什麼就拿。我太太老是帶這些東西給我，但我用不到。」

奇怪的是，他的好心卻令我不安。我們來到馬克耶夫卡還不到一小時。我本能覺得處處都有敵意，而馬可在五分鐘內向我表現出的慷慨善意，比我幾個月以來受到的恩惠還多。實在是太多，太快了。遲早，他會想要我把現金寄給某個人的，我悲觀的暗想。不然就是有更糟糕的條件……。

「聽我說，馬可，你人真的太好了，但我無以回報。」我說。

他笑了：「不用啦。老實說，這些東西我都用不上。」

他對四周的牆面和牢門比了比：「我又沒有什麼需要打扮的場合。」

約翰和我翻找著箱子，一人挑了幾件新T恤和一雙涼鞋。新鮮的棉布感覺很奢侈。我一邊脫下潮溼、發臭的上衣換上新衣服，一邊覺得想哭。我渾身都是臭味，病得不成人形。黑牢從我的靈魂中，一點一滴的奪走如此多的人性，甚至令我的情感變了質，被迫與同為戰俘的夥伴陷入一場生存遊戲。

此刻，陌生人的一點點善意，就讓我感覺離以前的自己更靠近了一些——戰前那個曾為人夫、為人父、重朋友的我。雖然不多，但至少靠近了一些。約翰也滿心感激。骨折的胸骨仍讓他痛得不得了，現在他還受肺炎所苦，鮮綠色的鼻涕從他的鼻子滴了下來，人也瘦得只剩皮包骨。他慢慢躺倒在床上，發出一聲響亮的呻吟。

我握握馬可的手，感謝他的餽贈。「老兄，你為什麼會在這裡？」我問道：「你有什麼故事？」

他小心翼翼看著我：「我告訴你的話，你可能就不會這樣謝我了。」

「你說吧。」

「好吧，我們若是在別處相見，可能就會對彼此開槍了……」馬可深吸一口氣說道：「……我原本是DPR的人。」

我胸口一緊。自從初到檢察官辦公室的那次經驗後，我就一直對周圍懷有戒心，也一直在尋找身邊可能存在的支持或間諜，馬可很可能兩者都是。

「那你為什麼會被關起來？」我指著牢房牆外的獄卒問道：「那些都是你們的人，不是嗎？」

「是，但也不是，」馬可悲傷的說：「二〇一四年，克里米亞被俄羅斯併吞時，我也希望能從烏克蘭和基輔政府獨立，並希望頓內茨克成為共和國，能自己作主。我在頓內茨克作生意很成功，甚至當過政府首長，有段時間也參軍過。但我根本不想被俄國人統治，我希望頓內茨克能實現自治。」

「所以發生了什麼事？」

「我搞砸了，」馬可壓低聲音說道：「我們有個新市長。一個叫丹尼斯．普希林（Denis Pushilin）的人。你也許聽過這人？」

我嘆了口氣。對，我聽說過他。普希林是烏克蘭政壇的爭議人物，於二〇一八年在頓內茨克上臺掌權。他的前任亞歷山大．札哈成柯（Alexander Zakharchenko）於當年遭炸彈攻擊暗殺，同年稍晚舉行選舉時，普希林便成為DPR的正式元首，儘管歐盟和美國都沒有承認選舉結果，稱其違反了《明斯克協議》的條款。時任烏克蘭總統的波洛申科（Petro Poroshenko）還表示，俄羅斯動用了骯髒伎倆擾亂投票流程。

「我們根本沒有選舉程序可言！」馬可說：「我在網路上發了一些有關普希林的言論，大概是『推選這種人的不是我們，是俄羅斯人。這傢伙不過是個流氓、白痴……』之類的。就這樣，國家安全部、祕密警察全都他媽的來到我家。他們用叛國罪之類的胡謅罪名判我四年徒刑。」

我想起了奧列格，還有他勇於在社群媒體上批評普丁而入獄的經歷。他現在是否嘗到一點自由滋味呢？還是他也被困在像馬克耶夫卡這樣的設施裡？

馬可伸手到床鋪下取出紙筆，接著草草寫下了一些東西。

「拿去吧，這是我的電子郵件地址，」他說：「等戰爭結束，重獲自由之後，請聯絡我，到時我們再來好好聊一下這些事。」

「為什麼？」我說，這提議嚇了我一跳。

「我想讓你知道，我們並不都是壞人。我就是個好人。DPR也有許多人是好人，或者說，至少曾經是好人。**戰爭讓原本正直的人都成了怪物。**」

他把紙條遞了過來：「希望你會明白。」

◆◆◆

守衛為我們送來今天的第一頓熱食。然後馬可警告我，別被馬克耶夫卡和善的外表給騙了。這地方一樣糟糕無比。他與約翰和我一樣，也曾在黑牢待過一段時間，他明白這處監獄是如何利用牢房裡的電視機、水壺和減少日常施暴頻率，令人以為西部矯正監獄是某種更好的地方。但這裡實際上關押著許多危險人物，不只如此，我們還得忌憚著這些人。

馬可隨後解釋，馬克耶夫卡通常被用來拘留候審的囚犯。而我們這些軍人的到來，和即將匆匆結束的庭審流程，已延宕了獄中許多人的進度。可以想見，有些人怒氣沖沖的想要報復，不過好在我們是來自烏克蘭的戰俘，因此離這處化外之地的大多數囚犯有些距離。

「這裡有些人只要一逮到機會，就會殺掉你。」馬可說：「不僅是因為你的身分，更因為他們以殺人取樂。這是俄國佬管的監獄，規矩有點不同。」

我聳肩，先不管馬可警告有誰會想捅我一刀，眼前食物才是最重要的。盤裡的東西看上去很噁心。以往（彷彿是上輩子的事了），塑膠盤裡的魚、麵包和「卡莎」（kasha，一種類似粥的黏稠穀物）絕對提不起我的胃口，但那段日子已成遙遠的記憶。我快餓昏了，還缺乏營養到了危險的境地。雖然所有食物都很隨便又過鹹，但我不管，只顧著把盤裡食物猛然送進嘴裡。就算緩下來也只是為了呼吸。

約翰想讓我冷靜下來。「吃小口點，」他說：「先觀察看看身體反應如何。」

我抬頭瞥了他一眼，滿嘴都是食物：「為什麼？我都要餓死了。」

「你很久沒有好好吃頓飯了！你的腸胃還沒準備好。」

回想起幾星期前，我輕輕鬆鬆就消化了那顆起司漢堡，所以這時我也在幾分鐘內就狼吞虎嚥著吃完了食物。主菜一吃完，馬可便提供巧克力和維他命當作甜點。我也一下就嗑光了，然後打了個響嗝。吃飽喝足的我，感覺自己就像國王。

但好景不常。馬可原本在飯後提議眾人來玩個骨牌——在獄中有遊戲可玩也是當代理長的好處——我的腸胃卻開始咕嚕作響，這可不妙。然後我發現，這是即將猛拉肚子的預兆：我渾身發麻、腎上腺素飆升、口水湧入嘴裡，開始頻頻作嘔。

「我操，」我心想：「要開始了。」

約翰說得對。我剛剛吃下的所有食物都在五臟六腑裡造反，但我不確定卡莎會從身體的哪一端暴力衝出。答案沒多久後便揭曉，膽汁湧上我的喉嚨，腸胃接著又一陣強烈翻騰。

「大家，對不起，」我呻吟著衝向廁所，肚子還在翻滾：「我早該聽……。」

我把口中東西如噴射般吐進地上的洞裡，幾乎沒有時間抹下巴。馬可一臉驚恐的看著我，我也拼了命想調整褲子，以免在蹲下來時弄髒自己。幾乎沒消化的監獄飯菜全傾瀉到我腳下的坑裡。然後我把頭埋進雙手，嗚咽起來。

◆◆◆

接下來的二十四小時就如腸胃地獄。有個醫務員來到我們的牢房，診斷出我得了痢疾，但我還是趁著上吐下瀉間的空檔適應新環境。幸好約翰已經感覺好多了，他正在努力與新獄友打交道，和馬可喝咖啡聊天，不過他也和我一樣心懷警惕。我們倆都決定要小心出牌。

當電視打開，我們便一起看新聞，馬可解釋著播報上出現的各張地圖。就我的判斷而言，烏克蘭還在戰鬥，但也很難說，畢竟眼前新聞呈現的仍是俄羅斯人對時事的觀點。我對一切消息都持懷疑態度，敵方只要有任何進度肯定都會誇大其詞；反之，烏克蘭的任何勝利都會被他們輕描淡寫。

馬可顯然不是在誇大：馬克耶夫卡確實是個糟糕的地方，不時就能聽見有人因受折磨而發出哀號聲。然而，這回的尖叫和求饒，聽起來卻像是囚犯間的爭執，而非由看守人批准的酷刑。就連我們的說話聲似乎也加深了周圍的敵意。每次有守衛帶著非軍事囚犯經過，那囚犯若聽到我們的對話，就會大吼著威脅我們，吼叫聲迴盪於牢房之間。

「嘿，是英國人嗎？去你媽的！」

一想到可能和心懷憤恨殺意的人近距離接觸，我就瑟瑟發抖，尤其聽馬可說，有個真的會吃人肉的囚犯就住在監獄這一側的某處。

「他人還行啦，就是太不守規矩了。他會在這裡待上二十五年，唯一的遺憾就是被逮住而已。」

故事接下來的走向更加恐怖。詭異的命運轉折，讓馬克耶夫卡的食人魔獲派打理設施裡的部分差事，經常負責送餐和打掃牢房。

「噢，你絕對會見到他的。」馬可興高采烈的說。在某處還有個負責為囚犯理髮的大屠殺兇手，雖然他只能使用電剪，剪刀和剃刀都被絕對禁止。最後，更有個「產量豐富」的冰毒販獲派清潔床單，還擔任淋浴間管理員。我心想，這裡可真是怪人當家。

縱使有以上種種威脅，馬克耶夫卡仍比黑牢好上一百萬倍。頭兩天我們還能不受干擾的睡上一覺，白天聊天或玩遊戲也沒有人管，透過我們的小窗子也能略微瞥見ＤＰＲ老百姓的生活樣貌。

監獄外頭有一間酒吧，常有人在那裡唱卡拉ＯＫ。太陽西落時，還能聽見醉醺醺的當地人，低聲唱著羅比．威廉斯（Robbie Williams）的〈天使〉（*Angels*）或愛黛兒（Adele）之類的熱門歌，這時我們也會輕聲笑著哼唱。音樂倒沒有讓我覺得自己錯過什麼，反而感覺離家更近了。

我還會看著街上公車站和人行道上擠滿下班回家的人。每當太陽落入地平線下，向日葵在外面的草皮上搖曳，我都會展開笑顏。曾幾何時，我還擔心再也見不著日落了。

這裡的守衛也明顯比我們在黑牢遇到的惡霸（像是Pohuy）友善得多。大多時候他們都認定我們是戰俘，因此也是國家的敵人。但同時間，他們也詭異的關心著我們的健康。大概是因為他們大多數人都沒受過軍事訓練，也從未參與過戰鬥吧。

例如有個女守衛就曾帶糖果到我們的牢房，另一個看守人甚至給了我一片披薩，讓我在得痢疾後能補充元氣。後來我才得知，原來馬克耶夫卡的名聲還真響亮，甚至被我們所謂的辯護律師譽為「頓內茨克最佳監獄」。但就如其他來自俄羅斯法律體系的消息，我對這件事還是心存懷疑。

相對美好的時光總是短暫。和之前一樣，我很快就覺得悶得要死。睡一整天雖然起初令人享受，後來卻像是一種詛咒。即使馬可沒完沒了的邀請大家打骨牌，盡力想讓我們打起精神，但我仍盼望能改變生活節奏。於是等到有個名叫米沙（Misha）的看守人再次前來查看我們的狀況時，我提出了一個請求。

「你們有什麼英文書給囚犯讀嗎？」

差不多花了一天，我就和米沙建立起不錯的關係。我和這傢伙很投緣，他身材瘦削、頭髮日漸稀疏、長著一張好人臉，又很有幽默感。他稍微會一點英文，也喜歡學新的髒話，而我也樂於與他分享，因為我知道與監獄裡的人打交道，可能會讓我享有更多特權。

米沙笑了。「當然，」他說：「我來看看能給你帶什麼。你想要哪種書？」

我最想要的就屬俄英字典了。待在黑牢的時候，我總是豎耳傾聽是否有任何關於我們的消息，但我會的俄語有限。要是牢房裡有本字典，我就能學習還沒學過的單字，尤其當有守衛在外面聊天的時候。我不想暴露動機，所以假裝邊想邊說。

「老實說，兄弟，什麼都好。我連麥片盒的背面文案都願意讀，我就是這麼無聊。就算是一本該死的字典也行。」

我故意停頓了一下。時機決定大局。

「你知道，字典也許還不賴，」我說：「在我教你用英文罵人的時候，也會很有幫助。」

米沙狐疑的看著我嘟囔了一聲，接著便甩上牢房的活板門。

幹！我心想，心裡作著最壞的打算。我大概演得太過火了。

但在一小時後，活板門再次打開。米沙回來了。只見他把一本平裝書推進牢房——是一本俄英字典。我盯著封面笑了。

約翰看了過來：「那什麼鬼？」

「有用的好東西。」我一邊說，一邊掃視著書頁。隨著審判臨近，有些單字和片語也許會是關鍵。

有罪、處決、移送、無期徒刑

最後則是：回家。

第二十一章 你們要上法庭了

很快，馬克耶夫卡的高層就不再待我們為享有特權的戰俘。我們與馬可和安德烈喝了幾天咖啡後，他們便決定將候審的西方戰俘集中於一處，約翰和我很快就被轉移到樓下的牢房。我馬上作起最壞的打算。

「別擔心，你會沒事的，」馬可察覺到我的不安，便出聲安慰：「他們不會把你與壞人關在一起的，那些壞胚子都在地下室。」

痢疾還是讓我很虛弱，我帶上字典拖著腳步下樓，赫然發現我們和布拉辛同房，保羅．尤里和迪倫．希利也在裡頭，還有一個斷了腿的瑞典人，他自我介紹說自己叫馬蒂亞斯．葛斯塔夫松（Mathias Gustafsson）。我很高興能見到大家，原本還擔心保羅和迪倫已經被殺掉，或被送到更糟糕的地方了。布拉辛的微笑也讓我大笑起來，每次「重擔」襲來，他的多話總有療癒之效。

數月來的監禁、營養不良和凌虐讓大夥都不成人形，只是程度各有不同，但保羅無疑吃了最多苦。他全身上下都是瘀青，臉上也布滿割傷和擦傷的傷口。其中許多都是新出現的。

等我們落腳新的空間後，保羅開始解釋頭套先生是如何指控他為間諜，就因為他曾經在阿富汗擔任承包商。更慘的是，他被發現持有兩本護照，加上保羅謊稱自己是紅十字會的人——我第一次見到他時就懷疑過了。為自己辯白並無意義，頭套先生於是在保羅的臉上和身上大搞特搞快一個小時。迪倫後來告訴我，那尖叫聲響徹整座監獄。

我們彼此交換著故事和消息，保羅的肺部一邊咻咻喘鳴著。一陣劇烈咳嗽讓他痛苦得眉頭緊縮。真不曉得他要怎麼挺住接下來的長時間關押。

聽起來，我們每人都曾做過為俄國宣傳的爛差事。有幾人被逼著打電話給他們的地方議員，另幾人則打給環保署、英國紅十字會，甚至還有威爾斯國民黨（Plaid Cymru）等政治和人道主義團體。不必多問，保羅當然也難逃一劫。

「對，他們竟要我打給曼城足球隊[1]的老闆，」他咕噥道：「打給曼蘇爾（Sheikh Mansour）……。」

2 指曼徹斯特城足球隊（Manchester City Football Club），簡稱曼城（Man City）。

從每個人的說法來看，DPR的進攻角度似乎比以前更混亂了。我們其中有些人被溫柔的哄著打電話和拍影片，有些人則從頭到尾都遭到惡意對待。我也很快就會同時體驗到結合兩者的恩威並施手法。

與保羅、迪倫、布拉辛及瑞典人重聚後的那個星期五，我便被開車載離馬克耶夫卡。社工波波夫告訴我，嚴格來說，像我這種戰俘要換回誰都可以——就連政治地位同等於梅維楚克的俄羅斯人也行。他還說，換回梅維楚克是勢在必得，因為澤倫斯基已經同意換囚，不過我還得說服英國政府才行。我瞬間精神大振。不料，我當天的第一通電話就碰了壁：有位英國公務員說，這是烏克蘭的戰爭，不關英國的事。於是波波夫改變了策略，他板起臉孔，以要脅的目光瞪著我。

「你們政府居然不想要你？」他吼叫道：「要是你辦不成，法庭必會判你死刑。」

後來大約十二個小時，我成了一顆政治足球。DPR的戰術反覆無常，我很難判定他們究竟想要什麼結果。到那天結束之時，我已得知，唯一沒打定主意要用我換回梅維楚克的人就是普丁（真詭異）。交易在最後一刻破局，我再次面臨遭到處決的威脅。

我好洩氣，但這種爛待遇讓我產生一種奇怪的感受：要是我死了，我就會在這世界留下一道特別的印記。小時候，我的地理老師納古斯（Negus）先生說過，我在學校裡稱不上是功課最優秀的學生。「平納，你以後會一事無成。」有一天他這樣對我說，那態度頗為不善。但在這場備受矚目的政治牌局中，我卻被當作一枚談判籌碼，這證明他料錯了。

我心想，**此刻全世界最有權力的領袖都知曉我的名字了**。去你的，納古斯先生。

我們這場試驗幕後的推動力似乎正在累積。我在結束一整天的「電話推銷」後，便被叫去會見監獄的大看守人。他身後站著一名紮著歌手艾美．懷絲（Amy Winehouse）式蜂窩頭的女子，還有另一位板著臉的律師。

那天是星期五晚上，他們都一臉寧可去別處玩的表情。接著對方告知我，我的審判會於下星期開始，布拉辛的也是。終於，在經歷彷彿有一輩子之久的種種潛在威脅後，我將親身面對俄國的法律機器，到時我的下場便會揭曉。

在對方遞上起訴書的時候，我看了一眼封面，發現上頭也寫著艾登的名字。所以他會和我們一起受審嗎？這也太荒唐了。他們接著說道，司法程序不會超過一星期，屆時我要不是被判死刑，就是被流放到俄國的恐怖邊疆，大概會服一輩子的勞役。所以，那個負責診斷我的精神科醫生搞錯了。

「你是逃不了的，」大看守人誇張的說：「俄羅斯會實現應有的正義。」

我點點頭，盡量裝作很在意的樣子。才怪，Pohuy，去他媽的。

另一個男人傾身向前，一臉兇相。「你這個狙擊手。」他嘶聲說道。

但大看守人還沒說完：「雖然你因身為傭兵而不受《日內瓦公約》保護，但我們還是會遵守公約……。」我哼了一聲。《日內瓦公約》還規定了關押戰俘的法律條件，與戰俘可受及不可受的待遇類型呢。難不成行刑或勞改營都是公約接受的懲罰？

「我可不是傭兵。」我說。

「法庭說了算。」

「是嗎？《日內瓦公約》哪裡寫到可以使用電刑、用刀砍人，和把人餓得半死？」

大看守人眼神空洞的看著我。我的抱怨是不會有結果的，他很清楚這點，因為審判我的可是不公義的「袋鼠法庭」。大家受審的都是。

「那些事情都沒發生過。」他冷冷說道。

沒有人反駁得了。

◆◆◆

為什麼衛兵全都他媽如此講理？

我整個星期都在煩惱這個問題。沒錯，我們不像連環殺手那麼危險，也比不上烏克蘭毒販那種目無王法的罪犯，但我們在這場戰爭中確實屬於敵營戰士，這讓我們面臨極大威脅。但奇怪的是，馬克耶夫卡獄卒——縱然不完全稱得上是慷慨——仍比我們在黑牢遇上的任何人都要好相處。

我們和衛兵會對彼此微笑和簡短交談，其中有些人甚至積極強調自己對囚犯的體貼態度。「等你們出去後，請記得我可沒打過你們。」有個看守人從牢房活板門看進來時如此說道。我們每天都有三頓熱食可吃。而雖然我很快就吃膩了一成不變的魚、麵包和卡莎粥，但還是恢復了幾個月來失去的一些體重。

然後我就明白了。一切都是在作秀而已。

自普丁發動戰爭後，我和布拉辛將成為首批因莫須有的對俄戰爭罪而受審的外國戰俘。屆時媒體勢必會密切關注，俄國國家電視臺的記者和攝影師也將擠滿法庭。由克里姆林宮批准或委託的傀儡編輯會散播、潤飾這些本就偏頗的報導，並向世人宣傳。

要是我如殭屍般拖著腳步走進聽證會，從頭到腳還布滿瘡痂，那他們就難以掩飾真相，屆時必將引起國際社會的憤怒。

這些人之所以想養肥我，就是為了防止此種公關災難，也為了讓ＤＰＲ的高官免受日後可能的戰爭罪指控。我還發現，馬克耶夫卡的許多獄卒都是領錢辦事的平民，而非為了某種志業而戰的軍人。往戰俘的肋骨拳打腳踢對他們來說並不好玩，家裡還有人在等他們回家。

雖然我的健康有所改善，但狀況還是很差。黑牢五十天的殘忍虐待讓我元氣大傷，身上也滿是印記。

討厭的是，我的狀況是個特例，因為我屬於第一批被抓到的俘虜。其他部分囚犯（像是約翰）被關在黑牢的時間就比我短得多。我猜，這些人抓到我的時候，俄羅斯應該還在整頓戰俘設施，系統運作尚不順暢。而等到約翰被抓到時，那制度才算完備，於是俄羅斯和ＤＰＲ的祕密警察便加快辦理手續，只會在一時興起時稍事歇息，以電擊、毆打或刀割來虐待俘虜。

星期天晚上，我翻過大看守人交給我的起訴書，讀得滿腹怨氣。內容真是一團糟：起訴單以艾登的名字為標題，用英文寫成的文件則是連串一體適用的互通段落，全都是照抄先前的法庭案件。

我還注意到，我被指控的罪行與四月時檢察官辦公室對我的指控大相逕庭，上頭為我寫的陳述也與我實際所說幾無相似之處。除了叛國罪和顛覆DPR的叛變罪之外，文件還聲稱，我之所以會離開亞速，是因為他們有「極端右派觀點和民族主義傾向」。真他媽狗屁不通。我在亞速期間從未見過那種政治觀點，虧我當時還特意解釋了一番。這整份文件不過就是一坨屎。

「唉，我們他媽沒戲唱了。」我心想，並鬆手讓文件落在地上。

我對布拉辛也是這麼說：「我們逃不掉的。」

如此結果沒什麼好驚訝。我原本就不指望俄羅斯人會讓我打一場公平的法律戰。而且我知道，如果我被定罪的話便可能被判處死刑。即便如此，像這樣確切知道我們鬥爭的對象正是這套被動過手腳的制度，還是令人詭異的喪氣不已。那週末，我和布拉辛都沒有收到任何法律建議，我們星期一早上一醒來，監獄的代理人（曾經產量豐富的冰毒販）便命令我們穿好衣服。

「你們要上法庭了。」他嚴厲的說。

「對，我知道，」我一邊咕噥著，一邊把T恤套在頭上：「可是是什麼時候？」

那烏克蘭版的絕命毒師命令我們到走廊上。

「現在。」

◆◆◆

一切都進展得太快。我們最終來到了頓內茨克法庭，我能透過頭罩聽見遠處傳來熟悉的爆破聲。戰爭正步步進逼。我們一進到法庭就被關進拘留室，先是呆站三十分鐘後，才有個滿臉自以為是的人來索取我們的起訴書。

那天早上我們幾乎沒時間好好著裝，布拉辛也沒有想到要整理服儀，那個自以為是的人看起來都被弄糊塗了。他心不在焉的翻閱著檔案，想到我們仍生死未決，那動作感覺尤其討厭。我們接著被帶進法庭後面的籠子，艾登也坐在那裡，他身上穿著黑色連帽衫和深藍色的運動褲。

「兄弟，你怎麼樣？」我低聲說。

他苦喪的點頭，但艾登確實不必多言：他看起來嚇壞了。膚色蒼白，眼窩深陷。艾登看起來需要好好睡一覺——或好好抱一下。

我坐在木製長凳上，快速打量著周圍環境。法庭的空間與五人制足球場差不多大小。裝潢單調，牆壁是髒髒的白色，家具則採深色系，看起來很廉價。這地方散發著漂白水、樟腦丸和陳舊香菸的臭味。

在我們籠子的對面，房間的盡頭擺了張大桌子，想必主持這場荒唐審判的可笑法律人士會坐在那裡寫他的蠢筆記。法庭一側設有座位區，通常是讓陪審團之類的入座（雖然我不相信我們能享受此種奢侈待遇）。那裡應該更有可能被當作媒體席，讓他們聽法官如何發落我們。

我先前從未參加過任何審判，但基本明白審判的配置，因為我偶爾也會看看實境秀《茱迪法官》（*Judge Judy*）。我前方是成排的桌子，通常為律師席位，現在也有幾名律師在這裡走來走去，一邊盯著我們。我的胃一陣緊縮。門口站著幾名黑牢守衛，個個手持警棍，但還好這幫流氓裡面並沒有 Pohuy 和鏟子手隊長的身影。

透過牆壁，附近的砲擊聲仍陣陣傳來。不時就有閃光乍現，房裡擺設被震得嘎嘎作響。隨著法庭開始擠滿人，每次爆炸都會引起一陣騷動。我認出一、兩個先前在法律會議上見過的人，卻不見檢察官、頭套先生，或波波夫的蹤影。

幾個攝影師移步走向籠子，把鏡頭對準法官席和我們的臉。一小群衣著得體的男男女女傾身靠向越來越滿座的媒體席，自稱是我們的翻譯。最後，法官抵達並於主位就座。他禿頭，留著花白的山羊鬍，身穿一襲黑色長袍，目光直直射入我們。看他板著的臉孔，我便知道這間法庭不容從寬處理。法官等不及要宣判死刑了。

這裡不同於電影，沒有任何審前說明，沒有簡介或氣勢磅礡的宣言開場。反之，法官宣布了要宣讀我們所受指控。接著有位翻譯問道，我們是想由一位法官還是三位法官來主持案件。我不安的看著布拉辛和艾登。這有何不同？

「你們覺得呢？」我說：「他們可能需要花點時間才能再找來兩個法官，這樣應該可以耗點時間……。」布拉辛和艾登點頭同意，但立刻便有另外一男一女走進房間，他們也穿著與法官一樣的深色長袍。可見這兩人早已在休息室等候，準備進場了。

我看著布拉辛搖搖頭：「這種鳥事發生的機率有多高？兩個穿好長袍的法官就坐在隔壁房，這還真方便……。」

布拉辛嘆了口氣：「對啊，真好笑。」

然後他自己笑了出聲：「不曉得耶，肖恩……。」

「怎麼？」

「我有預感，我們應該逃不掉了。」

現在可不是笑的時候，但我實在忍不住。房間的另一端，黑牢來的流氓正瞪著我們。其中一個好像還在舔嘴脣，似乎想踢我們幾腳、緬懷那些老時光。有位攝影師發現我們正在聊天，便把麥克風遞到籠子前。突然間，我感覺自己行跡畢露，彷彿被丟進了金魚缸裡。

然後，有人拖長了聲音：「噓——。」

法庭安靜了下來，控方律師緩緩宣讀了指控，每一句話都讓我怒火中燒。除了對DPR的叛國和叛變指控，還有捏造的傭兵罪狀外，我們還被控為犯罪集團的一員，並犯下恐怖主義行為。對方還稱此類行為應受更嚴厲的懲罰，因為一切都有預謀——控方律師指出，我們三人在抵達烏克蘭前就已密謀要推翻DPR，儘管我在囚禁期間才認識布拉辛，而DPR只不過是傀儡國家。

律師轉向艾登。「艾斯林是煽動者，」他說：「是召集者，是一切的元凶。他於此地集合所有人，與俄羅斯展開非法戰爭，試圖要攻下DPR。」艾登一臉茫然，布拉辛則目瞪口呆的望向我。什麼鬼？艾登竟然被當作國際傭兵網路背後的首腦？這真令人費解。

首先，我們都是為烏克蘭武裝部隊而戰的合法軍人，並非領錢辦事的傭兵。而即便艾登相當可靠，但鮮少有人認為他是個握有大權的人物。我的軍階也高過他，在他協助我們守衛巴夫洛皮爾陣地的那幾個月，我就是他的上司。我絕不可能只因為他的一句話就在戰區為他效力，或擔下這麼危險的任務，過了一百萬年也不會。這指控真讓人摸不著頭緒。

等艾登的指控宣讀完畢，我和布拉辛也受到了類似指控。最後，律師舉起一大本資料夾，聲稱其中的文件對《日內瓦公約》的細項有所解釋。他說，我們是所謂的傭兵，所以不受公約的協議保護。真嚇人，故事又轉向了。在感覺過了一輩子那麼久之後，這樁胡謅的鬧劇終於結束。我注意到房裡陷入詭異的沉默。律師們正在商議，有大事要發生了。

終於，首席法官用俄語向全場致詞。一名口譯員用英語重複了他的問題：「你們是否認罪，是還是否？」

配合他們玩遊戲並無意義。我很快就會因數項我從未犯過的罪狀而被判刑了。我內心憤怒不已，所以決定要抗爭下去，不讓俄羅斯人得逞。我靠向艾登和布拉辛，一邊假裝在讀我的起訴書。

「好了，你們想要怎麼做？」我低聲說。

「我覺得我們不該認罪，」艾登說：「我們不是傭兵，更不是恐怖分子。」

布拉辛則一臉困惑：「絕不認罪。」

我試著把戰術納入考量：「不知道耶，兄弟。我覺得我們能擔下較輕的指控，但不承認我們是恐怖分子和傭兵，這樣也許就不至於被判死刑。」

我們很茫然，手上那些寫得亂七八糟的法律術語讓人毫無頭緒，辯護律師也一點幫助也沒有。法庭給我們每人分配了一位律師，但他們人都在遠到我們聽不見的地方圍著桌子閒聊。最後，法官要我們作出決定。我們站起來，承認對ＤＰＲ的叛國和叛變指控，接著並提出抗辯。

「不認罪。」艾登說，指的是擔任傭兵的指控。

我重複他的答辯，態度倔強。

最後，布拉辛也對庭上說道：「不認罪。」

原本的平靜氣氛騷動起來。我聽到有人不敢置信的倒抽一口氣，彷彿我們做了什麼可怕的事，還有一兩聲憤怒的叫喊。法官們怒目瞪視，要大家保持秩序。我向法庭大聲喊道：「我們可以和辯護律師談談嗎？」

法官不屑的揮了一下手。「給你們十五分鐘。」他暴躁的說。

我的法律顧問走近籠子。我一近看，才認出了她是我原本辯護律師（檢察官辦公室裡那個ＤＰＲ軍人）的助理。我們在四月首次見面時，我就發現那個軍人沒有作任何筆記，那時便覺得奇怪，他反而令助手處理那些乏味的苦差事——這女人現在盯著我看，這是怎樣？她看著翻譯，眼睛瞪得老大。

「他們到底說了什麼？」她問道。

然後她盯著我：「你們說了什麼？」

「我們都說『不認罪』。」我解釋道。

「可是你們不能這樣！」

我堅定的看著律師：「有何不能？這是在開庭審理，對吧？我們不必誰說的話都贊同吧？尤其是我們又沒有罪。我們是烏克蘭軍人，不是傭兵。」

辯護律師顯得很困惑，焦急看著自己的文件。「聽好了，你們有罪，」她透過翻譯說道：「所以你們必須認罪，拜託用點腦袋。」

「但我沒有罪，」我厲聲說道，沸騰的情緒失去控制：「給我聽好，我剛剛說過了：我——沒——有——罪。」

在她身後，有一名法官下令攝影組停止錄影。黑牢的守衛對著律師們用俄語大吼大叫，暴力場面一觸即發。我的辯護律師和翻譯談了一會兒，翻譯員接著聳聳肩總結了訊息，彷彿只是在處理辦公室裡的例行公事。她一副無聊又心不在焉的樣子。

「她說，你若想要減刑，就必須認罪，否則只有死刑一途。她說她正在努力幫你。」這令人難以理解，肯定是個陷阱。況且至目前為止，根本沒人在乎我們的法律權益。我聽到布拉辛在我旁邊專心和他的律師交談，他也收到了完全一樣的指示。

「等等，」布拉辛說：「所以說，若我們認罪，你們就不會殺掉我們嗎？」另一位辯護律師露出微笑：「是的！正是如此。考慮一下吧。」

布拉辛看著我：「你覺得怎麼樣？」

律師們以指尖敲著手銬，催促我們快點，時間正在流逝。我們三人擠在一起商量。我們真的有選擇嗎？為自己爭取利益的後果已經很清楚了——說實話：死路一條；撒謊：活下來。但我很掙扎。

一想到要在牢裡死去，我就害怕不已，從另一個角度來看，腦袋吃子彈似乎還不算太壞（假設DPR是這樣處決死囚的）。但藉著拖延和爭取時間，我們三人最後還是有可能活到戰爭結束。這樣的話，我們就能被赦免獲釋。幾乎是在最恰當的時刻，有一枚炸彈正好於附近爆炸，法庭一時間陷入黑暗。一聲尖叫響起，另一個聲音則喊叫著要大家保持冷靜。

待燈光重新亮起，我們站起身來。

第二十二章 好，我們認罪

「好，我們認罪，」我不情願的說。

我們的辯護律師露出了微笑。她站在籠子前，舉起手機，歪著頭自拍了一張，一臉洋洋得意。這是她職涯中的重大時刻，但對我們來說就沒那麼好了。我們已經完蛋，儘管不服這一切的不公不義，但至少沒有人會被處決。

布拉辛開始憤怒嘟囔著：「他媽的。他媽的。去他媽的。」

法院不久後就休庭了。雖然我們只去了幾小時，但很明顯，我們的文書作業可謂一團糟。在我們看來，在法庭上流通的文件就和起訴書一樣缺乏條理。指控單上寫錯了名字，還漏填關鍵資訊。不管誰在負責監督行政流程，接下來肯定要倒大楣了。我們被銬住手、拉出籠子，接著被送回馬克耶夫卡。此案將於次日繼續審理。隨著我們被塞進運輸車的後座，攝影師們也如狗仔隊般推擠簇擁著。

在這種瘋狂場面下，布拉辛也變得神智糊塗了。他的過動症狀嚴重發作到極致，可能是因為我們都很焦慮。我注意到，他在審判期間似乎無法專心。現在他正用各種問題轟炸我，而在現場的一切狀況中，他最多疑惑的對象就是艾登，法院在休庭前曾要求艾登作出簡短聲明。

「他幹嘛一直叫法官『殿下』？」他問道：「殿下這個，殿下那個。什麼意思？」

我笑了：「不是這樣的，小兄弟，他說的是『庭上』。這是在法庭上對法官的稱呼，至少在英國我們是這樣喊的。」考量到我們這六個月來的種種經歷，大夥很容易不小心忘記，布拉辛畢竟還是個孩子。待我再次看向他，只見他正在自己的起訴書上畫著老二。

回到牢房後，守衛又玩了一次換室友遊戲，心理戰繼續開打。布拉辛和迪倫被轉移到隔壁房，與另一個名叫安迪．希爾（Andy Hill）的英國戰俘關在一起。我無視騷動，試著想讓自己歇息一下。

我的精神越發不穩，「重擔」帶來的情緒負擔令我胸悶，重壓在我的肋骨和肩膀上。我的心臟怦怦跳個不停。我發現，馬克耶夫卡的眾多缺點之一，就是讓我有太多時間能想東想西。我在黑牢裡一直受恐懼所困，原本也一直努力避免引起任何注意。但若沒有這種干擾，大腦就能自由思考，如此一來壓力和恐懼便突然雙雙襲來。

我擔心著消息會如何傳到俄羅斯境外，拉瑞莎知道我現在的處境嗎？我想起了英國的親友，還有我摯愛的老母親，我能再見他們一面嗎？然後我想起了在圍城期間失去的弟兄，像是狄馬。他若是地下有知，現在又會對我說些什麼？我安慰自己，至少認罪讓我們逃過死刑了。

「若是俄羅斯在戰爭中轉為劣勢，我們也許就能獲得自由，」我對著房間說道。從法院附近的砲火來看，烏軍正在進攻頓內茨克。

「我寧願腦袋挨一槍，」約翰直言：「我他媽才不要餘生都被關在俄國監獄裡。」

「以後會發生什麼事還很難說，兄弟。」

「是嗎？」他哼了一聲：「比方說？」

「我希望縮短刑期。接下來且戰且走。我還不想死，如果有機會換囚的話，我就不想。」

約翰聳聳肩，拿起俄英字典。「好吧，祝你們好運，孩子們，」他邊說邊翻閱著書頁，嘴裡淨唸著一些艱澀字眼：「聽起來這起法庭案件真是亂糟糟。我們都會輪流被這些白痴玩弄。」

我可以理解約翰為何會如此悲觀，但我絕不屈服。我相信肯定會有辦法贏得這場爭取自由的鬥爭。唯有相信，我才能保持理智。

◆◆◆

到了星期二，同樣是在浪費時間。俄羅斯人前晚重寫了我們亂七八糟的起訴書。我們被送到法庭，他們發下了正確資料。法院繼續宣讀和瞎忙一通，不過我也注意到，這回的個別資料夾上總算印對了名字，比起昨天的狗屎鬧劇算是進步良多。當然，沒有什麼是完美的。每次法庭宣讀了什麼錯誤的事實，我都會敦促辯護律師駁回，但她幾乎懶得從椅子上起身。她早已完成任務，那張自拍照就是證明。

接下來這天氣氛大變。我們得知，法院將提出我們有罪的證據。法庭內擠滿了人，還有更多媒體前來。當我們在法庭後方的籠子裡等待時，我還注意到，大樓裡幾乎所有人都帶著相機或各式錄音機。

有了先前被迫拍攝宣傳影片的經驗，我已深刻了解到俄羅斯人對政治作秀的熱愛。而如今，我、布拉辛，及艾登即將再次擔綱演出。大批媒體在我們的拘留室和法官席周圍爭搶著位置。

「真是一場超氣派的公關秀。」我用起訴書摀住嘴，對布拉辛低聲說道。我實在受夠了像這樣受人關注。我不想讓別人拍到我們在交談，而同樣令我憤怒的是，我們根本沒機會發言或為自己平反。要是我能上前作證，也許還有機會可以反擊，但這正是俄羅斯人最不樂見的。

在控方律師說話時，我覺得自己好渺小，只能受人欺侮。我的黑色T恤這時已換成檸檬綠Polo衫，大概是為了讓別人以為，監獄裡還有衣帽間可供我們挑選衣物。我的頭髮也被馬克耶夫卡的兇殘理髮師獄友剃光了，太陽穴裡跳動的血管大概肉眼可見。

但接著，審判發生了詭異轉折。

「我們將傳喚一名證人。」控方律師說道。

法庭裡的人開始議論紛紛。證人？我在起訴書上看過一個姓氏，但根本不知道那是誰。我抬頭看去，猜想著會見到頭套先生，或哪個曾在我逃離馬立波時砍傷和電擊我的特種部隊隊員，但走進法庭的是一名女子。

她經過時，我注意到她的手銬和不相稱的衣物，兩者都顯示出她的戰俘身分。那女人轉過身面對我們時，我才認出她來。原來是我在撤退期間遇到的醫務官！我鬆了一口氣。她還活著！

我常常會想，不曉得她——還有我離開時其他褪去武裝的軍人——是否成功活了下來。在黑牢裡，在好幾個深及靈魂的漫漫長夜裡，我都一直受到罪惡感的折磨。

我的選擇是對的嗎？我曾一遍遍的想。那些人是否還活著？看著眼前的醫務官，我知道自己的決定是正確的。沒錯，她如今被困在了DPR的法庭，被迫幫他們做政治宣傳。但至少她完好無恙，所以還有反擊的機會。但願她當時在門樓看顧的那個軍人已抵達安全之處——或身處更好的地方。

我從籠中站起身，想與她目光相接、和她相認，想讓她知道，無論接下來發生什麼，她都不會有事的，但醫務官就是不往我這裡看。控方律師交給她一張紙，她掃視著紙上文字。那是一套準備好的、對我們不利的說詞。從她臉上的表情看來，她嚇壞了。

法官低聲向醫務官提出好幾個問題，但這次翻譯員沒有幫忙翻譯。我偶爾聽懂幾個句子時，便會提醒布拉辛和艾登。

「在你遇到平納時，他是正在執行任務的狙擊手嗎？」法官問道：「他在與DPR士兵戰鬥嗎？」

醫務官點頭：「是的，沒錯。」她說了實話，而這讓DPR對我的傭兵身分更加深信不疑，但我完全不怪她。就算她撒謊或設法為我辯護，也絕無可能扭轉局面。我們都陷入了一場法律騙局。

等作證結束，醫務官一副喪氣的樣子。她無法抬頭看向身在法庭後面的我們三人，但要是她看過來，我會對她微笑。我覺得有必要讓她知道，我並不怪她。大家都明白，我們是被迫加入了這場遊戲。

我們的時間正在流逝。隨著審判進行，我試圖發言，並偶爾向法官舉手表示我有話要說。可我每次站起身，守衛或我所謂的辯護律師便會令我坐下。後來布拉辛指著其中一位助理法官，只見他往後靠在椅子上，張嘴垂頭——那混蛋在睡覺。我們本就明白自己只是在作秀，但此時事實更加明顯。我的天啊，這真是太他媽搞笑了。

終於，法官直接對我提問。「肖恩．平納，你是恐怖分子嗎？」他問道。

辯白的時機到了。「不，我不是。我是……」

「真的嗎？可是你的起訴書上寫著：肖恩．平納，是英國恐怖分子，且正受英國政府通緝。」

謊言層層疊加。「我不是英國恐怖分子，」我說道：「我在英國沒有受到通緝，我在英國從來沒做過任何錯事。」

法官置若罔聞：「但你在敘利亞當過傭兵，英國政府指控你為恐怖分子。」

這激起了我的戰或逃反應，但畢竟我被關在籠裡，無法逃跑，所以我選擇了攻擊。我站起身說道：「我能證明我不是恐怖份子！讓我解釋！」

法官怒目瞪視我。「坐下！」他吼道。

但我不聽，我指著控方律師說道：「我早就告訴過他了。我和他說過我從沒做過任何錯事。我可以證明，給我們機會證明。」

我環顧四週，每個人都在看著。一排攝影機轉向我，這會是很搶眼的電視畫面。

「英國恐怖分子，是嗎？」我大喊：「真是狗屁不通。」

我示意我們的辯護律師做點什麼，但她已轉過身去，對著法官聳肩。我感到徹底無助，只好轉向那一張張看著我的臉。

「我永遠擺脫不了困境，」我說：「我絕對回不了家的。沒有辯解餘地，就連我的律師也不幫我……。」最後我忍不住發了火。「我不是英國的恐怖分子！」我大吼：「這是俄國編出的指控。」

法庭上爆出叫喊聲和倒抽一口氣的驚呼，相機閃光燈閃爍著。我一抬頭，只見原本熟睡的法官已醒過來，正氣得臉色通紅。

「你在這房間裡有看到任何俄國人嗎？」他喊道。

「你什麼意思？」

「這裡是獨立的ＤＰＲ法庭。你在這房間裡有看到任何俄國人嗎？」我看向群眾。我猜現場至少有一半是俄羅斯人，尤其是那些為求不義之財而為國家辦事的媒體記者。就算他們不是俄羅斯人出身，也肯定支持普丁。

「聽好了，」我說：「我支持烏克蘭人，沒有什麼能改變這點。但我不是傭兵，不是納粹分子。我是烏克蘭海軍陸戰隊員。我支持烏克蘭人……」

「你看見俄羅斯人了嗎？」法官再次喊道，現場騷動起來。

「我在馬立波見到很多，」我更大聲喊道，想壓過越發混亂的場面：「他們轟炸城市，殺死許多無辜老百姓。」

「我是指這間法庭！」

「很難說，」我回道：「就算我無法指認俄羅斯人，也不代表現場沒有。」法官正設法說服現場觀眾——大概還得說服他自己——相信他的ＤＰＲ法庭並不受克里姆林宮影響。真好笑，好像真的有人會相信一樣。我回想起幾星期前在檢察官辦公室會見他們的時候，那面牆上甚至掛著一幅普丁的裱框肖像。

「可是這裡肯定受俄羅斯的掌控，」我說：「我知道這是何種法庭。」

我環顧四周，才發現艾登和布拉辛都雙目圓睜瞪著我。他們看來嚇壞了。

「你在幹什麼？」布拉辛說。

我重新坐下：「不知道，兄弟。大概是奮力一搏吧？」

我很激動。雖然情況全不受我掌控，但稍稍回擊的感覺還真好。不管我怎麼說或怎麼做，我們都會被判有罪。喊叫至少還能讓我感覺奪回了一點力量。

「這些人都是白痴，」我嘆氣。

然後我低下頭，不願讓電視機前的觀眾看見我的臉，只盼我的照片不會登上俄羅斯隔天早上的報紙。我從來沒有這樣暴露身分過。我知道艾登也有同感，他看起來很崩潰。幾個月來，俄羅斯人透過DPR把他當作公關騾子使喚，逼迫他拍宣傳影片、讓他接受設局過的訪談。這過程剝奪他的人性、粉碎他曾懷抱的所有希望。不過布拉辛仍態度樂觀，雖然他也對我的反抗感到不安。

「別擔心，兄弟，」他低聲說道：「我們遲早會回家的。」

這場司法騙局的齒輪重新轉動起來。更慘的是，又有一名檢察官前來主張，法官還是應考慮判我們死刑，儘管我們已經依照建議認了罪。我們的辯護律師嚇得倒抽一口氣，一臉悲傷的看著我們。我嘆氣，以為這套新論調只是劇本的一環，我們很快就會被關進大牢，然後某個負責的王八蛋還會把鑰匙丟掉。

可我真是大錯特錯，大錯他媽的特錯。

◆◆◆

第二天，我們三人被蒙住頭，押往法院聽取審判結果。此時的嚴峻處境著實賞了我一記大耳光。抵達後，我們被帶到另一棟遠比我們受審的大樓大上許多的建築。數十位攝影師正在外頭等待，彷彿布萊德．彼特（Brad Pitt）之類的大明星現身一般。

隨著我們走上街道，攝影機包圍我們，快門聲隨之響起。穿著迷彩服、戴著口罩的守衛強逼我們進去，群眾也推擠往前猛衝。直到我們在籠裡坐下為止，仍有至少五十幾人想拍到畫面，彷彿我們三人是動物園剛出生的貓熊寶寶。

這間法庭很大，空間至少是昨天那間的兩倍以上，數百名記者和攝影師在木地板上走來走去，設法捕捉到我們痛苦的畫面。有個傢伙甚至將手機伸到柵欄下方拍攝特寫。在籠子門口，站著四名手持九毫米手槍的武裝衛兵。目前的氣氛相當熱絡，卻帶給我一股不祥的預感。隨著一隊看起來相當重要的節目製作組被送到我們位置附近，布拉辛不屑的往他們的鏡頭瞪去。

然而，此舉只引起更多關注。並讓更多攝影師聚攏在籠子前，更多記者大聲提問。

「去你媽的！」布拉辛說道。只要有誰走向他，他就會對那人重複這句話。

我很高興熾熱的目光從我身上移開了。經過昨日的發洩，我今天的目標就是保持低調，並待在暗處。現在實在不該出鋒頭，因為一旦我被轉移到（我猜啦）要待上更久的監獄，引起眾人注意只會惹出不必要的麻煩。要是其他囚犯或新的看守人認出我，我八成就會被針對（前提是在那之前我還沒被針對的話）。另一方面，艾登看起來仍然孤苦無措。要是我們被判無期徒刑，不知道他該如何應對。

法官桌上傳來敲擊的聲響，接著我聽到噓聲，有人正要求現場群眾安靜下來。法庭的嘈動漸漸平息——他們即將宣布我們的下場。我伸長脖子，想看著法官作出判決，但我的視線無法越過大批的攝影師和記者。

然後首席法官開口了：「被告等之行為，已違反頓內茨克人民共和國之憲法秩序，並企圖以武力推翻政府，故從合理客觀之角度判斷，應判處其最嚴厲的懲罰……」

我渾身發麻。什麼最嚴厲的懲罰？我一邊想，一邊盯著辯護律師。不可能是這樣，她向我們保證過的。

「……死刑。」法官接著說明，我們將由行刑隊槍決，並有三十天時間可以提出上訴。我們他媽的死定了。接著，有人開始大吼，旁聽席上的人都在假意生氣。

「不！」

「我的天！」

「真不敢相信！」

那種演技連八點檔演員看了都會尷尬。媒體圍住我們的籠子，我往後退卻。但布拉辛仍反抗著，他打起精神，對關注的眾人得意洋洋的笑。

「絕不會發生這種事的，」他說道，對著媒體重複那句他對我說過無數次的話：「我們遲早會回家的。」然後他轉向攝影團隊。「嗨老媽，」他微笑著說：「這過程都是假的，我沒做錯任何事。」

一名記者大喊：「你是個瘋子！」

「是嗎？」布拉辛厲聲回應：「我才不在乎，我根本不承認你們的法律或法庭。」

接著，我注意到所有的麥克風和錄音機都對準了艾登。正如那趟令人頹喪的馬立波公關之旅，他又一次成了焦點，眾人都想知道他對判決有何看法。這可憐的傢伙似乎心事重重、魂魄根本不在這裡，與我在俄國入侵前認識的那位戰士完全判若兩人。我想知道他狀況如何，但艾登看起來只有茫然。

「我本來希望判決會更公平，」他對聚攏在籠子門口的記者說道：「況且我一直很配合調查，也已經向頓內茨克人民共和國投降了，他們應考量這點。但願判決並非如此，而當時機來臨時，最終審判我的仍是上帝。」

我暗自慶幸聚光燈此刻不在我，而是在他身上。我已經被羞辱夠了。我別過臉避開人群，試著閃躲鏡頭，但這是不可能的。一部部攝影機漸漸逼近。要不是我的手腕被縛住了，我肯定會把鏡頭拍開——還保持什麼低調？

我氣壞了。雖然只有傻瓜才會指望DPR舉行公正審判，但我還是覺得自己被擺了一道。俄國人顯然想在法庭上演一場秀，讓我們以為認罪就能免遭處決，但那只是又一個謊言。

我們完蛋了。而我只有三十天能從槍口下保住自己的腦袋。

第二十三章　拖延、拖延、再拖延

我思緒混亂，一切都跌落谷底。真他媽該死，我現在是死囚了。

隨著我們離開法庭，那所謂的辯護律師還再三重覆可以上訴，但這肯定又是設好的局。隨著我們在運輸車後座彈來彈去，我和布拉辛一邊嘶吼咆哮，我們雙手上銬，被蒙住頭，脾氣也越來越火爆。去他媽的俄國人，去他媽的DPR，去他媽的弗拉迪米爾賤狗普丁。

憤怒情緒緊緊束縛著我，我氣到幾乎能撕開手腕上的塑膠束帶（雖然這麼做，在抵達終點後我大概會被司機痛扁一頓）。那些人都他媽的去死吧。我滿腦子都是法庭那道令人毛骨悚然的判決：由行刑隊槍決。我唯一剩下的出路就是換囚了。

我拖著步伐走回牢房，努力甩開沉重至極、瀕臨爆發的情緒，並提醒自己這次審判本就是一場騙局；西方世界可能會有許多政治勢力為我們的處境打抱不平，而媒體對此案的關注，也許會加速促成換囚協議中尚未談成的條件。

此外，即將舉行的公投也須納入考量。若頓內茨克民眾投票接受俄國統治，死刑就會被廢除，我則會被改判長期監禁。我試著保持專注，該死，我必須往好處想：我還有三十天能爭取時間扭轉局勢，而執著於壞的方向只會讓我向下沉淪。

要保持頭腦清醒的其中一個方法，就是幫助周遭的人。約翰、保羅、馬蒂亞斯和迪倫等人，遲早也會像我一樣承受這場惡夢。約翰和馬蒂亞斯面臨相同指控，大概也會被逼著認罪，儘管他們嚴格說來亦屬於烏克蘭海軍陸戰隊，而非傭兵。

但保羅和迪倫的處境就更棘手了——他們本是在非政府組織工作，在未持有軍人證的情況下，俄羅斯人尚難查出他們的工作經歷。正因如此，頭套先生仍堅稱保羅是間諜。同時間，最近的一次審訊讓迪倫擔憂不已，對方在他面前的桌上擺上一張張由聯邦安全局間諜所拍下的照片，影中可見迪倫的家人在英國老家散步。這暗示十分明顯：配合俄國佬，承認他們狗屁不通的指控吧，否則他們就會對迪倫心愛的人下手。這個威脅搞得他心神不寧，我們所有人都是。

我認為仍有機會能讓大家免受死刑，因為我逐漸發現，我們在案件審判過程中錯失了一連串機會。例如，事實上審判我們的法庭是被俄羅斯掌控，而他們的行政部門對公關形象非常敏感，他們可不想展現出任何負面形象。

普丁此刻想打造的，是一場複雜的政治宣傳，他汲汲營營的想將俄羅斯塑造成善惡之戰裡的英雄。我們在馬克耶夫卡的日常飲食就是證明——他們不想讓我們在媒體面前長得一副半死不活的樣子。也是因為如此，法庭才幾乎不允許我們發言（除了艾登被迫念出聲明和我情緒失控時之外）。我的直覺告訴我，他們忌憚著我們其中有人會在電視直播中說出真相。討厭的是，我們原本還有一、兩次機會可以說出受到的種種虐待——可我們搞砸了。但現在，事情感覺越來越明朗。

「不管怎樣，你們都會被逼著認罪，」當天入夜後，我這麼告訴約翰、馬蒂亞斯及保羅：「但如果你們向法庭提出自己曾遭虐待，媒體也許會拍到這段內容並加以傳播。DPR和俄羅斯最不樂見的就是這種事。」

我估計，要是有人能說出大夥是在挨打和電刑下被迫招供，以及曾在俄羅斯的祕密黑牢中瀕臨餓死，大概就能讓他們在世人面前丟盡顏面，進而達到拖延、甚至是阻撓審判之效。

確實，我們唯一剩下的就只有時間。我們只能拖延、拖延、再拖延，拖延到戰爭優勢轉向烏克蘭（但願如此），或頓內茨克公投加入俄羅斯為止。至次日早晨，我們都感覺更有希望能反擊腐敗的法律體系。雖然我們無疑處於劣勢，但一想到可以大鬧一下法庭，至少讓人感覺自己正在奪回掌控權。我們正在腦海中與敵人開戰。

某些特定情況也對我們有利。被關在馬克耶夫卡的好處之一，就是管理層對待囚犯較為寬鬆。我們每天都有一小時的休閒時間，可以到戶外設有單槓和長椅的小園場放風。我後來注意到，這個空間就在牢房走廊的隔壁，並以牆面分隔成數個四邊都是五公尺的正方形區域——大家通常會被帶到離自己牢房最近的正方形區。

多虧了監獄粗糙的設計，覆蓋各園場的石棉屋頂都比園牆高上許多。所以我們得以和隔壁兩邊的囚犯交談。我們小心翼翼、壓低聲音告知另外幾名獄友俄羅斯人的法律策略，以及我們智取他們的計畫。

布拉辛則採取了進一步行動。他在幾天後告訴我，他姐姐已花錢聘請了一位頓內茨克律師來負責上訴。DPR竟然批准了這件事，真令人不敢相信。我不太確定他們該怎麼做，但布拉辛非常確定結果會是好的。律師甚至獲准前來馬克耶夫卡探監並為他提供諮詢，在兩人第一次見面後，布拉辛似乎比平常更有活力了。律師完全了解我們的情況，也解釋了為什麼我們受到的指控並不成立。他還相信布拉辛能夠擺脫死刑。依此道理，我們其他人也行。

「他覺得他能打贏官司。」布拉辛說道：「我就說吧。我們會離開這裡的。」

沒有人喜歡聽「我就說吧」這種話。但在這種場合，我倒是樂意收下。

到了七月，布拉辛的律師已成為關鍵的情報來源。他會偷偷將來自家人的信件送進來，其中也包括最新戰況。聽起來，烏克蘭的反擊力道仍很猛烈，烏軍也正步步進逼頓內茨克。大約在同一時間，我和布拉辛都收到了確認死刑判決的法律函。方便的是，所有內容都被翻譯成了英文，某處還以小字印刷著：我們身為囚犯所受之保護，均列於《頓內茨克行為守則》（*Donetsk Code of Practice*）。

隨著我掃讀著文字，漸漸開始感到振奮。我的預感沒錯，我們的合法權益毫無疑問受到了侵犯——文件也證實了這點。雖然這對我來說為時已晚，無力回天，但若其他人能在即將面臨的審判中主張這點，還是有希望可以拖延時間。我們每天都努力把握放風時間向隔壁獄友互報最新消息，這實在讓人越發樂觀。也許，我們終究會有辦法脫身。

故事很快就來到了最精采的部分——布拉辛的律師竟然獲准帶食物進來。他的包裹裡裝滿了咖啡、醃肉、香腸、糖果、巧克力和香菸。而我們在分發違禁品的時候，也賄賂了路過的衛兵一番，讓他們睜一隻眼閉一隻眼。

於是，牢房裡出現了派對般的氣氛。這包裹讓我精神大振，我立刻點起一根菸，大口吸著菸草的強烈燒灼感。那巧克力雖然是廉價的烏克蘭品牌，但吃起來簡直就像甜點大師的傑作。此外，天知道我多久沒吃醃肉了，這一入口竟讓我起了雞皮疙瘩。我小心、緩緩的咀嚼所有食物。我可不想重演上次那樣，有如電影《大法師》（*The Exorcist*）的噴射嘔吐橋段。

而最讓人興奮的，就是咖啡了。我上次喝到咖啡還是剛來到馬克耶夫卡的那兩天，後來就只有髒水和淡而無味的爛茶能喝。可現在有了這包即溶咖啡，是時候用咖啡因來提提神了。雖然還有個小問題，即便牢房裡有水管，那玩意卻只有某些時候能用——獄方告訴我們，因為炸彈炸毀了接通監獄的運河，所以我們的水源才無法預測。

就算主要管線成功接通，水管也只會小滴小滴的出水，顏色還和我們在黑牢不得不喝的東西一樣呈現黃色。但還好，我們在牢房裡可以做個臨時熱水壺——這裡有些簡陋配件，只要把水放在鍋裡煮沸，就能好好消毒。

在開心的晚間盛宴結束後，牢房安靜了下來。我指向地板上的鍋子。「來煮點咖啡喝吧。」我提議道。

雖然花了超久時間水才開始沸騰冒泡，但等待是值得的。咖啡的苦味令人享受。更棒的是，那食物包裹裡也裝了幾小包糖。我把一包糖用指尖輕點倒進杯中，下一口更是美味，糖分和咖啡因都在我體內燃燒，我感覺興奮無比。大家舉杯相碰。

是時候繼續謀畫下一步了。

◆◆◆

日子一天天過去，我們越來越有信心在法庭上強力回擊。我們的上訴也一直無消無息，這更加令人安心。我們每次都會問值班守衛，是否有任何新消息或是進度更新，但得到的回應永遠都一樣。他們會抱歉的搖搖頭、聳聳肩，或是含糊其辭的找藉口。

「不，不是今天。大概是明天吧。」

我們的胃口都要被吊死了。

不過，像現在這樣等待已經算不錯了。至少在馬克耶夫卡沒有人會挨打，情況還算可以應付。多虧了布拉辛，我們有了穩定的香菸和咖啡供應，周圍環境也足夠舒適，尤其是比起我們恐怖的「舊家」來說更是如此。床墊雖然都擠在一起，但很乾淨，我們還可以到監獄的洗衣房洗床單。

在這裡也能洗澡，但使用淋浴間還是有難度。該設施位於最底層，控制的裝置卻是在其上方的幾層樓。我每次都得先到蓮蓬頭下等著，聲嘶力竭往上大吼，上頭才會有冰冷水流傾瀉而下。洗澡也有些風險，因為這個樓層是殺人犯和強暴犯的地盤——他們就算被關在牢房裡，還是比「冰雹」火箭彈的攻擊更可怕。

毫無疑問，因為我們插了隊搶先受審，那些烏克蘭籍的獄友們仍在生大夥的氣，儘管我們有些人已經被判了死刑。每次武裝守衛領著我於監獄中移動時，其他牢房便會傳出令人不安的咆哮聲。

「去死吧，英國娘砲！」

「你很快就要沒命了！」

「我們他媽的會殺了你……為國代勞！」

不過並非每個人都充滿恨意。在我走往淋浴間或洗衣房時，也會有幾個囚犯試圖與我禮貌交流。他們主要是出於好奇，因為這裡許多人過去從未見過英國人，態度較親切的警衛也是如此。他們喜歡聊英國文化，還有我們對政治、體育，甚至音樂的觀點。

對許多人來說，這是他們第一次與來自俄羅斯或俄占烏克蘭以外的人交談，他們很好奇我們是否真如普丁的宣傳所言。有時我能感覺到，他們因為發現自己誤信了克里姆林宮的負面說詞，以及了解我們並不如媒體描述的那麼邪惡而感到被玩弄。

我慢慢培養出的人脈很快就得到了回報，我們獲得了能用來寫字的紙筆。有名守衛還帶來一塊舊的木製跳棋盤和半套棋子。我們用瓶蓋來補足缺少的子，然後在每個子上標記不同的符號，例如「K」代表國王，「P」代表小兵，「R」代表城堡等等，這樣一來這套棋就成了西洋棋。

玩遊戲有助於打發時間。而守衛有所不知的是，我們也會用紙來作筆記，策劃我們的法律攻防戰。凡有任何新消息、想法或行動指導，我們都會趕緊寫下來，接著將紙扔過圍場隔牆，並沿著走廊傳下去。

不料，我們的司法之戰卻遭到重創。

一天下午，布拉辛開完法律會議後回到牢房，一副心事重重的樣子。

「律師說他沒辦法再幫我們了，」他說。

我坐起身：「為什麼？」

「他告訴我：『我覺得我贏不了他們。』然後說某人在對他施壓，還是來自最高層的人。」我要崩潰了。律師從外界帶來的最新消息都相當寶貴。

「他說這話到底是什麼意思？」我說。

布拉辛嚴肅的看著我：「是普丁。顯然他無法接受我們不是傭兵，所以我們不太可能上訴成功。好消息是，律師覺得我們仍有機會減刑，但他現在被嚇得半死。他擔心上頭的人會把他一起關進大牢。」

看來，我們現在更有必要促成換囚了。也許我是在自欺欺人，但我還是樂觀的認為我們有勝算，主要原因在於，馬克耶夫卡的員工似乎非常關照所有戰俘的健康。除了日常飲食外，我們還經常拿到止痛藥和醫藥品，用以治療我們先前在黑牢被打出的嚴重腫塊和瘀傷。有一回，我問了監獄裡的人幹嘛這麼關心我們舒適與否——畢竟這裡基本上仍是一座陰森大牢，關著食人魔、冰毒販和敵國的戰士——對方解釋說，那是因為大家都受命保護我們的安全。

「要是有戰俘死在這裡，我們就吃不完兜著走了，」一名守衛說道，我們稱他為大衛杜夫（Davidoff），因為他都抽這牌子的香菸：「所以我們絕不想讓你們被殺掉。」

他微笑著繼續說：「說實在，你們若在外頭被一槍斃了，對我來說會方便許多。」

等守衛笑著走開，我便重新咀嚼他那句冷血的話，並且找到能抓住的希望。

他的意思是，我們還有機會。

第二十四章　關鍵字：交換

我又被搬走了。這次是搬到迪倫和安迪的牢房。我們三人一起被塞入保羅、馬蒂亞斯、約翰及布拉辛的隔壁房。我很快就與安迪熟識起來，他在四月被逮住送進了黑牢，手臂在一次痛毆中被打斷了。隨後，俄羅斯人在安迪的骨頭裡打入骨釘幫助他康復，但那手術讓他傷口發炎。不過安迪也沒有搏得大夥太多同情。布拉辛第一次注意到他手臂上伸出的鋼釘時，便放肆的稱他為「掛勾手[1]」。

與新獄友安頓下來後，我發現因為年紀和戰鬥資歷的關係，我似乎成了這群人的某種學長。對烏克蘭陸戰隊的年輕小伙子（例如布拉辛）來說，我可以教他如何應對獄警。我在SERE求生訓練期間曾學過各種技巧，用來與負責餵食給水，而非殺死我們的人打好關係。至於未受過軍訓者（如迪倫和保羅），我則設法給予精神上的支持，協助他們應對身陷囹圄但不知何日可脫身的挑戰。

我必須小心不讓守衛發現自己軍師的身分。要是被知道我正身兼老師、顧問及啦啦隊的角色，他們很可能會將我與這群人分開。在他們眼中，我就只是個善於交際的戰士——一個強悍但無害的老兵，總有說不完的故事。

我刻意裝出這種樸實的形象以隱瞞真相。我清楚知道自己在做什麼，且就像老派的足球隊經理一樣，我逐漸適應了周遭大夥的性格。重點是，要搞清楚哪些戰俘在困難時需要有人伸手、拍拍他們的肩膀；哪些人則需要當頭棒喝才能打起精神。

安迪便屬於後者。在我們成為室友的第一個星期，他總是為了自己的家人發愁。他害怕被判死刑，一想到再也見不到孩子，就常常淚流滿面，這讓我難以招架。終於，我決定用一些殘酷的事實讓他振作點。

「別哭了，」我說：「我不想聽到你自怨自艾的。」

「你什麼意思？」他生氣的回嘴。

「嘿，你當初報名參軍的時候，可沒有真正想到孩子吧？怎麼現在突然開始擔心了？老是執著於眼前的處境，只會讓你狀況更糟而已。」

有趣的是，我也想發洩情緒和傾訴心聲，更希望幻想與拉瑞莎在一起、聊她的事還

---

1 原文為「Chandelier Arm」，應指如掛勾般有數個分枝的吊燈形象。

有我們共度的時光。但我知道，重溫幸福時光並哀悼我倆的分離，只會讓我陷入危險的境地，於是選擇堅強起來。安迪雖然板著臉接受了我的建議，但效果相當不錯。等我再次向他看去時，只見他正在研究那本俄英字典。每當有守衛走過，他都會努力聽他們在說什麼。

同一時間，烏克蘭投下的炸彈越來越接近，也越來越頻繁。每到晚上，炸彈就如雷雨來襲般在外頭轟隆作響。我從窗戶望去，只看見DPR的軍隊已密集守在監獄周圍——他們的重型火砲使監獄成了合理的攻擊目標。

如今這處設施被擊中的機率越來越大，令我五味雜陳的想著：火箭砲一方面可能會殺死監獄裡的所有人，一方面卻也有機會炸破圍牆，讓戰俘得以趁亂逃脫。直接被命中的可能性很小，有時我覺得，自己還寧願被炸死，至少這樣能有所改變。

一枚砲彈落在附近，爆炸使石子和殘片噴進了牢房，大家都歡呼起來。

「是坦克砲彈的碎片！」安迪咳嗽著說道：「絕對是坦克。那枚砲彈肯定落在大概八十公尺之外。烏軍正在進逼。」

我跳起來手舞足蹈。「來吧！」我喊道，也把迪倫拉起來：「一起呀！」

幾分鐘後，又一枚炸彈爆炸，地面都為之震動。

「又一發，」安迪說道，並推測距離有五十公尺：「越來越靠近了。」

「會來的，兄弟，」我笑著說：「一定會的。」

突然，有人急急拍著門。用來監看牢房的活板門突然彈開。「你們在裡面做什麼？」有個聲音喊道。

我像個被責罵的孩子一樣坐在床上。「沒什麼。」我歡快的答道，覺得自己終有一天會有望擺脫這處地獄。

◆◆◆

一天晚上，我問迪倫他對接下來的審判有何想法。

「你有何打算？」我邊說邊為自己倒滿咖啡：「反擊法官之類的？」

「不知道，」他說：「感覺不管我們做什麼都是死路一條。」

我點點頭。我敬重迪倫，他是個好人，和布拉辛一樣僅二十出頭歲，不過兩人的相似之處也僅止於此。迪倫沒有受過軍事訓練。聽他講述自己和保羅一起被抓到的故事時，我發現他的經歷竟然比我更慘。迪倫在挨完第一輪毆打、審訊和電擊後，便被轉移到遠離保羅的隔離牢房，那裡的酷刑更恐怖。

「那些人他媽的用水刑對付我，」他憤憤的說，一邊啜飲著咖啡：「他們在我的嘴裡塞布條，只要我沒說出他們想要的答案，他們就往我臉上倒水，讓我嗆得無法呼吸。你也經歷過這種事嗎？」

「沒有，真是謝天謝地。」

迪倫搖搖頭：「保羅也這麼說。真該死，所以只有我而已囉？不過我不懂為什麼那些人常在半夜叫醒我，然後把我打得稀巴爛。」

他揉了揉身側繼續說道：「他們肯定打斷了我幾根肋骨。但我沒有哭，也沒求饒。這麼做有何好處？我又改變不了什麼。」

迪倫和我們大家一樣看起來心事重重。他膚色蒼白，眼睛充血。

「你覺得他們想要什麼？」我問道。

「他們想知道我是不是間諜，我不是，可是我又該怎麼證明？他們也想知道我們是怎麼潛入防線的。」

他傾身向前：「你真的覺得我們能逃過死刑嗎？」

我點頭。「也許吧，」我邊說邊在杯裡倒滿咖啡：「誰知道？但你現在最好的做法，就是拖延審判進度。」

「不過，說比做還容易多了，不是嗎？」迪倫說。

「對，在法庭上他們會想辦法讓你閉嘴。你會待在後面的籠子裡，但時不時就會有人對你提問。」

「比如？」

我嘆氣，回想起那些人對我們的指控。「比如他們不會問你是不是傭兵，而是問你為什麼要當傭兵，」我說道：「我原本也一頭霧水。我們是第一批受審的人，所以對可能的情況一無所知。如果我當初知道這些的話，我就會趁機對媒體說出我們曾受虐待，以及我們的自白都是他們胡謅出來的鬼話。」

迪倫坐了回去，他正在消化這一切。「好吧，橫豎我就是會被判死刑，」他最後說道：「那不如轟轟烈烈的鬧一場吧。」

我們花了幾小時設計出一套法庭上的言行指南。只要水龍頭有出水，我們就會裝滿那五公升的大水瓶，然後大口喝著咖啡。我想確保迪倫完全明白審判會如何進行。至太陽升起時，我們都累壞了，卻感到很開心。即便進度緩慢，但我們篤定，這項應敵計畫正漸漸成形。

至此階段，生活異常的單調。宣傳活動和我的司法程序都結束了，真無聊。且就待在馬克耶夫卡的英國人中，只有等待受審的人會被帶走參加法律會議。我和布拉辛已被單獨留下了好幾星期，對於各自的上訴情形一無所知（我也不知道艾登現在的遭遇，因為他被關在另一棟樓）。

◆◆◆

為了打發時間，我會幻想著，要是有火箭彈打中馬克耶夫卡，我們能如何逃脫。心情好的話，我會想像我們在飛彈射穿大樓時的反應，我想像自己和大家一起穿過監獄走廊、奔向自由的樣子。要是心情不好，我則幻想著脫逃失敗，尤其是在我不曉得該如何帶著約翰、馬蒂亞斯或保羅等負傷的人離開之時。

然而，大家的整體士氣還是很高。我們培養出的堅實友誼，大多是建立在樂觀心態、黑色幽默和共同的信念上——我們相信，大夥付出的努力堪比二戰電影《第三集中營》（*The Great Escape*）裡同為戰俘的弟兄。等到安迪和迪倫收到上法院的日期時，我們的信念也更加堅定，這表示我們可以實踐大夥集思廣益而成的法律攻防戰略了。

大看守人宣布，兩人將於八月十五日與約翰、馬蒂亞斯，連同一位名叫維耶科斯拉夫・普雷貝格（Vjekoslav Prebeg）的克羅埃西亞軍人一起受審。這消息讓所有人都打起精神，更加勤奮的蒐集起情報。

同時間，敵人也在無意間助了我們一臂之力。除了俄英字典外，大衛杜夫還決定多給我們兩本書——一本書頁都捲起來了的《哈利波特》（*Harry Potter*）和一本費茲傑羅（F. Scott Fitzgerald）的《大亨小傳》（*The Great Gatsby*）——用來排解無聊。

我們傳閱著這兩本書，大家都看得情緒激動。我發現，閱讀以青少年巫師為主角的書很有益處，因為這麼做能讓我逃進一處奇幻世界。但潛入蓋茲比[2]（Jay Gatsby）和他的虛構的豪奢派對令人感覺有點自虐，每翻閱一章，我的錯失恐慌症都會惡化，大腦也會難以招架。就這兩個選項而言，我的想像力在霍格華茲[3]（Hogwarts）裡過得比較快樂。

在我們簡陋的藏書庫裡，最受歡迎的還是字典，現在每個人都承擔起了學習新單字和片語的責任。我們會花上好幾個小時，仔細研究該留意的關鍵字：只要是和「交換」

2 《大亨小傳》的主角。
3 《哈利波特》故事主要背景場地，是一所教授未成年巫師魔法的學校。

有關的都很重要。

「要是有誰聽到這類字眼，務必要告訴我。」我如此吩咐大家。我想知道周圍是否有任何變化——無論是好是壞，這樣必要時就能調整法律策略。我們輪流在門口傾聽，有天下午，迪倫搖醒了正在午睡的我。

「我聽見了！」他興奮的說。

「聽見什麼？」

「關鍵字啊，守衛們正在外頭圍場討論交換的事。」

我跳了起來，掩住興奮之情，與迪倫小心翼翼爬向窗戶。我慢慢把握住談話的線索。兩個或三個守衛正在外面聊天，大衛杜夫也是其中之一。接著我在混亂的句子間認出了一個單字：交換。我看著迪倫點點頭。他是對的，守衛們正在討論某種交易。

「……我已經忍受六年了……現在一切都他媽毀了……。」

我看著大家聳聳肩。這沒道理啊？我一頭霧水，於是伸手拿了字典。他們到底在聊什麼？然後我聽出了在俄文課上學過的幾個單字：車、想要、車廠。我難過的搖搖頭，從窗邊退開。

「所以呢？」迪倫低聲問：「我們到底會不會離開這裡？」他正盯著我瞧。

「不，兄弟，」我說，試著往有趣的方向想：「聽起來，其中一個混蛋想把他的車賣給當地車廠。不過你說得對，你確實有聽到那個關鍵字。」

迪倫看起來很挫折。

「別擔心，」我想讓他打起精神：「你認出了那個字，而眼下最重要的就是這個。他們遲早會聊到有關我們的事。」

有時候，就連全球局勢也感覺在密謀與我們作對。七月初，一名守衛敲響我們的牢門，並說強生已於六月辭去英國首相一職，這消息讓我們一度很沮喪。強生一直都大力聲援烏克蘭，也堅定支持我們的軍事事業，所以許多士兵都喜歡他。我們本指望強生未來可能會協助我們脫身。但他這樣突然退場，所有累積起來的勢頭都可能消失。

「英國國內到底發生了什麼事？」待守衛走開後，迪倫問道。

「不知道，老兄，」我說：「這消息甚至可能不是真的。但若是如此，我們肯定不會再出現在報紙上了。這不是好事。」

迪倫坐起身：「為什麼？」

「因為沒有人會再討論我們，他們會改聊強生的事。要是我們不再是公共話題，上頭就不會有完成任務的進度壓力。」

安迪一直在牢房角落默默聽著。

「他們說的話全都信不得，」他終於開口：「俄羅斯人說要拿下烏克蘭說了好幾個星期。可現在，我們卻能聽到我們的坦克把他們炸得稀巴爛。」

「那該怎麼辦？」迪倫說。

「繼續懷抱信念吧，」我說：「一定有人正在某個地方為我們而戰、討論我們。也許有人會想辦法把我們弄出這裡。」

◆◆◆

一個星期後，出了一件大事。一天早上，仍在候審的人出乎意料的被帶到檢察官辦公室簽署幾份法律文件。等所有人都回到牢房後，他們告訴我，保羅在辦手續的過程中惹出不小的風波，還被毒打了一頓。

事情顯然是這樣的：檢察官問了一連串問題，但保羅閉口不答，除了要菸抽之外始終拒絕開口。「我想抽根菸，」他說：「給我一根菸。」保羅一遍遍重複相同要求，直到檢察官大發雷霆。

「保羅，我是認真的！」檢察官大吼：「我們問你的問題，你最好認真聽。」他接著把一疊表格推過桌子：「你的死活也取決於你是否簽署這些……。」

但保羅不肯讓步。氣氛越發劍拔弩張。保羅無法、或是不願接受自己處境之嚴峻。我知道他在馬克耶夫卡一直惹禍上身，還曾激怒一名供應他糖尿病藥物的監獄醫生。但他現在變本加厲惹惱檢察官，只讓自己更加聲名狼藉，成為眾所皆知的惹禍精。

等到會議結束，保羅的行徑傳到大樓的幾名守衛耳裡，其中還有幾個來自前線的士兵，用「久經沙場、怒火中燒」來形容他們絕對不過分。在某處獨立空間，這群人氣沖沖的花上四十五分鐘把保羅打得半死，迪倫和安迪還聽到幾扇門外傳來的哀號聲。

保羅回到馬克耶夫卡時簡直是一團糟——他被打得鼻青臉腫，身體就像一包碎掉的餅乾。其他人身上也都有些腫塊：安迪的臉腫得很厲害，馬蒂亞斯本就受傷的腿又多挨了幾腳，現在又斷了。

此種發展會招致的後果相當可怕。首先，這種「未記在帳上」的毆打並沒有得到大看守人批准。而大看守人比誰都清楚，任何虐囚指控最後都會害自己被送上戰爭法庭，並被當成頭號犯人審理——若烏克蘭有幸在衝突中占得上風的話。

一名醫務員前來檢查保羅的傷勢之後，上頭便宣布將調查此事，DPR來為自己擦屁股了。但以上種種對保羅並無幫助。整整兩天，我在隔壁牢房都能聽到他嗆咳的聲音，非常可怕，有時他聽起來都要把肺嘔出來了。

接下來的星期日，走廊上這排的牢房開始了每日放風時間。一如往常，各牢房的獄友一邊交換情報，一邊說笑，保羅卻反常的一直躺在床上。他抱怨著腹部劇痛、渾身不舒服。保羅的糖尿病症頭一直都是個麻煩，但若無監獄醫務員的協助，我們也無能為力——那天下午醫務員也不在。接著，等我們魚貫返回牢房時，我聽見隔壁傳來喊叫聲。

「我們需要醫生！」

「快點！他沒呼吸了。」

我看著安迪和迪倫。笨蛋也知道此刻發生了什麼事——保羅死在床上了。待守衛抵達，以及約翰、馬蒂亞斯和布拉辛被帶到另一間牢房，外頭傳來了更多喊叫。我坐在床上嘆息著，保羅是我們之中第一個沒命的人，這件事真令人喪氣。

「我們會調查清楚的。」另一個聲音喊道，聽起來像是大看守人。

馬克耶夫卡立即被封鎖，隨著消息傳遍監獄，大家的情緒似乎都有明顯轉變。有些守衛變得急躁起來，我還記得幾星期前大衛杜夫才說過，要是有戰俘死掉，他們就會吃不完兜著走。我很好奇獄卒會有什麼下場，但顯然我不必等太久，答案就揭曉了。

保羅過世後不久，我聽到守衛米沙在牢房外講電話。我當初剛來到馬克耶夫卡一天左右時，他便帶了字典給我，此後他仍會關心我們過得好不好。獄友們都知道，只要囚犯乖乖的，米沙一般來說也會給予我們尊重。一有炸彈落在附近，他也會把頭探進牢房、檢查我們的狀況。此外，他最喜歡的就是用英語咒罵我們。

從對話氣氛聽起來，米沙惹上了麻煩。他還真慘，因為保羅正是在他值班的時候去世，而大看守人對他那天的去向更是感興趣。審訊接下來可能的發展，似乎給了米沙不小壓力。

「聯邦安全局來了……。」他緊張的說。

這是我第一次在馬克耶夫卡聽到這個詞。虧審判我的法官還聲稱，DPR並不在克里姆林宮管轄範圍內，雖然大家都知道這是個笑話，但我一想到頭套先生就緊張起來。

米沙繼續對著手機說：「他們想調查保羅的死因。他們覺得這跟我有關。」

我很同情他。的確，他是敵方的一員，若是在不同的情境下——在戰壕裡，或者在保衛馬立波時——我只要有機會可能就會向他開槍。可是在馬克耶夫卡，在這套截然不同的規則下，他卻給了我不錯的印象。

每當米沙來到我們的牢房，他都喜歡和我們這群英國人開玩笑。要是我們太吵鬧，他也會拿我們的刑期來說嘴。「你們在笑些什麼？」他會陰沉沉的笑道：「你們很快就要沒命了。」我不確定他是認真的還是在開玩笑，只好盡量假佯裝生氣，盼能繼續和他打好關係。

走廊上的米沙嘆口氣便走開了。由於保羅之死，他的神情明顯變了，只因為他在錯誤的時機出現在錯誤的地方。很快，普丁獨裁統治下最可怕的人就會來審問他，當初毆打、刺傷和電擊我的正是同一批人。我能理解他的焦慮，要是米沙無法讓聯邦安全局相信他是無辜的，他便會像我一樣遭到酷刑伺候，甚至可能會「剛好」因某種事故「失蹤」。頭套先生會參與這一切嗎？

保羅的屍體整整兩天都沒有被移動，真令人無言，大夥也不知道該做些什麼。有時我們會大聲講些病態的笑話，用大難臨頭的幽默感來避免大家恐慌。像是問保羅要不要抽根菸，或是在入睡時向他道晚安。知道獄友就死在牆的另一頭，這感覺真詭異，但沒有人能做點什麼。牢裡的氣氛非常低迷。

我們也多少感到憤怒和沮喪。毆打保羅的警衛令我生氣。我想，他們幹嘛特地打他一頓呢？保羅確實很容易成為目標，他身材走樣、健康堪憂又脆弱，但攻擊他又沒有任何好處。雖然我對保羅也有某種的憤怒，他總是搞不懂自己的處境有多麼嚴峻。

「他為什麼不願意多配合一下？」我終於開口問道。

「什麼意思？」其中一位獄友回答。

「我的意思是：『保羅老哥，閉上嘴巴吧，別自己惹禍上身了！』他花了一堆時間招惹不該惹的人。」

「但他沒受過軍事訓練，他該怎麼……」

「那不是重點，」我說：「我們給他夠多警告了，還告訴過他該怎麼做。」

接著，我想起來保羅就身處不到幾公尺之外，頓時感到一陣愧疚。

「我本來還希望他能在法庭上表現一下，」我說：「我原本希望他能反擊俄羅斯人。」

他感覺白死了。

馬克耶夫卡的守衛對保羅之死同樣憤怒，雖然主要原因是，他們的工作量因此增加了。不久後就有另一位醫務員來訪視我們，她記錄下過去四十八小時內見過保羅，或與保羅交談過的所有人的證詞。

我向她說明保羅是如何在檢察官辦公室挨打的，但她一遍又一遍的說道：「不該發生這種事的。」接著，她問我，米沙那天是否曾近距離接觸保羅。我搖搖頭。想從我這裡套話？門都沒有。

醫務員盯著我。「你確定？」她問道。

我點頭。非常確定。

等她離開後，我有點好奇自己是不是犯了某種斯德哥爾摩症候群——一種知名的心理症狀，即人質或囚犯開始對綁匪產生同理心，甚至是感情。我只能安撫自己，我的精神狀況沒問題。

確實，米沙是DPR的人，但在馬克耶夫卡，他對我們還算不錯，我可不希望別人也經歷我在黑牢遭受的待遇。更重要的是，我感覺這麼做才是正確的。我的人性被剝奪了如此之多，首先是戰爭，再來是監禁，所以我覺得有必要堅持做對的事。我不想眼睜睜看著又一部分的自己死去。

等到醫生的調查結束，保羅的屍體被送走後，俄羅斯人便向全世界宣布保羅是自然死亡。為了讓故事更有說服力，克里姆林宮的媒體機器又動了起來。那週稍晚，記者科薩列夫——我們的熟面孔——又來到我們牢房外拍攝另一則虛構報導。

科薩列夫報導道，保羅是因為潛在的健康問題而死，而不是因為遭到毒打。大夥一邊聽著他胡謅，一邊在錄製時輪流咳嗽。有人嘟囔著喊出「狗屁」一詞，就像在教室後面搗蛋的頑皮小學生，我們也一一效法。

「狗屁！」

「胡說八道！」

「蠢豬！」

終於，有個衛兵要我們安靜下來，並讓攝影組離開。

在下一次放風時間，我隔牆喊來約翰。「這太誇張了，」我說：「你會好奇米沙現在過得還好嗎？」

一陣停頓。「誰在乎？」約翰最後答道：「這裡可沒什麼好人。」

「可是我感覺他還行。」

我聽見約翰嗤之以鼻。「對啦，隨便你，小雪，」他喊道：「你就繼續這樣告訴自己吧。如果可以的話，我可是非常樂意轟爛這裡的每一張臉。」

◆◆◆

保羅的獄友被轉移到同一條走廊的另一處空間。為了安撫他們，大看守人還在牢房裡放了臺電視，以為約翰和布拉辛這種人會因為能觀賞各種有字幕的爛電影，和一些被克里姆林宮操弄的報導而冷靜下來。

不過，電視很快也成為與俄英字典同樣有用的工具。他們稍微轉動天線，接到女子足球賽及烏克蘭新聞的訊號，並讓大夥心情大為好轉。他們會在每天的放風時間向我們轉述報導。從報導可知，澤倫斯基的部隊距此地只剩幾公里了，他們正處於上風。我們頓時振奮起來。當這名烏克蘭領袖穿著他的招牌綠色T恤在電視上現身時，布拉辛還激動得站起來指著他。

「那是我們的總統。」他挺起胸膛說道。

這故事讓我笑了出來。布拉辛以身為摩洛哥人為榮（雖然他在烏克蘭武裝部隊服役），但我懂他的意思。澤倫斯基是馬克耶夫卡每名戰俘的希望燈塔，不分國籍。他在不可思議的巨大壓力跟前，還能活用戰術和充滿創意的有力宣傳，勇敢抵抗俄羅斯的軍事力量。也許我們也可以。

除此之外，我還有好幾個支持他的理由：我在烏軍服役了將近五年、我娶了烏克蘭人、我深愛烏克蘭。我意志堅定，相信澤倫斯基絕不會放棄我們或他的國家。幾天後，有個俄羅斯守衛來到我們牢房，說澤倫斯基已從烏克蘭逃往倫敦，我們馬上就知道他在胡說。真是唬爛第一名。大家笑著把他轟出了牢房。只消稍稍調整電視天線，就能堅定大家的信念——澤倫斯基仍在烏克蘭，仍在為正義而戰。

我們也一樣。

◆◆◆

八月十五日，是我在馬克耶夫卡五味雜陳的一天。早上，迪倫、安迪等人被蒙住頭、戴上手銬，並被帶離受審。這是我幾個月以來第一次獨處，而眼下情況令我害怕。我沒有可以交談的對象，連自言自語也不能，一種絕望的孤獨感將我吞沒。

我和在黑牢的頭幾天一樣感到害怕和迷失。思緒瘋狂扭曲。孤伶伶的一小時變成了兩小時，然後是三小時。不久後，我的腦袋就陷入一種怪異陰沉的狀態，一切都彷彿混沌不穩，沒有任何有形之物可以作為支柱。

家鄉傳來的消息也沒有幫助。數個烏克蘭電視臺都在報導英國的混亂，尤其是強生辭職的消息。起初我想到了我老媽，然後好奇拉瑞莎過得如何，而我的心情正是在此時跌落谷底。

我在腦海中蹣跚走過馬立波圍城戰，思緒流連於一連串在暗處等待偷襲的記憶，與未癒合的創傷之中。惡臭、寒冷和飢餓感從記憶一波波襲來，不久後我就被悲傷席捲。我見到了狄馬，然後開始為隊友（例如阿熊）感到緊張，不知他們是生是死、是否安全，亦或是像我一樣在牢房裡腐爛？我們會有何種下場？

最後我想起了保羅．尤里，忍不住淚流滿面。我的身體因激動而顫抖，彷彿某個壓力閥被猛然打開。我一直努力在大家面前保持堅強，不許自己以任何方式宣洩。而現在負面想法一次從我腦袋湧出，就如洪水般襲來。

這天慢慢過去。迪倫和安迪已離開許久，我開始擔心起他們的安危。考量到現下的戰況，我猜普丁可能會變本加厲，選擇當場處決被定罪的囚犯。我的思緒閃回到俄國人打算處決我們的那天：我看見閃光燈閃動、聽見律師們佯裝憤怒的喊叫。這些謊言和政治作秀令我更生氣。我祈禱大家仍按照計畫走，向法庭自述是如何挨打、挨餓和被迫做出虛假陳述。他們一定也要提到保羅之死才行。這是他們逃過死亡指控的唯一機會。

我試圖睡一下。白日漸過，影子在室外漸漸拉長，對街的卡拉ＯＫ酒吧已開始營業，又有人像殺豬般嘶聲唱著羅比．威廉斯的〈天使〉。我用被單罩住耳朵，試圖蓋過那哭號聲，但門外的一片混亂引起我的注意。有人正拖著腳步行走，一串鑰匙晃得叮噹響。一名獄警大聲說著話。

「滾進去，慢一點。」鎖頭轉動，牢門打開。安迪和迪倫踏了進來。待牢門從他們身後甩上，兩人都面露微笑。

「有結果嗎？」

安迪點頭。「有，」他興奮的笑道：「我們會休庭一個半月。整整五十天！」

「你們全部嗎？」我說。

「對，我們全部。」

真是他媽太好了。我算了一下，這麼長的休庭期大概能拖延到十月，雖然我也說不準，但公投結果至那時很可能已經出爐。結果情況有利的話，大家便都能逃過死劫。安迪和迪倫談笑風生，他們的好心情很有感染力。他們的勝利就如同大家的勝利。終於，我們有了值得慶祝的好事。

「所以，發生了什麼事？」我說道。

「我們出庭了，一切都照計畫走，」安迪說：「等他們問我們是否認罪時，馬蒂亞斯說：『其實我們都曾遭受酷刑虐待。監獄調查了我們朋友去世的原因。他們蓄意要餓死我們，逼迫我們發表不真實的言論。』於是周圍騷動起來。他們要求攝影機停止拍攝。隨後法官和律師們聚在一起……。」

「我們不知道究竟發生了什麼。」迪倫笑得開懷。

「然後呢？」我說。

「然後他們延遲了審判，」安迪說：「並宣布要調查此事。」安迪還刻意強調了「調查」兩字。「兄弟，我們成功搶下更多時間了。」

他俯身到我們的臨時水壺旁，打開電源。

「多虧有即溶爛咖啡給我們的靈感，我們才能擊退俄羅斯人。」

「重擔」此刻從我肩上卸下，總算，我們看起來有了贏面。

第二十五章 最後的俄式驚喜

儘管我們首次贏得法律之戰，接下來的幾個星期卻少有進展。米沙回到馬克耶夫卡了，但他對我們的態度明顯有變——再也不說笑，也沒有英文髒話了。此外，我的三十天上訴期雖已結束，檢察官也沒有將我或布拉辛叫到辦公室。每次我們詢問獄卒有何進展時，得到的答覆仍一如往常：不是今天，應該是明天。一切都懸而未決。

至九月初，烏軍尚未收復被占領的頓內茨克，公投也仍待舉行。日子周而復始，令人厭煩。我越發迷失方向、不知所措。我用「有時間就有希望」、「沒有消息就是好消息」之類的話來安撫自己。但在這種環境下，我也擔心起自己長期下來的心理健康。我微微恐慌著，甚至有些懷疑自己產生了幻覺。

我這麼說是有道理的。某天早上我躺在床上，守衛們只是於巡邏時走過，我便認定自己聽見他們在討論大夥獲釋的消息，正如安迪之前那樣。不過，這次的細節更加準確。「他們很快就要離開了。」門外有個聲音說道。我彈坐起身。他們很快就要離開了？這正是我們一直盼著的消息！我等大家醒來後便告訴他們此事。

「就是這個了，」我興奮的說：「我百分之百確定。」

大家激動的討論著回家後生活將有何改變，我則想像著與拉瑞莎重聚。但日子一天天過去，什麼也沒發生。我心想，該不會是有人在和我們玩殘酷的心理遊戲吧？我開始懷疑，守衛是在經過牢房時故意這麼說的。很快，安迪和迪倫就開始取笑我的故事，有段時間我還擔心，自己是因為精神不穩才鬧出這樁笑話。

若是這樣我也不意外。戰俘的生活就是無聊與困惑的詭異綜合體。這裡的日子並不好過，但同一時間，特定的國際事件也以一種超現實的方式影響著我的生活。九月初，有個守衛在放風時間如砲彈般衝過圍場，一邊說話一邊大笑著。當他朝著我們奔來時，似乎在幸災樂禍些什麼。

「聽起來不妙，」安迪憂心忡忡的說：「你覺得烏克蘭投降了嗎？」

然後他往我們走來。「你們家女王掛了！」守衛說道：「女王死透了！」

他笑著指指點點，大概希望我們有誰聽到這消息後當場崩潰。起初，我感覺暈頭轉向。強生辭職和特拉斯（Liz Truss）接任的消息，已經讓英國聽起來夠悲慘了，現在我們的女王也他媽的走了？

我不禁想像英國的景況、報紙的頭條新聞和哀戚的氣氛。國家的虛位元首離世了，我擔心這消息可能會打擊我們的士氣——不僅是我，還有其他英國人的士氣。至今我們一直很堅強，仍能應對敵人的心理操縱伎倆。

雖然我不確定監獄裡的其他囚犯對王室家庭有何看法，也不確定此事會不會影響大局，但我感覺，英國的又一次動盪可能會顛覆我們的決心。知道英國仍屹立不搖，正是團結人心的因素之一。我們離開的這段期間，聯合王國始終保持冷靜，繼續往前。而現在，它突然間亂了陣腳。

我的擔憂很快就平息了下來。而休息區傳來更多說話聲——是約翰。起初我還聽不太懂，大概是因為我這輩子從沒聽過那句話。但接著一個個聲音接連附和道，我聽見種種不同的口音——英國腔、瑞典腔、美國腔——大家都說著同一句話。

「天佑女王！」

那聲音於圍場迴盪。

「天佑女王！」

隨著越來越多囚犯意識到這狀況，大夥的音量也越來越大。俄羅斯人想要渲染哀戚的氣氛，藉此擊潰我們的意志，但我們屹立不搖。

「**天佑女王！天佑女王！天佑女王！**」

那守衛瞪著我們，一副不知所措的樣子。我們的反應並不如他所願，他的心理攻擊適得其反。終於，他夾著尾巴走開，我們則壯大了士氣，將集體悲傷轉化成強硬的回應，這樣的微小勝利，令人感覺像是大敗了敵人一樣。

女王陛下肯定會很高興。

◆◆◆

隨後，好幾件事一次引爆。

改變在即的第一個跡象，就來自於我們腳下。這處罪犯流放之地的地下區域，關押著獄裡最可怕的囚犯，是真正的地獄。獄方每天都會進行一次突襲檢查。守衛會令這些殺人犯和強姦犯站在牢門外，自己進去徹底搜查一翻。

他們會掀開床鋪，搜索每處角落與每塊鬆散的磚塊，以免裡頭藏有毒品或自製武器。任何攜帶違禁品者都會受到嚴懲，樓下的囚犯有時會被罰好幾天都不得坐下。

每一天他們都因我們插隊受審而辱罵我們，還對守衛咆哮。一般而言，這些人會被安置在較高樓層——較溫暖，還有外部空間的地方——但這項特權也被我們奪走了。這類口頭交流每天按時上演。有些囚犯會大喊道：「什麼時候要讓我們搬走？」值班守衛通常會漫不經心的回答：「沒空間了，你們只能待在最下層。」

「為什麼傭兵全都能在二樓正常生活，我們卻得困在下頭的屎坑裡？」

「嘿，沒有空間了。」

「他們什麼時候要走？」

「我他媽的不知道啦。」

諸如此類……直到氣氛有變。

又一個耳熟的聲音吼出了同樣的老問題，我幾乎沒在意。他聽起來像個大塊頭，嗓音渾厚有力，也因憤恨而顯得粗啞。我想像說這話的人，應該是個殘忍殺手之類的人物。我不禁皺起眉頭。

「我們什麼時候能回樓上？」

我心想，又來了，例行的鬼吼鬼叫時間。

「快了。」守衛回答，我瞬間集中注意。陽光透過我們的小窗子照進牢房，那時應該才早上六點，安迪和迪倫還在熟睡。我立刻從床上起身，挨在門口聽著。樓下的對話聲很細微，還斷斷續續的，但我仍將重點聽了個清楚。

「早該走了，」囚犯喊道：「他們到底什麼時候滾蛋？」

「下星期。」守衛說。

我喊大家起床，想讓其他人也聽見這對話。兩個星期前我才不小心給了大家錯誤的希望，所以現在我需要其他人一起確認我們是否真的會被釋放。我們真的要離開被占領的烏克蘭了嗎？

我先是推了推安迪，他不滿的動了一下。

「老兄，幹嘛啦？」

我把手指按在脣上：「聽。」

他坐起身，揉去眼屎。我也踢了迪倫一腳。他翻過身來瞪著我。

「你們必須聽聽這個。」我說。

「聽什麼？」迪倫打著哈欠。

「我剛剛聽到守衛告訴樓下的囚犯，他們之後會搬到這裡，然後……。」

「是喔？為什麼？」安迪一邊說，一邊撐起自己：「莫非是……我們要離開了？」

他的反應情有可原。我理解安迪的懷疑，畢竟我近來蒐集情報的紀錄不良，大家也因慢慢意識到我之前的資訊有誤而非常沮喪。沒有人想要懷抱會落空的希望，況且還來第二次。那失落感太令人痛苦了。

迪倫在床上翻了個身。「走開啦，肖恩，」他說：「我很累。」

「聽我說，我覺得我們會被交換或是釋放，」我說道，同時試著讓語氣不要聽起來太熱切或瘋狂：「我剛剛聽見兩個人在聊天，其中一人是守衛。沒錯，我當下很可能還在半夢半醒，但他們說了『下星期』。」

「今天什麼日子？」安迪問道。

「星期六。」

「星期六。意思就是最快會是星期一，最慢的話還要再等一個星期。」他拉起被子罩住頭：「那我們很快就會知道了，對吧？」

我很亢奮。接下來的三十六小時，我想像著回到英國土地，或是與拉瑞莎一起回到烏克蘭某處。時間感覺過得很慢，但到了星期一晚上，什麼事也沒發生。同時，我們大樓的活動也停滯下來——沒有人被帶去拍影片或受審。第二天下午，迪倫開始取笑我。

「所以，我猜那肯定又是作夢吧，嗯？」他微笑著說。

我聳聳肩：「嗯，也許吧。我不知道，但我敢發誓我真的聽見了。」

「也許那是你自己想聽見的東西，」安迪試著用鼓勵的語氣說道：「別自責，老兄，人在惡劣情況下難免有這種反應。」

這件事讓我很受傷，也有點不安，因為整件事都可能是我想像出來的，但我還沒放棄希望。一星期的時間還沒結束，我們仍有可能被釋放，還有五天。

接著在次日下午，事情又有了變化。我們的牢門被猛然打開，一名守衛走進來命令我們收拾東西——衣服、自製棋盤、《大亨小傳》和《哈利波特》等書。時間到了嗎？

「為什麼？」我問道，盼望結果是最好的，但也做好最壞的心理準備。

「因為你們有段很長的路要走。」

我們面面相覷。「發生什麼事了？」安迪問道。

守衛示意我們動作快：「打包行李吧，我猜你們可能要回家了。」

我的心臟狂跳。渾身上下都輕盈起來，彷彿我正漂浮在自己的身軀之上，靈魂出竅般見證這個場景。我要回家了……是嗎？

我們三人沿著走廊，走下一排階梯進入拘留室。我環顧四周，想看看是否有其他人的蹤影。約翰和布拉辛也會被放出來嗎？我好奇馬蒂亞斯、維耶科斯拉夫，還有最近被帶進來的幾個美國人是不是也是同樣的情形。然後我的思緒飄到了自己的夢想場景：戰爭結束，烏克蘭將俄羅斯趕回其邊界，並從暴力之中解脫。

我強迫自己冷靜下來，因為我們也有機會被帶到更糟糕、更令人擔憂之處——也許上頭下令提前處決我們，而他們打算偷偷行刑。我感覺臉色潮紅，一陣噁心感湧上。接著門打開了，約翰、布拉辛、馬蒂亞斯、維耶科斯拉夫和那些美國人也進來了拘留室，這時大家似乎都是相同的心情：我們都嚇呆了。有些人高興得快哭了，另一些人則是一副害怕的樣子。

迪倫用手肘推我。「真該死，兄弟，你說對了。」他說道。

「應該吧，但還是別興奮得太早？」

感覺過了良久，我們被罩住頭、送出監獄來到一處停車場。我扭動脖子，從頭罩下緣看去，觀察周圍的細節。這裡停著一輛卡瑪斯（Kamaz）卡車[1]，其艙門也開著，顯然我們即將乘坐這輛車離開馬克耶夫卡。

然而，周圍也站著幾個身材魁梧的守衛，全都穿著一眼就能認出的制服。一陣恐慌感襲遍全身，我雖然認不得這些人的臉，卻知道他們是黑牢來的守衛。當這群人凶神惡

1 作者按：一種覆有厚重外殼的俄產運兵卡車。

煞的往我們圍上來時，我感覺到馬克耶夫卡的守衛正推著我們上前。我想著，我們要回到那地方了，不然就是要被宰了。無論接下來會發生什麼事，我們都逃不了。

「給我們看看你們帶了什麼！」一個男子吼道，他大概是這群人裡位階最高的。

我們舉起書本、衣服等零碎物品。他們拿走所有東西，全丟棄在路邊，接著就開始綁縛我們。我聽見熟悉的撕扯聲，雙手在我眼前被膠帶粗暴的纏住。我手腕的血液循環很快就被截斷，手指開始刺痛發麻。在黑牢，這道手續通常是毆打或電刑的前奏，有什麼壞事要發生了。

隨著我被拖到車斗上，身上的每一條肌肉也都緊緊繃住。有人用力推我的頭撞上鋼架，笑聲傳來。接著有股溫暖溼潤的液體從我臉上滴落，我滿嘴都是鮮血的苦澀鏽味——我撞破了頭。

我聽見粗重的呼吸聲從附近傳來，一名衛兵在我耳畔低語：「大家為你們準備了一份俄式驚喜，死娘砲。」

我死定了。我的直覺告訴我，等到頭罩再次掀開，眼前出現的會是挖好的淺墳，一把上膛的步槍將會抵在我的後腦勺，還有一群俄國士兵歡呼著對我指指點點。我好想吐。就在幾分鐘前，我們還以為即將重獲自由，現在卻像牛群一樣被運到屠宰場。

◆◆◆

我們被裝進車裡。隨著囚犯們被推倒在地，我也聽見重擊和呻吟聲，最後我們像人形蜈蚣一樣被排在一起。黑牢守衛踢打著把我們堆疊起來，糾纏的四肢很快就變得劇痛難耐。雖然我看不太到，但周圍的場景並不難想像。

我們被草草堆在一起。我坐在某人的大腿上，對方的大腿在我身下顫抖。另一名囚犯則坐在我交叉的雙腿上，接著衛兵又拉起我的手臂環套在那人頭上。我的小腿骨則被另一人的全身重量壓著，膝蓋韌帶感覺要斷了。我傾身向前，對著前面的男人低語道：「你是哪位？」

「肖恩？我是約翰。」約翰不算是大塊頭，但我的小腿已經抽筋了，大腿也在燃燒。接著疼痛感突然加劇。

我呻吟著：「那是什麼鬼？」

約翰呼吸粗重的回答：「是馬蒂亞斯，他他媽的在我腿上。」

這瑞典人可是一座人體巨山，身高約一百九十五公分，體型堪比一座老式電話亭。

不管我們要去哪裡，無論要花多久時間，這趟旅程就是用來折磨人的。我周圍傳來了更多呻吟和嘆息聲，大家都處於崩潰邊緣。

「閉嘴！」一名守衛喊道：「不然你們只會更痛苦。」

卡車的引擎突突作響。等我們出發時，搖搖晃晃的懸吊系統每震動一次，都會給我的肌肉和關節帶來更大壓力。我心都碎了，我仍不敢相信我們短暫的自由滋味就這樣被奪走了。

你真是個白痴，肖恩，你早該知道這些人的作風了！

卡車在一處轉角大拐彎，我們這堆人也擠撞在一起。我在喊叫聲中聽見了烏克蘭語，與我們一同出發的肯定也有一些本地戰俘。前座的黑牢守衛則笑得前仰後合。

二十分鐘後，我們在路邊停下，又有一人被丟進了車上。等到卡車再次啟程，車斗後方傳來了咕噥聲。是艾登！這名字就像小孩的傳聲遊戲一樣，漸漸被傳到了前頭。

「是艾登嗎？」

「他們帶艾登上車了。」

「艾登來了……。」

熟悉的內心拔河又來了：我很高興艾登還活著，但也為他接下來要經歷的折磨感到擔憂。我坐在車裡，早秋的悶熱天氣熱得我滿身汗，身體也因抽筋而緊繃，更多血液流過我臉龐，在塑膠袋底部積成血池。而緩解血流的唯一方法，就是時不時舔舔嘴唇。

混合苦鹹和鐵鏽的血味，很快就讓我的胃翻攪起來。殺了我吧，這真是人間地獄。大家都極度痛苦，車斗裡還起了騷亂。有個男人在大吼大叫，戰俘組成的人形蜈蚣則焦慮的蠕動。

「他需要協助！」有個聲音叫道。大家大聲交談著，卡車上掀起一陣混亂。有壞事發生了，但我們無法判斷究竟是何事，或哪個囚犯出了事。

「迪倫在我大腿上昏倒了，」另一個聲音喊道，聽起來是安迪：「他氣喘發作了。」我的思緒飄回到保羅慘痛的下場，莫非同樣的事又要發生了？一想到又要失去一名同伴，我就充滿恐懼，況且俄國人可能還會逼迫我們在剩下的旅程中與屍體同坐，或者將他當作一袋垃圾扔在路邊。

我聽到迪倫在呻吟，他人就在附近。「我撐不住了，大家，」他咳嗽道：「我無法呼吸。」

「加油啊，兄弟。」我低聲說。

接下來就是幾秒鐘的可怕沉默。

「他還活著嗎？」我喊道，一邊左右扭頭，拚命想確認情形。

「還活著，」安迪說：「他昏倒了一下，但現在應該沒事了。他還在動……。」

我鬆了一口氣。隨後我想著，我們是否已經到了寧可死在這裡的地步——在俄國卡車的車斗上昏厥死亡，也許算是某種因禍得福。

◆◆◆

衛兵們耍弄了我們好幾小時。他們不時就在路邊停車。而透過頭罩下的縫隙，我也能從卡車外殼的板條之間看見他們的動作。他們停下來，有時是為了抽菸和上廁所，有時則是為了換班。開車的人輪班了一、兩次，每次停下來我的身體都痛到不行，我更加篤定自己只會有兩種下場：不是被處決，就是遭受酷刑，真不知道哪個選項比較討喜。

白晝漸漸進入夜晚，西方囚犯也與烏克蘭俘虜分開，改被堆疊在另一輛車上，新環境並沒有比較不悲慘。我好奇他們會在哪裡處決我們。我最悲觀的一面，想像著我們正被送到俄羅斯更深處，也許會在行刑隊開槍前被帶到莫斯科遊街示眾。若說這一切有何值得欣慰之處，那就是我們已經上路太久，早就超過返回黑牢的距離了。我寧可死也不想回去那地方。

接著有人央求駕駛停車，讓囚犯們可以在路邊小解。

「不要，」守衛笑道：「你們坐在哪裡，就得尿在哪裡！」

人人呻吟著。我們的膀胱都糾結在一起，我已經準備好迎接溫暖尿意的刺鼻臭味了，但那味道從未出現。

約翰是最快忍不住的人。「我真的要尿出來了，」他嗚咽著：「我的肚子感覺要爆炸了。」

我傾身向前。「再考慮一下吧，」我說：「要是我們活著離開這裡，大家都會知道你尿在我身上。」約翰發著牢騷設法忍住了，那可真是了不起的韌性。

我打了一會兒瞌睡，醒來後注意到外面的路上有街燈閃爍。越來越多人痛苦的呻吟著。約翰尤其瀕臨崩潰。旅途中的每次顛簸或轉彎，都會震盪到他骨折的胸骨與鼓脹的膀胱，讓他痛得直哀嚎。

我附近還有一名美國囚犯，抱怨著自己的頭部嚴重受創。他說，有個黑牢守衛變態的用膠帶緊纏他的頭套。在卡車後座猛撞幾小時後，他臉上的血液循環都早就停止了。

「我的頭好脹，」他呻吟著：「我看不見，我覺得我要瞎了……。」

我不知道自己身體還能撐多久。被兩個男人壓住的痛苦並沒有嚴重到會讓我暈厥

（甚至還可以說是片刻的幸福解脫），但也沒有溫和到光憑精神意志力就能忽略掉。我反而必須忍受痛苦並堅持下去，我四周都是痛苦的交響樂。

終於，我們再次路邊停車，我短暫覺察到了日光閃現。我們從馬克耶夫卡出發時大約是下午三點，現在已是次日早晨。卡車引擎熄火後，我聽到一陣熟悉得詭異的哀號聲，恍若隔世。我小心翼翼將頭偏向一側，希望能從塑膠頭套下聽得更清楚一些。接著我聽到飛機的噴射聲。

有架飛機正從我頭頂飛過，我們一定停在了機場。這些人是打算把我們賣去別的國家嗎？我腦袋掃過一串親俄的國家清單：中國、巴西、南非……還有該死的北韓。我沒戲唱了，在抵達黑牢的頭幾天，一想到自己要被賣給親俄的車臣人，我就嚇得屁滾尿流，現在感覺又更糟了。

我被從卡車上拽下來，帶進一棟大樓。一組自動門滑開，我在拖著腳步向前走時，也見到有軍靴在我身邊行走。我的心臟跳到了喉頭，還能聽見血液在耳裡汩汩流動。這段旅程令我混亂不已，就連呼吸都感覺辛苦——成了無法不假思索、反而必須留心關注的動作。我們靠著牆排排站，我低頭一看，只見地板上鋪著閃亮亮的磁磚。操，我難不成是在浴室嗎？我猛然晃著頭，想看清楚周圍環境，一邊瘋狂尋找排水孔，只盼行刑隊沒有在附近等待。

等到有人扯開頭套，我抬起頭，在刺眼燈光下眨著眼睛，世界似乎都上下顛倒了。

第二十六章 沒有人能傷害你了

幾個身著便服的男人在附近忙進忙出。等眼睛適應了耀眼的燈光後，我才發現自己的恐懼是多餘的，我們被帶到一處私人航廈，沿牆擺放著幾排塑膠椅，還有飲水機和服務臺。

時鐘指向上午九點半，我已經好幾個月沒看過實體時鐘了，眼前這般該死的正常景象真出乎我意料。我們真的要回家了嗎？卡車上的每個人都被帶了進去，大家從頭到腳都狼狽不堪——渾身是傷、不成人形、幾近崩潰。

在這群人中，就屬在卡車上呻吟的那個美國人最慘。他頭顱腫脹，眼球凸出，太陽穴和前額皮膚都成了滑稽的黃色。遠遠看去，他就像荷馬．辛普森[1]（Homer Simpson）。在醫生仔細檢查他的狀況時，那美國人輕聲呻吟著。

「我看不見，」他說道：「幫幫忙，我看不見了。」

在那人身旁，約翰則是緊捂胸口，痛苦的彎折了腰。我摸索著自己頭骨上的傷口，感覺到皮膚上結滿了乾涸的血痂。整體而言，我的傷勢並不算嚴重。

一名醫生用手電筒照射我的眼睛：「你的頭怎麼了？」

我猛然縮起身體。「我們被丟進一輛卡車的後車廂，」我心懷警戒的說，不確定談話的對象是誰：「我們在哪裡？」

那人做了些筆記後說道：「在羅斯托夫州（Rostov）的機場。別擔心，你們很安全。我們來自沙烏地阿拉伯……。」

安全？我可不敢相信，況且黑牢守衛可能還在附近。此外，羅斯托夫州可是俄羅斯領土深處，這表示我們的未來仍充滿變數。我看了看沙烏地阿拉伯來的保安部隊，發現黑牢的那票蠢蛋已由三名軍警取代，稍稍鬆了口氣。他們看起來確實比我們以前的看管人親切得多，有幾人還協助醫務人員檢查。我看見馬蒂亞斯被小心翼翼的護送到廁所。

「那你是誰？」我說。

男人露出微笑：「我是醫生，這裡的人會好好對待你的。」

我往他身後看去，想知道他是在為誰或是為哪個組織工作，卻找不到徽章或名牌之

1　動畫《辛普森家庭》（*The Simpsons*）的主角之一，劇中人物膚色多為鮮豔的黃色。

類的東西。然後他們拍下我的照片，另一名醫生問了我一些基本問題：你叫什麼名字？年紀多大？最後則是有沒有任何藥物過敏？接著叫我去上廁所。

約翰、安迪、艾登等人似乎都在接受類似程度的治療。我一轉身剛好迎上迪倫的目光，他現在看來已從氣喘中恢復。不久前在車上時究竟是什麼情形？他聳聳肩，沒人有力氣去猜測。我們那時太害怕了，難以辨別真實與虛幻。

終於，一輛單層公車停靠在航廈外頭。「大家起立！」有個聲音喊道，我們這群原本被痛苦堆疊出的人形蜈蚣，現在則輕柔、文明的列隊，魚貫走向公車。一上車就有人指示我們跪下。最後，等接駁車在機場裡短暫繞行後，我們又列隊被帶到外頭。

我雙手抱頭，看不清楚周圍的狀況，但我們似乎是要走上一架看起來很豪華的私人飛機。機身短小優雅，但機尾沒有任何標記，除了門上的幾個阿拉伯文字外，並無其他線索能辨識飛機的主人。我登上飛機，便有一名保全引導我到飛機後方的拉茲男孩[2]（La-Z-Boy）風格座位。皮革和剛剛清潔過的座椅，都散發出奢華的氣味。這真是太好了，畢竟過去一整天充斥我鼻腔的只有各種體味。

我轉動腦袋，左顧右盼，不斷查看四周，但此種反應多是出於習慣——我變得非常容易疑神疑鬼。我心想，振作點，老兄。醫生都說我們現在安全了。大家身處新環境，這確實表示有人在護送我們脫離險境。

若非我在想像，我們這幫來自馬克耶夫卡的西方囚犯，的確正在登上金・卡戴珊（Kim Kardashian）[3]風格的飛機，看起來比起戰俘，更像是獲得迪士尼免費門票的贏家。我們現在確定不是飛往北韓吧？

機上有空服員。我見機長面帶微笑看著他衣衫不整的乘客，所有人都坐立難安、沉默不語。處於機艙正中間的，是一名五十多歲的男人。他身材修長，頭髮灰白，鬍鬚修剪整齊，還有一對溫和的藍眼睛，並穿著一套剪裁完美的西裝，散發出的氣勢凌駕於所有人。他身邊還站著一位矮小但肌肉結實的保鑣，更烘托出男人的氣場。我推斷，那保鑣大概連眼睛都不必眨，就能制止心有歹念的來襲者。這個大人物非同小可。

一、兩秒後，我突然靈光乍現，便推了推坐在前排的安迪：「欸，那人是不是長得很像切爾西足球隊（Chelsea）的老闆……他叫什麼名字？」

安迪不可置信的看著我：「羅曼・阿布拉莫維奇（Roman Abramovich）？」

2　家具品牌，以其舒適的躺椅及沙發聞名。
3　美國名媛，此處應是在形容飛機的豪奢。

「對，就是他。他看起來就像羅曼．阿布拉莫維奇！」

安迪盯著那位大人物，哼了一聲：「你在作夢吧，兄弟。阿布拉莫維奇來這裡幹嘛？現在是九月中，足球賽季早開始了。」

有道理，我這幾個星期的觀察力確實不算太好。我連看著牆上的掛鐘都會覺得方向錯亂。我傾斜靠背、調整腳踏板後，便閉上雙眼沉入座椅。真不記得上一次享受如此奢侈體驗是什麼時候了。但那個大人物在我的腦海裡縈繞，他究竟是誰？

我再次半睜開眼睛，發現有個私人助理正在他周圍忙碌。那女人拿著一只裝滿文件的資料夾，似乎正在向他說明這趟航班的細節。這些人又是誰？結果我無意間聽見他們的談話。大人物和助理說的是英語，其中一句話讓我倒抽一口氣。

「我們現在就等另一邊的人確認了。」

另一邊的人？就是這個！我們要被換回家了！

飛機的噴射引擎嗚嗚作響。我的身子再度沉入座位，緊緊閉上眼睛，擔心這又是一次虛幻的黎明。為分散注意力，我便開始關注飛機外的動靜，想看看是否有黑牢守衛的蹤影——確定他們不會登上飛機，最後再打我們一頓。我想看看是否有負責引導飛機離開跑道的人——表示我們真的準備起飛。我留意著敵方是否派有軍事人員或有任何動靜

——這可能表示當局改變了心意，並將我們帶回馬克耶夫卡。終於，空服員關上了飛機門。有人遞給我一瓶水。然後有個男人（我認出他是航廈裡的醫生）站在大家面前。他有事要宣布。

「各位先生，在我們離開俄羅斯領空之後，你們才算正式重獲自由，」他平靜說道：「但你們自由了，當局已達成協議要釋放你們。」

喊叫和歡呼聲響起。我如釋重負，蜷縮在椅子上，抱頭哭了出來。我想到了拉瑞莎和兒子。我想像著擁抱我媽。我夢想著回到英國。真該死，我有夠想念家鄉的牛排和薯條。飛機慢慢沿著跑道滑行，攀上天空。

我們啟程了。

♦♦♦

一切感覺好詭異，因為一切看來如此正常。

另一名穿西裝的男子遞了根菸給我。我已經太習慣因恐懼而遵守一切規矩，幾乎從座椅上跳了起來。

「大哥，這是在飛機上耶！」我驚愕的說道。

那人露出微笑。「不，沒問題的，」他用破破的英語說道，並遞出了菸：「別告訴飛行員就好。在發生這一切之後，我猜沒有人會太在意的。」

結果在接下來大約一小時，我不停的要菸抽，他最後乾脆給了我一整包。

空服員接著送上熱騰騰的沙威瑪。我們在機上接受了更多醫療檢查，接下來還有一輪蛋糕可吃。回想起我在馬克耶夫卡第一天的噴射嘔吐事件，並安慰自己，要是我的腸胃又像洗衣機一樣翻攪，現在至少能吐在豪華馬桶裡。

大夥最終得知，我們正被帶往沙烏地阿拉伯，之後會再轉乘飛機，回家與家人團聚。每個好消息都讓人淚如雨下。在經歷種種痛苦、折磨和暴行之後，我不敢相信好事就要降臨在我身上了，每一次領受他人好意都讓人感覺恍若隔世。最後我們拿到了手機，並被告知可以傳訊息給自己的親友。光想到要聯絡拉瑞莎，我就感到一陣暈眩。

「我自由了。」我寫下簡訊：「我要回家了。」

我感覺到身後有動靜，大人物的助手過來和我說話。

「你叫什麼名字？」她溫柔的問。

「肖恩。」

「肖恩，我叫史蒂芙（Steph）。」

她帶著歉意舉起手說：「無意冒犯，但剛見到大家時，你們看起來還真狼狽。」

那還用說！我忍著不笑出來。「嗯，這一路走來很艱辛。」我說道，並解釋我在巴夫洛皮爾與烏克蘭陸戰隊一起度過的時光、我們退守馬立波和殘酷的圍城戰，還有我們最終是如何在俄國人的追擊下撤出該市。那戰鬥感覺都像是上輩子的事了。我還告訴她我被俘虜的過程、我在俄國特種部隊手下遭受的酷刑，也介紹了頭套先生這號人物。最後，我娓娓道來在法庭受審的經歷、遭判死刑和東拼西湊出的法律攻防策略，以及策略奏效的那一刻，感覺堪比贏下奧運金牌的感受。

史蒂芙不敢置信的搖頭。「老天，」她最後說道：「真無法想像你們到底經歷了什麼。」

我告退去了趟廁所。等我回來時，大人物正在和約翰說笑。他笑的時候，我正好往後靠去，與他目光交接。他點點頭，讓我也加入對話。

「有件事我不吐不快，」我緊張的說：「一定老是有人對你這麼說，可是……你真的長得很像羅曼．阿布拉莫維奇。」

大人物笑了出來，我從他的笑容便知道我說對了：「嗯，因為我就是羅曼．阿布拉莫維奇。」他說道，伸手與我相握。

「真不敢相信，你在這裡幹什麼？」

史蒂芙拍拍我的手臂：「正是阿布拉莫維奇先生幫忙談成了換囚……。」

我定了定神，看向對面的安迪，他也正盯著我，並用嘴型說著：「是他嗎？」

我點頭。安迪則搖搖頭，愣愣的看著。「操，真見鬼了。」他說。

更多笑聲響起。我一回頭，只見約翰還在說笑。「你當初為什麼不買西漢姆聯，反而買了切爾西隊？」他問道。

阿布拉莫維奇笑了：「因為切爾西離我家比較近。」

眾人雀躍起來，飛機即將於利雅德（Riyadh）降落。我們繫上安全帶的同時，史蒂芙也解釋了換囚的下一階段。一旦入境沙烏地阿拉伯，我們就會被送往醫院治病養傷。據我所知，我們的醫療費用是由沙烏地阿拉伯王儲穆罕默德·沙爾曼（Mohammed bin Salman）支付，接下來幾天要住的五星級飯店也是。

史蒂芙傾身向前：「肖恩，你看起來像帶頭的人，或者該說年紀最長的。你或許得思考一下要如何應對眾人的關注。」

在種種經歷之後，我猜已有一、兩家英國小報收到了我們回家的消息，但我真的一點也不在乎。我都與俄國聯邦安全局交過手了，接受記者採訪應該只是小菜一碟。

「好，我們得和記者聊聊、拍些照片，對吧？」我說。

史蒂芙微笑著：「嗯，不盡然。你們已經引起全世界的關注。所有人都想和你們聊聊。」我微微恐慌起來。「所有人？我們什麼也沒做，」我幾乎起了防衛心：「從四月起，我們就一直被關在牢裡，大家都不知道外界的情形。你預計會有多少人要採訪我們？」

史蒂芙滑動手機畫面。她給我看了一家日本報紙的影像。我、艾登及約翰的照片被放在首頁。「這是你們。」她又給我看了另一張：「這也是你們。」又一張：「你們也在這張照片裡⋯⋯。」史蒂芙細數著每張封面照所屬的國家：泰國、英國、美國、印度⋯⋯我們的故事正在全世界流傳。

我想起了教地理的納古斯老師與他的刻薄評語，全然無法理解現在是什麼情形。在大約二十四小時內，我在牢房裡醒來、被綑綁和毆打（我還以為那是行刑前的最後一次旅程），然後被移交給現已是切爾西足球隊前老闆的阿布拉莫維奇，與其沙烏地阿拉伯富豪友人。我感覺不知所措，就連目的地都位於異鄉。我以前從未來過沙烏地阿拉伯，真不知道該有何期待。不曉得能不能在飯店點個冰啤酒來喝？我好想來一杯。

所有人都是同樣的心情。當我們終於走下飛機，來到跑道上時，我注意到走在我身旁的艾登。他看起來充滿戒心，就如大草原上的瞪羚，正注意著是否有隱藏行蹤的掠食者。我發現他還在疑神疑鬼，便出聲喊他。

「艾登，兄弟。放輕鬆，沒事的。」但艾登就是無法甩脫那種不對勁的感覺。他加快腳步，幾乎要小跑步起來。我抓住他的肩膀。

「艾登，沒事的，」我說道，試圖安撫他：「我們安全了。」

「你確定嗎？」

我大笑。「對，百分之百，」我說：「我們他媽的登上了全世界的報紙和網站新聞頭版，再也沒有人能傷害你了。」

後記 逃出生天之後

究竟何謂正常？

重獲自由後的那些時刻都遠超我的想像。數個月來，我首次得以獨自一人，隨心所欲的行事。一切都顯得嶄新又有活力，我漸漸開始懷抱近乎永久的「初心」——一種佛教的概念，意思是總以初見的心態來看待世界。飯店的洗髮精感覺好奇怪、飯店的寢具感覺好奇怪，飯店的地毯也感覺好奇怪。此種體驗實在既動盪又精彩。

回到英國的第一個星期，那股超現實的感受仍然存在。往日看來平凡又微不足道的日常生活，現在在我眼中都充滿活力，比以往更令人覺得精彩。觀看電視轉播的足球賽？太棒了！在咖啡館拿起一份報紙？不可思議！點一份中菜外帶？令人大開眼界！

媽媽的擁抱、酒吧的一杯冰啤酒、和家裡的狗狗一起散步，這些活動雖然本就令人開心，此時卻變得更加真實且重要。我正在學習充分感恩周遭的人與地；我下定決心，絕不把任何人事物視為理所當然。生命已然改變。

剛被釋放時，我的身體憔悴不堪，體重也掉了許多，整個人不成人形且非常脆弱。長時間營養不良已留下一些嚴重的後遺症，回來的第一個星期，我一直無法控制的咳嗽。大腿仍因刀傷而抽痛，全身骨頭也感覺脆弱得隨時會散架。

不過，等我一恢復到能頻繁大快朵頤的狀態，便難以抑制大吃的衝動。就這樣，我努力增重——畢竟我的理由很充分——體重也確實上升了許多，直到有醫生告訴我，這種攝取營養的方式很可能會讓我喜得糖尿病——我正需要有人來敲響這記警鐘。

我的心境也與過去有所不同。我需要時間，才能將自己支離破碎的生活重新拼湊起來，但考量到種種遭遇，我似乎表現得還不錯。我當然很難過，這毋須多言。但我在心態上大致還能誠實接受自己的經歷，不會突然失去理智，或難以自拔的意志消沉。

有時我會哀悼戰爭從我身邊奪走的人們，也會對自己在黑牢和DPR法庭所受的待遇忿忿不平，但我從來沒讓情緒吞噬自己或失去控制。經歷過一次失敗婚姻的痛楚後，我了解到，人的心靈在經歷創傷時會無可避免的落入深淵。不曉得離婚的經歷，是否有讓我為監禁的後遺症提早做好一些準備。

重點是，我知道如何尊重自己的情緒——無論是正向的還是糟糕的。我的大腦受了嚴重的創傷，但我還是能上超市、和朋友出遊、看電影，而不產生太多反應。儘管受過身體折磨和精神虐待，但我並沒有變得冷漠，或將周遭的人拒於千里之外。

在那些痛苦記憶重現時——比如狄馬之死，或我在頭套先生監視下遭受的酷刑等——我總會流淚。諮商師後來告訴我，那些正是適當的哭泣時機。他還提醒我，要留意自己是否有任何緩慢出現的PTSD或重度憂鬱症狀。

此刻我的穩定心態，大多要歸功於一種新的目標與責任感。回到英國後，我立即受邀與許多北約的附屬組織，分享我作為戰俘的經驗。顯然，我以一個受過SERE求生訓練的軍人身分從現代戰俘營存活下來的經歷，可說是極為罕見的寶貴資源。我的故事也成為軍人案例研究主題，並可能幫助更多人學習應對潛在的俘虜陷阱。

我重述自己應對酷刑和審訊壓力的回憶，看著聽眾寫下筆記並點頭稱是，並說明自己是**如何在脅迫下謹慎供出特定資訊**，這一則則故事都成了引人入勝的精彩話題。每次會面都讓人收穫滿滿。儘管我才回到西方世界不久，但我已被邀請為包括挪威、丹麥、英國和瑞典的軍人及高階軍官演講。我的想法是，若重述這段故事可以為未來的戰俘帶來助益，這些奔波就是值得的。

暗地裡，我也逐漸渴望討回公道。在剛獲釋時，我得先等上幾星期才能與拉瑞莎團聚。她沒有英國簽證，雖然當時英國外交部已努力加快辦理手續，她還是等了許久才獲准進入英國。我倆每天都會花好幾個小時聊天。

同時間，我也讓自己保持忙碌。我設定了虛擬私人網路（VPN）搜尋俄羅斯的社群媒體，試圖找到在黑牢裡折磨過我的人。我找到了社工波波夫——那無恥的混蛋已高升為DPR的發言人。

我也找到數個知名的俄國宣傳網站，並發現一些在黑牢拍攝的影片。我抱著類似被虐狂的心態，尋找自己遭受電刑的影片——知道這段影片真實存在，總讓我感到奇怪。但在搜尋過程中，我也認出了一些曾虐待過我的人，其中部分人竟笨到公開發表評論，這使得我能將他們的資料，轉交給在英國的戰爭罪調查人員。

我時不時就會收到一些好消息。例如受邀至新聞節目《早安英國》（*Good Morning Britain*）受訪，不久後我也得知澤倫斯基總統欲授予我三級勇氣勳章，以表彰我「無私捍衛烏克蘭主權」。接著有天早上，一名烏克蘭大使館員傳了一篇報導最新戰況的文章給我。顯然，那位判我死刑的法官在一場精心策劃的攻擊行動中受了重傷。

我掃視著新聞，並點開文章附上的照片——一看到法官的臉，我立刻就認出了他。那人渣要死了！憤怒情緒和腎上腺素瞬間高漲。

「真他媽的，報應果然存在。」我寫道。

「沒錯，因果報應的力量可不容忽視，」館員回覆：「但烏克蘭特種部隊也幫了點小忙。」然後他補上兩個微笑的表情符號。

除了在網路上尋找DPR的人，我也會幫忙聯絡陣亡同袍的家屬。若有家長想知道自家兒子的消息，而我恰好曾在獄中見過他們的話，我便會與這些家長聊聊。我打電話給狄米崔的媽媽，向她說明她兒子的情形，也寫信給狄馬的父親。我甚至還私訊了那位我在馬立波郊外無奈拋下的受傷弟兄。他透過臉書聯絡上我，還傳來親切的訊息。

「真高興你還活著。」他寫道，然後向我保證我當時的決定是正確的，並告訴我，我那天遇到的幾人全都安全無恙，且先我一步被釋放了，除了其中一人後來在俄羅斯監獄中慘遭殺害。大家在被監禁期間，也未能逃過俄國的心理遊戲——獄中有個審訊者告訴他們，我已經被處死。

烏克蘭雖然是個大國，卻有著緊密無間的社群。我不僅感受到舉國皆哀的氣氛，也發現人人都想知道烏軍的情況。在戰爭中有許多弟兄被宣告失蹤，他們的照片也迅速如雪片般向我飛來。每張照片都附上親友的探問：你見過我兒子嗎？我哥哥曾和你一起被關進監獄嗎？你有我父親友人的任何消息嗎？

大多時候，這些面孔都很陌生。就算我有那麼一、兩次認識影中人，仍不曉得他們目前的下落。而最令人難過的，莫過於那些被告知，他們親朋好友早已陣亡的家屬來信。這些人都想知道是不是搞錯了什麼，有沒有可能自己被宣告陣亡的親友，其實在無人知曉的情況下被送到了馬克耶夫卡或黑牢？

向這些親屬確認壞消息縱然令人心碎，卻又無可避免，因為我覺得自己有義務出手相助。這些人因戰爭失去依歸，我有必要給他們一個交代，尤其當我自己得到重生機會後更是如此。

隨著我在二〇二二年九月二十二日獲釋，那天對我來說有如新時代的開端，儘管這個日期本來就很重要：那是我和拉瑞莎結婚紀念日，我和我媽媽的生日也離這天很近。飛回英國後不久，我漸漸發現重獲自由後的新生有如奇蹟。我下定決心，每年都要為此事慶祝。而終於，我與拉瑞莎重聚了。

我們在倫敦希斯羅機場（Heathrow Airport）見面。這是我返國後最瀕臨崩潰的時刻。在俄國戰俘營的漫長時光，我曾無數次害怕再也見不著她了。但就算在我最後一絲人性都遭剝奪之時——在黑牢挨打和受虐之際——我仍盡全力把拉瑞莎留在腦海裡。我看著我倆共有的刺青，耳邊響起她要我活下去的聲音，想起她大喊著要我繼續戰鬥。她的精神激起我的求生意志，彷彿她從未離開過我的視野。

我們擁抱哭泣著，繁忙機場裡的人潮在我們身邊川流不息。接著拉瑞莎遞給我一枚銀製婚戒，是黑牢裡被偷走那只的相同款式。

「我在照片上注意到戒指不見了。」她一邊說，一邊將戒指套在我指上。

我們再度相吻，我抱緊她。「我好愛妳。」我說道，不敢相信自己竟還有機會親口對她說這句話。

在監獄裡，我的身邊似乎只剩下傷痛和仇恨，我倆再度相聚的機會似乎遙不可及。就連想像拉瑞莎的觸碰都令人感到痛楚，因為我害怕再也無法感受到如此溫暖。如今，我只想細細品嘗每一秒鐘。

我握緊她的手，久久不放。

致謝

開始撰寫本書時，距離我獲釋才不過幾個月。那是一段超現實的經歷。我剛回來後有一天，我媽問我赤腳站在花園裡做什麼。那天下著毛毛細雨，是典型的英國天氣。我正發呆盯著天空，只記得自己看著太陽與雲，感覺腳下草地和風吹過臉龐，心想著一切都看起來如此嶄新。我能同時看到、感覺到、聞到所有東西，那感官令人難以招架。

我渴望冒險，總是好奇心旺盛，想到「牆」後方一探究竟。這個性大概好幾年來都讓我母親和家人頭痛不已。我老爸約翰（John）在我年幼時便走了，他的死可能讓我有了如今的動力與野心。但回想起來，**他的過世也教會我面對死亡本身**。

我對死亡並不陌生，也經歷過死亡最糟的一面。縱使父親之死令人難以面對，但我之所以擁有足以應對生命打擊的韌性與力量，都要歸功於母親。正是因為她一再念我「別再玩電腦了」才讓我考慮從軍，並影響到我的未來。我的外公約翰・魯姆（John

Lumm）也一樣，是他的故事、照片，還有對老戰爭電影的熱愛讓我踏上從軍之路。我的外公曾在二戰期間於密德瑟斯軍團（Middlesex Regiment）擔任士官、在倫敦巴士工作過，之後還擔任機槍教官，我常會聽他講述那時代的故事。

另外也非常感謝我的繼父林頓（Lyndon）、我的姐妹卡珊卓（Cassandra，她的支持堅定不移，總用手邊的有限知識，協助我向大家通風報信），還有我的兒子伊凡（Evan）。很抱歉，我錯過了你生命五年來的一些重要時刻，但有些戰鬥不容我放下。我現在會在這裡好好陪伴你。

我還要感謝我三十多年的老友東尼．吉丁茲（Tony Giddings），我倆在皇家盎格魯軍團當兵時結下了友誼。是你在各方面激勵我戰鬥、繼續戰鬥下去。兄弟，在烏克蘭務必注意安全。也感謝我的商業夥伴兼朋友尚恩．李（Sean Lee）協助我抵達烏克蘭。感謝皇家盎格魯軍團為我的妻子提供經濟援助，支持她度過我被關押的那段時間。更感謝我在皇家盎格魯軍團的弟兄和我在第一營的親密好友——你們都是我的家人。

在俄羅斯宣傳那套傭兵說詞時，你們全都捍衛我的清白，並在我最需要之時為我提供最新消息。在記者四處挖掘新聞題材時，你們也保持沉默。我就不特別指名誰了（這麼做並不公平），因為我由衷感激你們每一個人。

我也想向克里斯・蓋瑞特（Chris Garrett，阿澤）致意，當初是你帶領我們大家，培養眾人最初的防雷意識，你也讓我真正開始熱愛烏克蘭的一切。感謝丹尼斯・塞勒（Denis Šeler）和我的導師湯姆（Tom）。也致國民警衛隊的狙擊手兼偵察排長克瓦特・亞速（Kvat Azov），他和他的團隊不幸於馬立波喪生，其中有些弟兄更曾參加過我的婚禮——「火星」（Mars）、「印度人」（Indian）、「阿魚」（Fish）、「羅伊斯」（Royce）、「牡蠣」（Oysteri）、「果汁」（Juice）[1]，還有其他許多人——我會真心想念你們。

還有歷史意義重大的烏克蘭海軍陸戰隊第三十六陸戰旅第一營，感謝各位的信心與耐性，接納我加入你們的行列。尤其還要感謝我們的空中突擊連，英勇保衛我方馬立波陣地。

在眾多英雄之中，我也想向二〇二〇年的連長魯登科上尉，以及謝爾希・史崔蒂丘克上尉（阿熊）致意，阿熊擔任排長的優秀領導能力拯救了許多人的生命，你永遠都會是我的朋友。

---

1 此處應為作者戰友們的外號。

致柯瓦倫科，我們一起在你的首場戰鬥中活了下來。兄弟，你表現很好。真開心看到你與家人團聚了。

還有最終犧牲了性命的齊普（Zip）中尉、伊凡諾夫，以及我的密友亞里克和狄馬，我永遠不會忘記你們大家。也致所有仍被囚禁、尚未與家人團聚的人。薩爾塔納那所學校裡的鋼琴演奏，將永遠銘刻於我腦海。兄弟，我們英靈殿再見。

我也必須提及前首相強生、特拉斯和英國外交部，謝謝你們努力促成換囚，尤其要感謝危機小組時常向我的家人通報最新情況（有時還天天更新）。我就不個別提及大家的名字了，但你們知道我在說誰。

也謝謝英國地方議員理查德·傅勒（Richard Fuller）將此議題呈報議會，並持續關照我的家人。在我被囚禁期間，《太陽報》曾多次接聽我的電話。感謝你們在我們回來時對大家的照顧。我還必須感謝人質國際組織（Hostage International）的大力支持，還有仍不時關注我的社工人員。

特別感謝那些在換囚過程中扮演推手的人，我大概永遠都無法窺知其中的完整細節。澤倫斯基總統與烏克蘭團隊也認可我們的犧牲，並授予我三級勇氣勳章，以表彰我「無私捍衛烏克蘭及其主權」；感謝沙國王儲沙爾曼在利雅德的款待和醫療服務；感謝阿布拉莫維奇和他的團隊，在我們被介紹給媒體前提供我們很好的公關建議。

同時要特別感謝理查・坎普上校。坎普上校。謝謝你在我返家後來探望我。若沒有你，這本書可能永遠寫不成。坎普上校關心我的身心健康、聆聽我這段不吐不快的過往，也給我信心，讓我相信這是個值得講述的故事。為此我感激不盡。

謝謝我在布萊爾合夥公司（Blair Partnership）的經紀人羅里・斯卡夫（Rory Scarfe）不吝指導和支持。也謝謝作家馬特・艾倫（Matt Allen），他有著獨特的天賦，能夠於黑暗時刻與我感同身受，並汲取這些情緒。致羅蘭・懷特（Rowland White），還有麥克約瑟夫出版社（Michael Joseph）及企鵝蘭登書屋（Penguin Random House）的所有團隊，謝謝你們指引我「翻開人生的新篇章」（容我玩一下雙關）。他們對此敏感主題的精心處理，讓整個過程變得輕鬆無比，有時甚至還很療癒。

同時謹以此作獻給我在馬克耶夫卡九十七號監獄的所有獄友，「天佑女王」約翰・哈定、「瑞典人」馬蒂亞斯・葛斯塔夫松、「莫羅克」薩杜恩・布拉辛、迪倫・希利、「掛勾手」安迪・希爾、「阿拉巴馬」艾力克斯・德瑞克（Alex Drueke）和「呼呼」黃安迪（Andy Huynh）以及我的至交好友「抱怨王」維耶科斯拉夫・普雷貝格。還有不幸喪生獄中的保羅・尤里。感謝你們信任我為大家講述這則故事，希望我沒有讓你們漏氣，你們都是史上最佳隊友。我們在情緒低落時用無與倫比的幽默互相扶持，大家都是真正的戰士。當然，也要感謝艾登・艾斯林，謝謝你送來便條說我的太太一切安好。很高興看到你和黛安（Diane）重聚。

最後，最重要的是，拉瑞莎是書名《生存、戰鬥、活下來！》的靈感來源。言語無法表達我對妻子的感激之情，她頂住巨大壓力，不僅要應對俄國入侵、政治宣傳、支持我，還得與媒體及烏克蘭當局交涉，更保住工作，並為我們找到新家，一邊從烏東撤退，一邊帶著兩隻貓輾轉於多間飯店。

拉瑞莎因俄羅斯入侵而失去了兩處家園和許多朋友。她是烏克蘭戰鬥精神的代表，也是最驕傲的烏克蘭人。她身為堅毅人道主義者和環保主義者，也將繼續支持烏克蘭直至戰爭結束。

監禁期間，「生存、戰鬥、活下來」幾個字眼一直迴盪在我耳邊，在我最需要聽到它們之際出現在我腦海，更堅定我回家的目標。展望未來，希望我能為拉瑞莎提供她真正應得的愛與支持，她是我的英雄。

榮耀歸於烏克蘭！

「狙擊手大廚」肖恩・平納

國家圖書館出版品預行編目（CIP）資料

生存、戰鬥、活下來！：我曾是亞速旅狙擊教官，這是我在烏克蘭海軍陸戰隊作戰、被俘、酷刑與掙到活著回家的親歷。／肖恩・平納（Shaun Pinner）著；黃好萱譯. -- 初版. -- 臺北市：大是文化有限公司，2024.08
416 面；14.8×21 公分, --（TELL：68）
譯自：Live. fight. Survive.
ISBN 978-626-7448-63-2（平裝）

1. CST：平納（Pinner, Shaun）　2. CST：戰俘
3. CST：俄烏戰爭　4. CST：英國

579.46　　113006172

TELL 68

生存、戰鬥、活下來！

我曾是亞速旅狙擊教官，這是我在烏克蘭海軍陸戰隊作戰、被俘、酷刑與掙到活著回家的親歷。

作　　者／肖恩・平納（Shaun Pinner）
譯　　者／黃好萱
責任編輯／宋方儀
校對編輯／陳竑悳、楊明玉
副總編輯／顏惠君
總 編 輯／吳依瑋
發 行 人／徐仲秋
會計部｜主辦會計／許鳳雪、助理／李秀娟
版權部｜經理／郝麗珍、主任／劉宗德
行銷業務部｜業務經理／留婉茹、行銷經理／徐千晴、專員／馬絮盈、助理／連玉、林祐豐
行銷、業務與網路書店總監／林裕安
總 經 理／陳絜吾

出 版 者／大是文化有限公司
臺北市 100 衡陽路 7 號 8 樓
編輯部電話：（02）23757911
購書相關資訊請洽：（02）23757911 分機 122
24小時讀者服務傳真：（02）23756999
讀者服務 E-mail：dscsms28@gmail.com
郵政劃撥帳號：19983366　戶名：大是文化有限公司

法律顧問／永然聯合法律事務所
香港發行／豐達出版發行有限公司 Rich Publishing & Distribution Ltd
地址：香港柴灣永泰道 70 號柴灣工業城第 2 期 1805 室
Unit 1805, Ph. 2, Chai Wan Ind City, 70 Wing Tai Rd, Chai Wan, Hong Kong
電話：21726513　傳真：21724355
E-mail：cary@subseasy.com.hk

封面設計／林雯瑛
內頁排版／顏麟驊
印　　刷／韋懋實業有限公司

出版日期／2024 年 8 月初版
定　　價／新臺幣 520 元（缺頁或裝訂錯誤的書，請寄回更換）
I S B N／978-626-7448-63-2
電子書ISBN／9786267448618（PDF）
9786267448625（EPUB）